ビジネスミーティング英語力

Essential English for Business Meetings

〔監修〕寺内　一
〔編集〕藤田玲子・内藤　永
〔著者〕一般社団法人大学英語教育学会EBP調査研究特別委員会
　　　　一般財団法人 国際ビジネスコミュニケーション協会

朝日出版社

刊行によせて

　ついに『ビジネスミーティング英語力』が刊行の運びとなりました。一般社団法人大学英語教育学会（以下，JACET）と一般財団法人 国際ビジネスコミュニケーション協会（以下，IIBC）が，2012年4月から2014年3月にかけて「英語によるビジネスミーティング」について共同研究を行いました。

　社会のグローバル化が進む中，日本のビジネスパーソンが国際的に活躍する場は年々増大しており，彼らが臨むビジネスの現場では，英語が事実上の国際共通語として使用されているといえます。しかし，私たちの先行研究である『企業が求める英語力』（小池（監）・寺内（編）2010）によれば，そうしたビジネスパーソンは自身の英語力不足を実感しており，交渉を要する場面では特にその傾向が強いと報告されています。

　そこで，本研究では交渉と議論の舞台となる英語によるミーティングで，ビジネスパーソンが具体的にどのような困難を感じているかをテーマといたしました。アンケートとインタビューによる調査を行い，2014年3月に『企業が求めるビジネスミーティング英語力』という調査結果をまとめた報告書を刊行いたしました。本書はそれを基盤に内容を再構成してコンパクトにまとめたものです。

　ここで本書の概要を述べておきます。本書はこの「刊行によせて」，「第Ⅰ部　基礎編—本研究のおかれた学術的背景と社会的状況」，「第Ⅱ部　検証編—本研究の結果の考察と示唆」，「付章『企業が求める英語力』（「小池科研」）の概要」，「参考文献・引用文献」，「付録」，「キーワード解説と略語一覧」，「索引」，「執筆者の紹介と分担」，「あとがき」の順で構成されています。第Ⅰ部，第Ⅱ部ともポイントとなるところを可能な限り要領よくまとめましたが，その内容は多岐にわたり読み応えのあるものになったと自負しております。次に各章の内容を簡単に述べておきます。

　基礎編の第Ⅰ部は「第1章　先行研究と応用言語学の背景」で本研究をEnglish for Specific Purposes (ESP)という応用言語学の観点から捉え，「第2章　ビジネス環境の変化と企業の取り組み」では現代ビジネスを取り巻く社会的状況を概観し，「第3章　ビジネスミーティングの先行研究」では，本研究のテーマであるビジネスミーティングに関する応用言語学の領域での先行研究をまとめました。

　本書の神髄である本研究の調査結果をまとめた検証編の第Ⅱ部は以下のようになります。「第4章　研究テーマの確定と研究方法」で本調査の目的，方法，内容，対象，調査時期などを説明し，それに続く「第5章　回答者と所属企業・部署の属性」で回答者のプロフィールや部署の属性などを紹介しています。「第6章　英語によるビジネスミーティングの実態」では，英語によるミーティングの会議の割合，規模，形態，目的をまとめています。続く，「第7章　ビジネスミーティングにおける困難」では，部署の英語到達（習熟）度のレベルと困難度の高い会議の目的との相関を調べています。「第8章　参加者の言語的背景と英語力」では，様々な言語的バックグラウンドを持つ会議参加者とその会議の状況を概観し，次の「第9章　英語到達度と困難度の統計的分析」では，困難度をクロス分析した結果をまとめました。最後の3章は本調査をマクロな視点から分析し，解決策を含めて提言を行っています。「第10章　ビジネスミーティングにおける困難

の具体例」と「第11章　研究の妥当性と困難の解決策」では，ともにアンケート調査の自由記述を分析し，第11章ではそれにインタビュー調査の結果も踏まえて分析し，解決策をいくつか提示しています。本書の結びとなる「第12章　ESP研究上の意義と教育上の示唆」では，本研究の総括として，本研究を応用言語学のESPの視点から捉えなおし，ビジネスミーティングに必要とされる英語習得の方法と英語教育全般に対する提言を行っています。

　本研究の成果を短くまとめておきましょう。1) 経済や社会のグローバル化を受けてビジネスの現場で使用される英語は，それぞれの地域や企業ごとの文化，商習慣，言語的バックグラウンド，あるいは，法律などが相まって，実に多様化していることを具体的に示しました。2) 英語力の不足を感じている状況で行われる会議では，会議の議題や進行を双方で共有することや，質問や確認を通じて相互理解を即座に図ることが必要で，3) 会議における困難の軽減のためには，会議のファシリテーション，質問や確認に関係する英語力が不可欠であることが明らかになりました。

　本書で言及できなかった点をこの場で明示しておきます。企業のグローバル化に伴い，人の流動化が進み，多様な価値観や文化的背景をもつ人が一緒に仕事をする機会がこれからも増えていきます。そのとき，人々は出身国の文化的背景をより強く打ち出して多様性が強まる傾向にあると，ある異文化マネジメントの研究者は述べています。文化の違いからくるコンフリクトの調整が益々必要になる一方で，文化的多様性を創造的に活かしてくという視点も必要になるという意味です。特に，ビジネスの環境変化に迅速に対応していく上では，後者の「文化的多様性を創造的に活かす」ということは企業の競争力向上やイノベーションにもつながっていきます。人材活用においてDiversityとInclusionが重視されていることと根底は同じです。そのような環境下では，英語という共通言語を使った対話を通して，問題を解決するスキルをもつ人材は益々必要とされます。今回の調査で，ビジネスミーティングの課題として，文化の違いへの言及が多かったことは注目すべきです。日本のビジネスパーソンに求められるのは，ノンネイティブスピーカーも含めて参加者の文化的多様性を活かせるミーティングスキルであるともいえます。今回は，深く掘り下げることはしませんでしたが，応用言語学のESPのジャンルやサブジャンルに関するさらなる研究に，多文化間マネジメントの領域からの視点をクロスさせることも今後の研究課題として取り組むべきだと考えています。

　本研究は，その企画段階からアンケート調査とインタビュー調査の実施，分析内容の精査，報告書の作成に至るまで，本当に多くの方に協力していただきました。まずは，特段のご協力をいただいた次の方々に感謝を申し上げたいと思います。野口ジュディー津多江神戸学院大学教授（当時武庫川女子大学教授）には研究の立ち上げ時と総まとめの段階でESP研究，広くは英語教育という大きな視点から本研究の意義に関して大変貴重なアドバイスをいただきました。株式会社エル・ビー・エス代表取締役会長の竹中誉氏には，研究全体の指針をいただき，アンケートとインタビューの対象者をご紹介いただきました。シスコシステムズ合同会社セールスオペレーションズAPJC事業部シニアマネージャーの宮田勝正氏とアドバンスドサービス事業部シニアプロジェクトマネージャーの中原正徳氏，SAPジャパン株式会社サポート事業本部CoEアプリケーション・ロジスティックスのコンサルタント山田政樹氏には，予備調査への度重なるご協力と適切なアドバイスをいただきました。早稲田大学大学院教育学研究科教科教育専攻の古賀友也氏にはアンケートのクロス分析に関して専門的なご指導を賜りました。さらに，一人ひとりのお名前をあげるこ

とはできませんが，アンケート票の作成時および第3次にまで及ぶ予備調査等の準備段階で様々なアドバイスをくださった国際業務に携わる管理職の方々に深く感謝申し上げます。また，多忙を極める中，本調査のアンケートやインタビュー調査に快く協力してくださった方々，アンケートおよびインタビュー対象者をご紹介くださった方々，ご自身のビジネス経験に基づき励ましやご助言をくださった方々，本研究のすべての場面で様々な形でお世話になった方々に，心よりお礼を申し上げます。

また，お茶の水女子大学外国語教育センター講師のマスワナ紗矢子氏と早稲田大学教育・総合科学学術院助手の堀晋也氏には，本書の執筆の際に念入りな校正作業をしていただき，高千穂大学商学部3年の渡辺雪乃氏には本書のいくつかの図の作成をお願いいたしました。心より感謝申し上げます。もちろん，全国のJACET-ESP研究会のメンバーやIIBCの関係者をはじめとした方々のご協力がなければ，この研究の遂行は不可能でした。朝日出版社の清水浩一氏には度重なるお願いに忍耐強く対応していただきました。衷心より感謝申し上げます。

本書で提示される知見を踏まえて，ひとりでも多くのグローバルビジネスパーソンが，国内外のビジネスミーティングをはじめとしたビジネスの現場で力を存分に発揮できることを心より願っております。

最後に本調査および本書作成に直接関わったメンバーをあげておきます。

一般社団法人大学英語教育学会（JACET）
    EBP（English for Business Purposes）調査研究特別委員会
      寺内　一　（担当理事・高千穂大学）
      内藤　永　（委員長・ESP（北海道）研究会・北海学園大学）
      藤田　玲子（委員・ESP（関東）研究会・東海大学）
      照井　雅子（委員・ESP（関西）研究会・近畿大学）
      荒木　瑞夫（委員・ESP（九州・沖縄）研究会・宮崎大学）

一般財団法人 国際ビジネスコミュニケーション協会（IIBC）
      安藤　益代（IP (Institutional Program) 事業本部長）
      三橋　峰夫（R&D (Research and Development) 主席研究員）
      柿澤　仁子（IP普及企画チーム・チームリーダー）
      三木　耕介（R&D・アシスタントチームリーダー）
      松島　大祐（IP普及企画チーム）
      小西　映江（IP普及企画チーム）

2015年4月

本研究を代表して
寺内　一
安藤　益代

目　次

第Ⅰ部　基礎編 —— 本研究のおかれた学術的背景と社会的状況

第1章　先行研究と応用言語学の背景　3

1. 本研究とその先行研究との関係 ………………………………………… 3
2. English for Specific Purposes（ESP）研究とジャンル分析 ………… 5
3. ジャンル研究の変遷 …………………………………………………… 7
4. ESPと英語教育学の関係 ……………………………………………… 8

第2章　ビジネス環境の変化と企業の取り組み　13

1. ビジネスのグローバル化の実情 ……………………………………… 13
2. 英語力向上のための企業の取り組み ………………………………… 19

第3章　ビジネスミーティングの先行研究　23

1. ビジネスミーティングの調査研究 …………………………………… 23
2. ビジネス分野の調査型ニーズ分析研究 ……………………………… 24
3. ビジネスミーティング研究の新たな展開 …………………………… 25
4. ELF（BELF）と日本企業における英語使用 ………………………… 26
5. 本研究の位置付け ……………………………………………………… 27

第Ⅱ部　検証編 —— 本研究の結果の考察と示唆

第4章　研究テーマの確定と研究方法　31

1. 研究テーマの確定 ……………………………………………………… 31
2. 研究の方法 ……………………………………………………………… 32

第5章　回答者と所属企業・部署の属性　37

1. 回答者のプロフィール ………………………………………………… 37
2. 回答者の所属する部署の英語使用の実態 …………………………… 37
3. 回答者の所属企業 ……………………………………………………… 39
4. 回答者の所属する部署 ………………………………………………… 41

第6章　英語によるビジネスミーティングの実態　47

1. 会議の割合 …… 47
2. 会議の頻度 …… 48
3. 会議の規模 …… 50
4. 会議の形態 …… 52
5. 会議の目的 …… 54

第7章　ビジネスミーティングにおける困難　59

1. 会議の流れと困難度の要因 …… 59
2. 困難を感じる場面 …… 60
3. 困難の要因 …… 62

第8章　参加者の言語的背景と英語力　65

1. 参加者の言語的背景別構成 …… 65
2. 参加者の相手別言語的背景 …… 66
3. 英語スキル別の困難 …… 68

第9章　英語到達度と困難度の統計的分析　71

1. 困難度の高い会議の目的と相手 …… 71
2. 英語到達度と困難度の相関 …… 73

第10章　ビジネスミーティングにおける困難の具体例　79

1. 自由記述の分析手法 …… 79
2. カテゴリー別の困難 …… 81
3. 会議を取り巻く困難の全体像 …… 90

第11章　研究の妥当性と困難の解決策　93

1. インタビュー調査 …… 93
2. 困難の解決策 …… 101

第12章　ESP研究上の意義と教育上の示唆　117

1. ESP研究上の意義 …… 117
2. 段階的な英語習得 …… 121
3. 教育上の示唆 …… 127
4. 結論：本研究の残された課題と展望 …… 129

付章 『企業が求める英語力』(「小池科研」)の概要	133
1 問題の所在	133
2 「小池科研」研究の調査概要	134
3 分析結果	135

参考文献・引用文献 ……… 145

付録   151

 A 本調査項目と回答結果 ……… 151
  A.1 本アンケート調査質問票のQ1～Q19における単純集計結果 ……… 151
  A.2 本アンケート調査質問票のF1～F9における単純集計結果 ……… 187
 B 第2章関連データ ……… 196
  B.1 IIBC「人材育成における英語に関する調査2014」質問と回答結果 ……… 196
  B.2 株式会社矢野経済研究所「企業向け研修サービス市場の実態と展望2014」
    質問と回答結果 ……… 203
 C 研究成果物 ……… 205

キーワード解説と略語一覧 ……… 207
索引 ……… 210
執筆者の紹介と分担 ……… 212

第 I 部

基礎編

本研究のおかれた学術的背景と社会的状況

第1章 先行研究と応用言語学の背景

はじめに

　本研究では，ビジネスミーティングにおける英語に関わる諸問題に焦点を当てた調査を行った。本章においては，まず，この研究のバックボーンとなったESP（English for Specific Purposes）を中心とした応用言語学の学術的な理論と先行研究を紹介することとする。

1 本研究とその先行研究との関係

　社会のグローバル化が進む中，日本のビジネスパーソンが国際的に活躍する場は増大しており，彼らが臨むビジネスの現場では，英語が事実上の国際共通語（English as a Lingua Franca: ELF）として使用されている。しかし，本研究の先行研究である『企業が求める英語力』（小池（監）・寺内（編），2010）（朝日出版社）によれば，そうしたビジネスパーソンは自身の英語力不足を実感しており，交渉を要する場面では特にその傾向が強い。

　もう少しこの先行研究について説明しておく。「企業が求める英語力調査」は，小池生夫明海大学教授（当時）を研究代表者とする科学研究費補助金基盤研究（A）「第二言語習得研究を基盤とする小，中，高，大の連携をはかる英語教育の先導的基礎研究」「研究課題番号16202010」（以下，「小池科研」）の一部として実施されたものである。「小池科研」は2004年から2007年までの4年間を費やして行われたが，調査は2006年に行われ，7,354人のビジネスパーソンから回答が得られた。その際，一般財団法人 国際ビジネスコミュニケーション協会（The Institute for International Business Communication，以下IIBC（当時は財団法人 国際ビジネスコミュニケーション協会））が，TOEICインターネットID登録者と『GLOBAL MANAGER』誌定期送付申込者に協力を呼びかけ，調査アンケートへの回答の約9割を集めることができた。

　そこから得られた結果は，「小池科研」の「企業が求める英語力調査班」とIIBCとの共同研究成果として，『企業が求める英語力調査報告書』（小池ほか，2008）と，冒頭の『企業が求める英語力』（小池（監）・寺内（編），2010）にまとめられている。後者は，その概要を本書の付章としてまとめてあるので本書を読み進めていくうちに参考にしてほしい。

　本研究の企画は，「小池科研」のメンバーであり，当該の「企業が求める英語力調査班」の班長でもあった寺内一高千穂大学教授・一般社団法人大学英語教育学会（以下，JACET）副会長とIIBCの安藤益代IP（Institutional Program）事業本部長（当時，部長）が中心となり，JACETと

IIBCの共同研究という位置付けで開始された。本研究の立ち上げ時に，先行調査の『企業が求める英語力調査報告書』の中で示された調査結果に基づく提言が，以下の4項目であることを再確認した。

提言1　グローバル時代にふさわしい英語コミュニケーション能力の最高の具体的到達目標

日本人が国際交渉を第一線で行うのに必要な英語力を，調査結果に基づき以下の三段階に分類して，目標を具体的に設定する。

「最上段階」：TOEICスコア900点以上（グローバル時代の最先端を行く能力レベル）
「第二段階」：TOEICスコア850点以上（国際コミュニケーションの英語運用能力の標準レベル）
「第三段階」：TOEICスコア800点以上（一応，国際コミュニケーションとして通用できるレベル）

提言2　日本人の英語コミュニケーション能力の質と量の向上を目指す政策の必要性

国際交渉に必要な英語力と，現実の英語力を比較しTOEICスコアで約150点の差があるので，これを埋める方策を考える必要がある。

提言3　国際交渉で活躍できる人材に必要な資質　――　高い英語力と交渉力

英語能力に加えて国際ビジネスに必要な能力として以下の能力が必要である。

1）国際的な交渉力を備えたプレゼンテーション能力
2）交渉相手の国の経済，政治を理解する能力
3）交渉前の調査，交渉後の分析能力
4）臨機応変に決断を下せる力と自信
5）相手に己を信用に足る人材であるとわからせる能力

提言4　強力な総合的国家戦略としての外国語教育政策樹立の提言

「日本の外国語教育改革への展望」を踏まえて国際競争に耐えられる日本人の英語コミュニケーション能力向上のための次の解決策を提示することにより，英語コミュニケーション能力を引き上げるための強力な総合的国家戦略を立て実行することの必要性を訴えている。

1）実社会ですぐに対応できる英語教育を大学で行うこと
2）ディベートとスピーチの向上を目指し，相手を説得できる教育体制を整えること

本研究では，上記の4つの提言のうち，特に，提言2の日本人の英語コミュニケーション能力の質と量の向上を目指す政策が必要とされている点と，提言3の国際交渉で活躍できる人材に必要な資質として高い英語力と交渉力が求められている点を対象としてその企画を進めた。具体的な企画内容の詳細は第Ⅱ部に譲ることとし，次節では，本研究の学術的背景を概観しておきたい。

2 English for Specific Purposes (ESP) 研究とジャンル分析

　本研究は応用言語学の1つの領域であるEnglish for Specific Purposes (ESP) を理論の拠り所としている。特にESPの把握は重要で，その中の「ジャンル」という概念は，本研究を通して根幹となるので丁寧に説明しておきたい。

　古くは古代ギリシャやローマ帝国時代においても，商業の拡大や進展に言語的障壁はつきものであって，そのための言語的サポートおよび言語学習のニーズが存在していた。さらに15世紀に英国で「ビジネスのための英語とフランス語」を学ぶための教科書が存在し，それがオックスフォード大学の図書館に保存されている (Howatt & Widdowson, 2004: 9-17; 寺内ほか (編), 2010: 3-4)。しかし，「言語教育」「言語学習」の分野において，特定のニーズに沿った教育・学習カリキュラムを作ることを目的とする「特定の目的のための英語学習・教育 (English for Specific Purposes (ESP))」の潮流の中で，「ビジネス」に光があてられ，盛んに研究されるようになったのは，比較的新しく1980年代後半以降のことである (Bloor, 2000: 33-35; Dudley-Evans & St John, 1998: 31)。

　そもそもESPの草創期には，M. A. K. Hallidayの体系機能文法の考えが理論的支柱としてあり，それは言語学的アプローチを中心とするものであった。そこでESPの初期の研究が対象として選んだのは，書き言葉，特に学術的な論文だった (Halliday, McIntosh, & Strevens, 1964)。同時期のコンピュータ技術の発展とも重なり，「レジスター (言語使用域) 分析」が隆盛の時代を迎え，その後，「ディスコース」や「レトリック」により焦点を当てた1970年代を経て (代表に，Lackstorm, et al. (1972) の「形式と言語使用の関係」他)，1980年代にはMunby (1978) が唱えた「ニーズ分析」がESPの中心であった。1960年代当時の「レジスター」は応用言語学では「ジャンル」と同義語とされていた。

　そして，ニーズ分析をさらに発展させた「ジャンル分析」(Swales, 1990) という概念がESPの大きな理論的支柱となり，現在に至っている。それでも，長く扱われる対象は，学術的なテキストを中心とする書き言葉が多くを占めたのも事実である。

　それでは，今のESP理論の柱となっている「ジャンル分析」とはどういうものなのかを紹介しておく。それぞれの学問領域や職域には固有のニーズが存在し，そのニーズによって同質性が認知され共有されていく。その同質性が認知された各専門家集団ではそのコミュニティが作られ，そのコミュニティにおいて様々な言語活動が行われる。このコミュニティに所属している専門家は物理的に近接しているとは限らず，その目的に応じたディスコースが彼らを結びつけているので，この専門家集団のことを「(プロフェッショナル・) ディスコース・コミュニティ」と呼ぶ。ディスコース・コミュニティはそれぞれが特別の内容，目的，形式をもったコミュニケーションを繰り返し行っている。例を挙げれば，学術論文，スピーチ，講演，会議，宣伝など様々なものがあり，このコミュニケーションの種類が「ジャンル」である。そして，こうした目的をもった一連の発話である「テキスト (書き言葉と話し言葉を含む)」をジャンルによって識別する方法を「ジャンル分析」という (図1.1) (詳細は寺内 (2010) を参照のこと)。

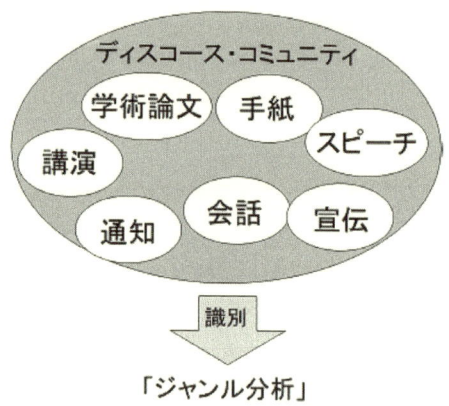

図1.1　ジャンル分析（寺内，2010：141）

　ESP教育はジャンルの言語特徴（Form）を教えることを主とするが，ジャンルの文書の内容（Substance）と社会への働きかけ（Action）の3つの要素が必要であるという（図1.2）。社会への働きかけはコミュニケーションを遂行する目的を表し，その働きかけには明確な内容がなければならない。そして，その内容を実際に具現化するためにはジャンルとしての言語特徴が必要となり，これら3つが合体してジャンルになると力説している（野口，2006）。

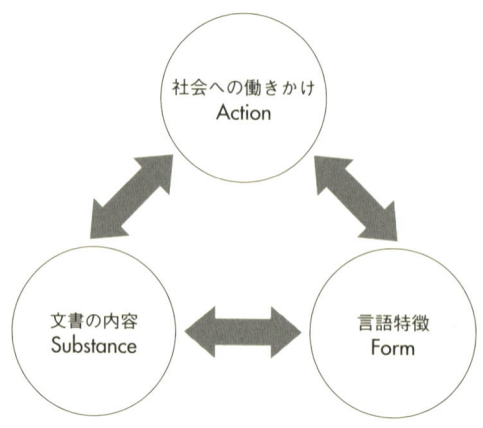

図1.2　ジャンルの3要素（野口，2006：255）

　上記のジャンルの3要素を基本として，所属するディスコース・コミュニティにおいての様々なコミュニケーションが行われる。その時には特に以下のPAIL（野口，2006）を念頭に置くことが求められる。すなわち，「何を目的として（Purpose）」「誰を情報の受け手として（Audience）」「どのような内容を（Information）」「どのような言語形式で（Language feature）」，いかに効率的・効果的に発信し，受信するかである。このPAILは，今回のビジネスミーティング調査においても大事なポイントである。同じ内容でも目的や相手が異なれば当然言語形式も違ってくるというこ

とが，英語によるビジネスミーティングにおいても実際に起きるのかを確認する設問を用意した。

3　ジャンル研究の変遷

　以上が，ESPの基本となるジャンル分析である。そのジャンル分析の研究をもう少し詳しく見ておくこととする。初期のジャンル研究は，ESP教育で用いる言語資料を得るため，特定のジャンルテキストの言語的・修辞的分析が中心であった。そこでの主な研究対象は，専門家集団が作り出すジャンルシステムに含まれるジャンルであったといえよう。たとえば，法律分野であれば判例，判決，法令，契約，協定などのジャンル，ビジネス分野ではメモ，レポート，ケーススタディや手紙などが当該システムに含まれるジャンルであり（Bhatia, 2002: 10），そこで使われるテキストが分析されていた。同じくBhatia（2002）によると，このようにジャンルの実際の姿を捉えようとした研究として，先述のHallidayほか（1964）が提唱したレジスター（言語使用域）の種類，理論分野と応用分野による違いといった学術分野による同一ジャンル内の差異，企業の年間報告のように複数のジャンル（業績報告と自社PR）から成り立つジャンル，そして言語使用に表れる文化的差異などの分析が挙げられる。これらの研究が行った，実際のディスコースの姿を映し出すことがディスコースを捉える1つの観点とすると，ほかに3つの観点が挙げられるという。2つ目は，書き手がジャンルの慣例に従ってことばを適正化することや，書き手の意図や創造性といった書き手の観点である。3つ目は，分析で用いられる方法論の観点である。従来のテキスト記述による分析に加え，コーパス分析，批判的言説分析，エスノグラフィー分析といった新たな手法や，学際的なジャンル研究は，分析手法についての観点と位置づけられよう。第4は，ESP研究の出発点ともいえる教育の観点である。ジャンルの慣例を明示するだけでなく，ジャンルへの意識を高めることや，学習者が効果的にディスコース・コミュニティに参加することなどがESP教育で目指されている。学習者のニーズや学習の文脈によってジャンル分析の対象や方法が特定されることが多く，教育の観点はジャンル分析に大きくかかわっている。

　2000年代初めにBhatia（2002, 2004）は，特定の文脈における典型的な言語使用に焦点を当てた従来のディスコースの考え方を，テキスト，ジャンル，そして社会的慣習という3つの観点から包括的に捉え直している。テキストとしてのディスコースは，従来のように音韻体系や語彙・文法といったディスコースの表層レベルでの言語使用に焦点を当てたものであるが，ジャンルとしてのディスコースは，テキストだけでなく広義の意味での文脈を考慮するという，すべてのジャンル理論において共有されている重要な観点である。テキストが特定の文脈でいかに解釈されるかを考察し，分析においては，ディスコースの言語的特徴とともに社会的認知やエスノグラフィーの側面も扱う。ジャンルとしてのディスコースは，ディスコース・コミュニティのメンバーが特定の状況文脈に対してジャンル的に対応するための方略的な側面と，ジャンルを専門的慣習に関連付ける専門的な側面があると考えられる（Bhatia, 2004）。このジャンルとしてのディスコースにおいて効果的にコミュニケーションするためには，ジャンルのテキスト知識に加え，専門的知識と専門的慣習の経験が必要である。

そして社会的慣習としてのディスコースでは，文脈をより深化させ，ディスコース・コミュニティ自体に主眼を置き，メンバーのアイデンティティー変化やジャンルにおける専門的関係性といった，社会的，語用論的な知識が必要となる文脈的側面に焦点をシフトさせている。Bhatia (2002) が提唱したこれら3つのディスコースは相互補完的なものとして考えられる。

4　ESPと英語教育学の関係

　前節のBhatia (2004) のディスコースの三分類は，テキスト，ジャンル，ディスコース・コミュニティの関係をどのように捉えていけばよいのかを示してくれたものである。まさに，今日のESPの柱である「ジャンル」を具現化しているものといえる。

　しかし，具体的にイメージがわきづらいかもしれないので，1960年代以降の英語教育の変遷とともに，本研究のアンケート調査の回答の指標作りに参照したCommon European Framework of Reference for Languages: Learning, teaching, assessment（CEFR）（Council of Europe, 2001）『外国語の学習，教授，評価のためのヨーロッパ共通参照枠』（吉島茂，大橋理枝ほか（訳・編），2004，朝日出版社）という違った観点からテキスト，ジャンル，ディスコース・コミュニティを捉え直してみよう。なお，図1.3は神戸学院大学 野口ジュディー津多江教授の案を寺内一がイメージ化したものである。

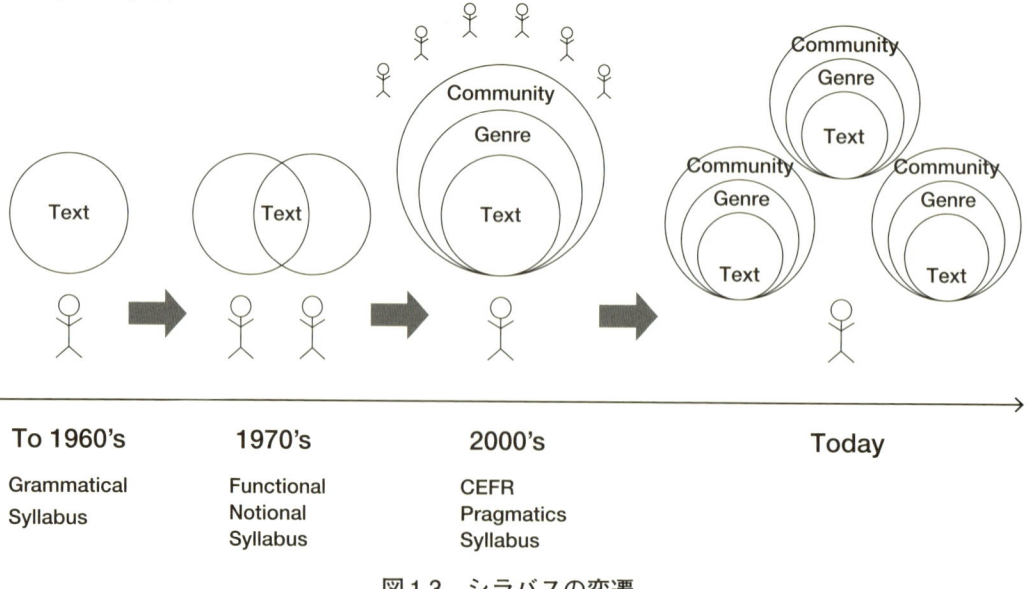

図1.3　シラバスの変遷

　図1.3は，1960年代以降の英語教育の流れを示したものである。

4.1　1960年代までの英語教育

　1960年代はまさに「文法シラバス」が中心であり，教授法としては「文法訳読法」と「audio

lingual法」等が主に使用され，ネイティブスピーカーが使う英語がそのモデルであった。この当時は，Bhatiaも指摘しているように，テキストそのものの分析が中心で，ジャンルはもちろんコミュニティでどう共有されているかという視点はまだ芽生えていなかったといえる。

4.2　1970年代から1990年代にかけての英語教育

　1970年代から1990年代の英語教育を振り返ってみる。1976年にD. A. Wilkinsが発表したNotional Syllabuses (OUP) がまずこの時代の先駆けとなった。投野（編）(2013: 6) によれば，Wilkinsは言語教育の基本をコミュニケーション能力の養成にあると主張し，言語材料を概念（notion）と機能（function）とに分け，言語材料の総合的アプローチをとったシラバスを紹介したという。CEFRの指導法の柱の1つともなるコミュニカティブ・アプローチ誕生のきっかけとなる，場面や相手に応じての表現の選択に基づくアプローチ（語用論やタスク・ベースト・アプローチ）などにつながる重要なものであった。もうひとつは，1975年のvan Ek & AlexanderによるThreshold Level Englishであり，その全面改訂版であるThreshold Level（J. A. van Ek, and J. M. Trim, Council of Europe, 1991）が後に出てくるCEFRの考え方に大きな示唆を及ぼしている（投野（編），2013: 7）。このthresholdは敷居という意味であり，言語学習者が適切にコミュニケーションすることができるためには何をどの程度理解したり発話したりすればよいのか，その到達目標はどのくらいに敷居を置けばよいのかが提示されたのである（投野（編），2013: 8）。このThreshold Levelは後のCEFRの共通参照枠のB1に相当するレベルとなり，これが中核となってCEFRが作られていった。この時代をまとめればFunctional-Notionalシラバスが導入され，学習モデルはまだネイティブスピーカーであるが，機能に焦点をおいた時代であったといえる。テキストに関しては，同じテキストを共有化するという意識ができ，ジャンルの概念が芽生えてきており，ディスコース・コミュニティの存在も意識され始めていた。

4.3　2000年代の英語教育

　そして，2000年代であるが，まさにCEFRの時代といってもよいかもしれない。1971年から約30年間，先のJ. A. van EkやJ. M. Trimらが中心となり作業を行った。最終的には欧州評議会（Council of Europe）の責任のもと，2001年にCommon European Framework of Reference for Languages: Learning, teaching, assessmentがCUPから出版されたのである（投野（編）2013）。

　CEFRの概要は，原著はもちろん，吉島・大橋（2004）の完訳本や日本人に対応した評価基準をまとめた投野（編）(2013) の『CEFR-Jガイドブック』が参考になる。また，吉島（2007）はCEFRの6つの理念（「複言語主義（plurilingualism)・複文化主義（pluriculturalism)」「行動主義」「4つのSavoir」「部分的能力」「European Language Portfolio (ELP)」「Can-Do Statement」）を理解しておく必要があると力説する。ここでは，その中で本研究に直接結びつく「複言語主義」と「Can-Do Statement」によって構成された「言語共通参照枠」についてその特徴を説明しておく。

　まずは，「複言語主義」であるが，投野（編）(2013: 11) によると「個人が必要に応じて異なった場面で異なった言語を使用してコミュニケーションを行うことにより，相互関係を築くことを

可能にする言語能力」をいう。さらに,「複文化主義」とは「個人が複数の異なった文化を異なった場面で理解することにより,相互の文化と関係を理解し,相互に作用しあうことができる能力」をいう（投野（編），(2013: 11)）。そして，これらに参加する「言語学習者を社会行為を行う者と捉え，言語行為はある目的で行動することによって生じる」（投野（編），(2013: 11)）と考えられており，これを行動指向アプローチと呼ぶ。まさに，特定の目的を達成するために言語行為が生じるというのはESPの理論と合致しているのである。この複言語能力はlanguage awareness（言語への意識），言語方略，メタ言語能力の育成によって養われるものであり，それらはいくつかの言語を同時並行的に学べば必ず身につくというのではなく，いくつかの言語の学びを通した「気づき」や「体験的な知識」が互いに影響を与えて，次第に身につき，結果として，自律的な学習者に成長することにつながるのである（投野（編），(2013: 21)）。ESPに求められるジャンルについての気づき（genre awareness）やメタ知識の習得など，ここでも強調されていることがわかる。

本アンケート調査でも使用している「言語共通参照枠」についても説明しておく（寺内，2011；投野（編），(2013)）。CEFRを作る際に，欧州評議会は，欧州市民は母語のほかに2言語を学習し，使えるようにするという3言語主義を打ち出した。厳密には母語プラス2言語が明確に打ち出されたのは2002年のバルセロナ宣言であり，その言語政策（多言語主義）を推進したのは欧州委員会である。それらを欧州全域で通用させるためのものが「言語共通参照枠」である。具体的にはA（初級）「基礎段階の言語使用者」，B（中級）「自立した言語使用者」，C（上級）「熟達した言語使用者」の3つに分け，それぞれに2つの下位区分を作った。すなわち，下からA1，A2，B1，B2，C1，C2の6段階を作り出したのである。この6レベルを「リーディング」「リスニング」「スピーキング（インタラクション）」「スピーキング（プレゼンテーション）」「ライティング」の5技能それぞれに実際に何ができるかという「Can-Do Statement」で表した。この「言語共通参照枠」の優れた点は，どの言語にも共通なコミュニケーション能力のレベルを示すことができることである。またこのレベルは人との比較だけではなく，自分自身のコミュニケーション能力の違いを明らかにすることもできる。たとえば，英語のリーディングはB2レベルであるが，フランス語であるとA1であるとか，同じ言語においても技能により差があることを認識できることが大きなポイントである。まさに「複言語主義」を具現化するためのものといえる。

この時代をまとめれば，ネイティブスピーカーのモデルを典型としているものの，CEFRを基本としたアプローチが紹介され，具体的にはタスクに応じた教授法ができる「タスク中心のシラバス」であったといえる。テキスト，ジャンル，ディスコース・コミュニティの関係は完全に出来上がったものの，コミュニティ同士の重なりはまだそれほど重視されていない時代でもあった。

4.4 現代の英語教育

では，2015年現在の英語教育を概観してみよう。まさに先の「複言語主義」を中心としたCEFRが準拠となった教授法が中心となっていることには変わりはないが，唯一，異なる点はネイティブスピーカーのモデルではなく，ノンネイティブスピーカーをモデルとした点である。ビジネスにおいて特に顕著であるが，グローバル化に伴い，英語を第二言語あるいは完全に外国語とする

人のみで会話，会議を進めることが非常に多くなってきたのである。共通語としての英語（English as a Lingua Franca: ELF）という考え方が浸透し始めてきたともいえる。またテキストとジャンルとディスコース・コミュニティの関係でいえば，同一人物が複数のディスコース・コミュニティに参画し，ジャンルを意識しながらコミュニケーション活動を行っている時代であるといえよう。

おわりに

本章では，応用言語学，特にESPという視点から本調査を位置付けるために先行研究を紹介しながら英語教育研究全体を概観した。次章では，今のグローバル化がどのような経緯で進んできたのかをビジネスを中心に社会的観点から紹介していきたい。

第2章 ビジネス環境の変化と企業の取り組み

はじめに

　本章は，本研究を行うに至った理由とも関連するビジネスのグローバル化に伴う環境変化やグローバル人材に求められる要件，企業が取り組んでいる研修等をはじめとする英語力向上のための施策について，概要を把握することとする。

 ビジネスのグローバル化の実情

1.1　2008年からのビジネス環境の変化

　まずは，『企業が求める英語力調査報告書（小池科研）』が出された2008年から，グローバルなビジネス環境はさらに大きく変化していることを認識する必要がある（図2.1）。

仕事の仕方の変化 ● IT技術（テレビ会議，電話会議）や，SNSなどの活用	→	新しい英語コミュニケーションスタイルへ
取り巻く環境の変化 ● ポストリーマンショック ● 韓国・BRICs・ASEAN諸国の躍進 ● BOPビジネスの拡大	→	英語が母国語ではない者同士のコミュニケーションが増え英語が共通言語に
グローバル人材育成に対する認識・施策の変化 ● グローバルに活躍できる人材の確保 　（人材ローテーション，海外拠点増加，国際部門拡大など） ● 外国人の採用	→	業務目的を達成できる高い英語発信力が必要に

図2.1　ビジネス環境の変化

　第一に，「仕事の仕方」が変化している。IT技術の急速な発展により，IT技術の活用が一般的になっており，企業においてもテレビ会議や電話会議，またSNSを活用したコミュニケーション

● 13

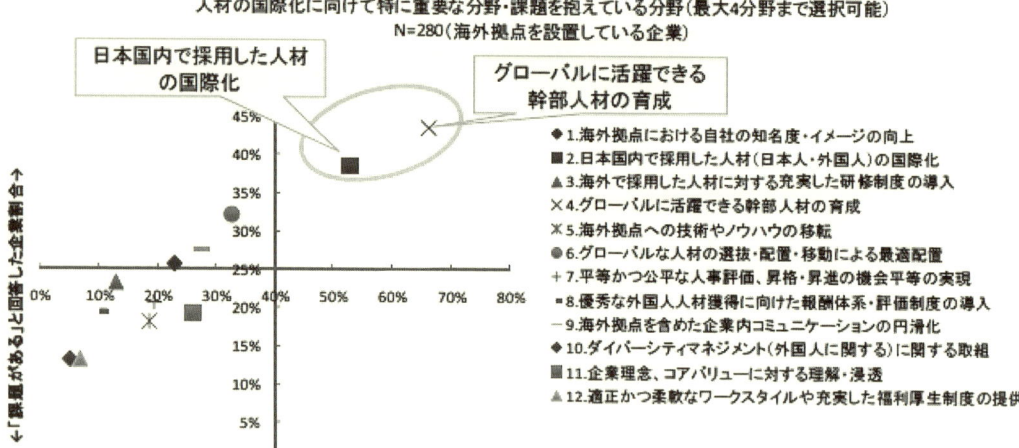

出典：経済産業省（2010）．『報告書〜産学官でグローバル人材の育成を〜』

図2.2　人材の国際化に向けて特に重要な分野，課題

が浸透している。それに伴い，会議の形態も多様になり，仕事で使われる英語コミュニケーションのスタイルも変化している。

次に，英語が母語でない人々が英語でコミュニケーションをとりながら仕事をするというケースが増えている。すなわち，仕事を取り巻く環境が変わってきているということである。アジアではASEAN諸国における経済共同体構想が進み，域内でのモノ・サービス・労働力が自由に域内を移動できるよう関税・非関税障壁の撤廃，投資の自由化などの検討が始められている。ASEAN諸国における母語はそれぞれ異なるため，共通言語は必然的に英語（共通語としての英語（English as a Lingua Franca: ELF））となるケースが多くなり，アジアビジネス全体でも英語が使われる機会が増大している。また主に途上国で構成されるBOP（The Base of the Economic Pyramid: 世界人口の約72％に相当する約40億人に当たる年間所得3,000ドル以下の収入で生活している層）を対象としたビジネス展開も急速に拡大しており，展開する企業は多国籍にわたり，こうした国々でも英語が共通言語として使われるケースが多い。

2014年にIIBCが，国内の上場・未上場企業7,539社の人事・育成担当者（有効回答数604件）を対象に行った「人材育成における英語に関する調査」（以下，「IIBC調査2014」）において，海外拠点展開の現在と3年後の見通しについて聞いたところ，「日本国内で事業完結」「海外に拠点はない」「海外拠点の日本人による経営」という回答の割合が現在から3年後で減少しているのに対し，「海外拠点の現地化（経営者・幹部の現地登用）」「製品開発・製造・販売を現地一元管理」の回答が増加している。また，同調査における海外拠点の現地化や，外国人への権限移譲についての質問では，「今後数年間で（海外拠点の）幹部層に外国人登用を計画」が30％以上を占め，「責任者と幹部層を日本人が務める」とほぼ同じ割合であったことからも，グローバル化に伴うビジネス環境の変化は今後も継続することが窺える。

最後に，国内市場が縮小傾向にある中，日本のビジネス界において「グローバル人材の育成」が急務であることがより強く認識されている点が挙げられる。経済産業省の調査によれば，企業の人材の国際化に向けては，グローバルに活躍できる幹部人材の育成や，日本国内で採用した人材の国際化は課題であると同時に，特に重要であると認識されている（図2.2）。人材ローテーションの必要性，海外拠点の増加，国際部門の拡大などにより，高度なスキルを持つグローバル人材が多数求められており，英語力に関してもさらに高い英語力，特に業務目的を達成することのできる高い発信力が求められていることが推察される。

1.2　グローバル人材育成に関する国による政策の推進

　こうした環境変化の動きを受け，政府においても，内閣府をはじめとして，経済産業省，文部科学省を中心に，以下のようなグローバル人材育成に向けた政策を推進してきている。

2010年
■経済産業省　2010年4月「産学人材育成パートナーシップ　グローバル人材育成委員会報告書」
　　産学官が連携して「グローバル人材」の育成に取り組むべきと提言。「METIグローバル人材育成インターンシップ派遣」を2012年度より実施。

2011年
■文部科学省　2011年4月「産学連携によるグローバル人材育成推進会議　産学官によるグローバル人材の育成のための戦略」
・大学自体が世界に開かれた大学となり，日本人学生の海外留学や外国人留学生の受け入れのための体制を整備することの必要性を提言。
・産学官を通じ，社会全体で高等教育の国際化とグローバル人材の育成に取り組み，教育環境や就業環境など社会構造そのもののグローバル化の必要性を提言。2010年度から「大学の世界展開力強化事業」，2011年度から「グローバル人材育成推進事業」を実施。

2012年
■内閣府　2012年6月「グローバル人材育成推進会議　グローバル人材育成戦略」
　　英語教育の強化，高校留学の促進，大学入試の改善や採用活動の改善など具体的方策を提示。高校関係者・大学関係者・企業関係者・保護者等が協力して取り組むことで，若い世代を後押しする好循環を社会全体で生み出すことの必要性を述べる。

2013年
■日本経済団体連合会　2013年6月「世界を舞台に活躍できる人づくりのために」―グローバル人材の育成に向けたフォローアップ提言―
　　産業界がグローバル人材に求めている資質・能力に関して，経団連の「グローバル人材育成

事業」の実践を通じて明らかになった課題等も踏まえ，さらなる取り組みが必要な分野，課題について提言。
- ■文部科学省　2013年12月「グローバル化に対応した英語教育改革実施計画」

　　グローバル化に対応した教育環境づくりを進めるため，小学校における英語教育の拡充強化，中・高等学校における英語教育の高度化など，小・中・高等学校を通じた英語教育全体の充実を図る。

2014年
- ■文部科学省　2014年3月「スーパーグローバル大学創成支援」

　　徹底した国際化と大学改革を断行する大学を重点支援（ベースとなる要件に英語による授業の拡大）。
- ■日本経済団体連合会　2014年4月「次代を担う人材育成に向けて求められる教育改革」

　　小中高で，一貫性のある体系的教育カリキュラムを構築するため，高度な英語力・指導力を有する教員の養成・確保などを提言。

1.3　グローバル人材に求められる能力

　グローバル人材に求められる能力を一様に定義することは，はなはだ難しいことではあるが，IIBCが2011年に企業に対して行ったアンケート調査（調査対象：国内の上場企業3,712社の人事部門，有効回答数278件）では，「英語コミュニケーション能力」が最も必要（78.4％）とされていることがわかる（図2.3）。

　英語力にフォーカスした場合，「IIBC調査2014」において，2～3年前と比べて従業員に求める英語力のレベルは変化したか聞いたところ，「当時とあまり変わっていない」という回答が41.6％であったが，「当時に比べ，非常に高いレベルの英語力を求めている」と「当時に比べ，やや高いレベルの英語力を求めている」の合計も46.5％と，回答の4割以上を占めていることが確認された（図2.4）。

　さらに同調査において，先行研究である「小池科研」の提言のうち，グローバル時代にふさわしい英語コミュニケーション能力の最高の具体的到達目標の「第三段階」（一応，国際コミュニケーションとして通用できるレベル）であるTOEICスコア800点以上の社員に関して，さらに求められる能力について聞いた。その結果，「とても必要である」の回答率が最も高かったのが「商談や交渉での実践力」で51.8％，以下「専門分野における英語力」46.4％，「スピーキング能力」43.2％，「海外での実務経験」34.4％，「ライティング能力」25.0％であった（図2.5）。

　図2.6は，2011年1月から2月にかけて経済産業省が行ったグローバル人材に関する調査結果である。本調査結果において，企業が求めるグローバル人材における必要条件は，若手社員には「外国人と外国語で商談や会議を行うことができる」「外国人とチームを組み，課題を発見し改善活動を行う」スキルを，また中堅人材には「海外拠点の管理職として外国人の部下を管理・育成」「複数の海外拠点を管理し日本本社と連携しビジネス拡大」する能力が求められていることがわかる。

　以上のように，グローバル人材の育成は官民を問わず，重要な課題となっていることが窺え，

第2章
ビジネス環境の変化と企業の取り組み

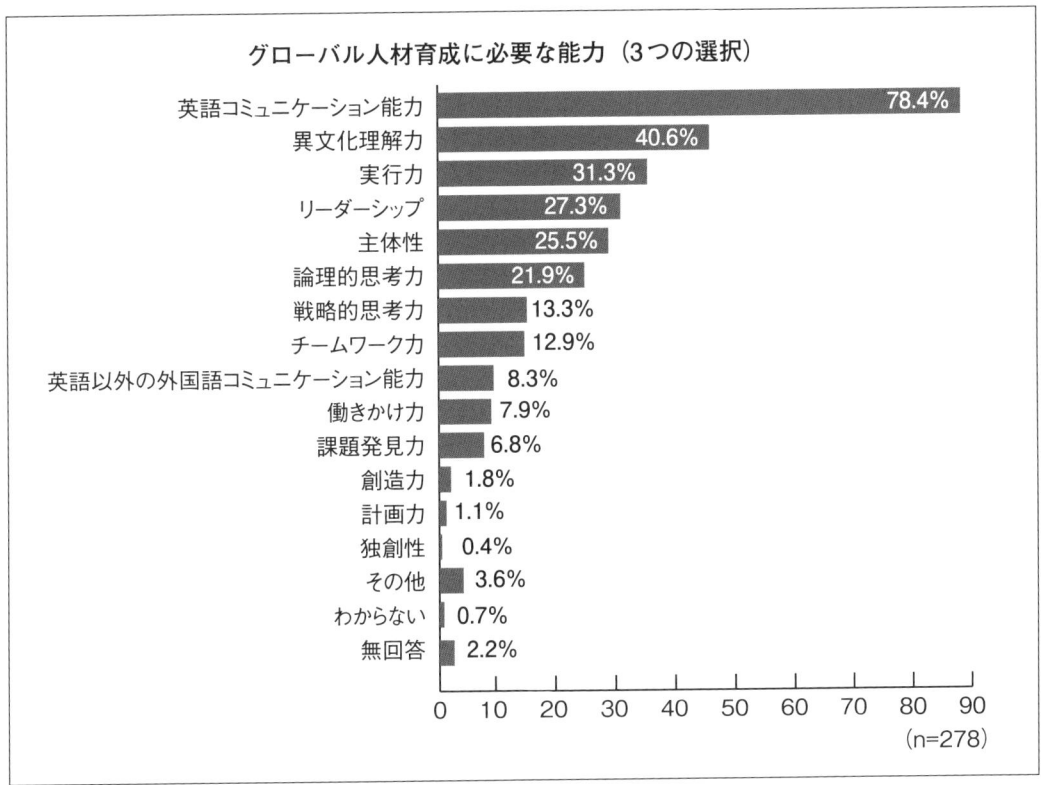

出典：IIBC（2011）.『TOEIC大学就職課調査・上場企業における英語活用実態調査』

図2.3　グローバル人材育成に必要な能力

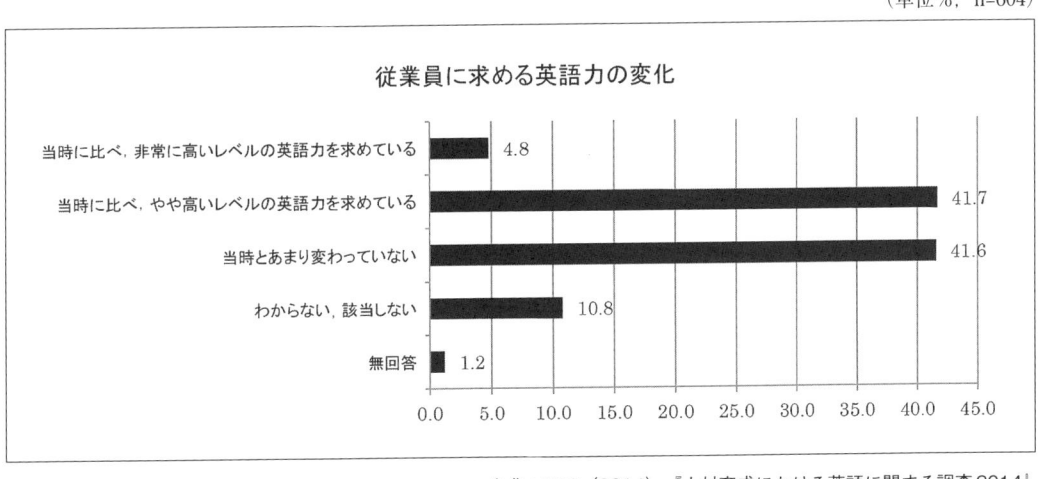

出典：IIBC（2014）.『人材育成における英語に関する調査2014』

図2.4　2〜3年前と比べた，現在従業員に求める英語力

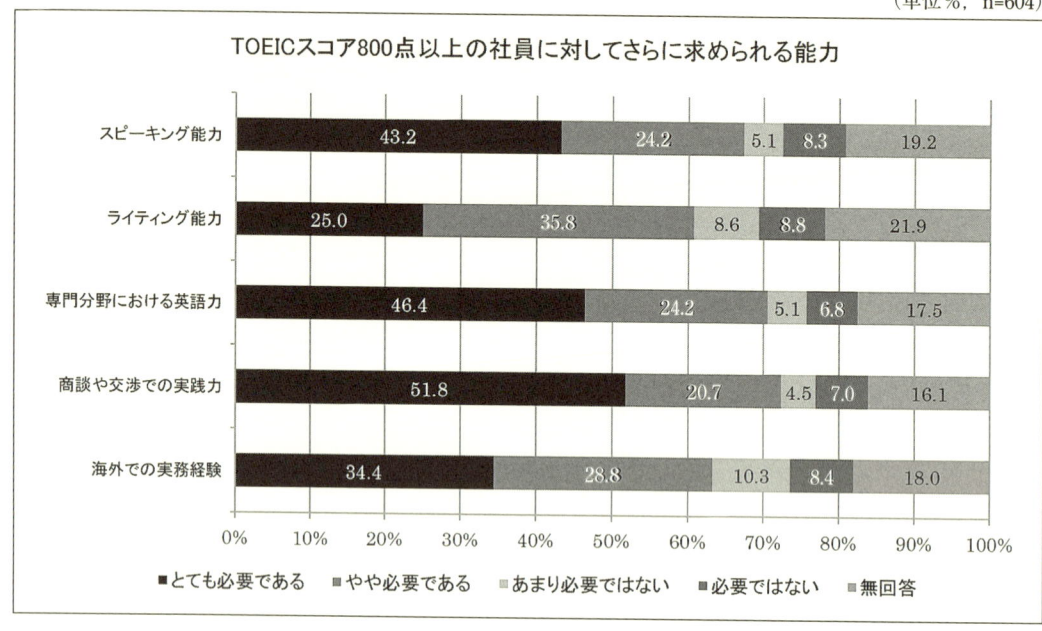

出典：IIBC（2014）.『人材育成における英語に関する調査2014』

図2.5 TOEICスコア800点以上の社員に対してさらに求められる能力

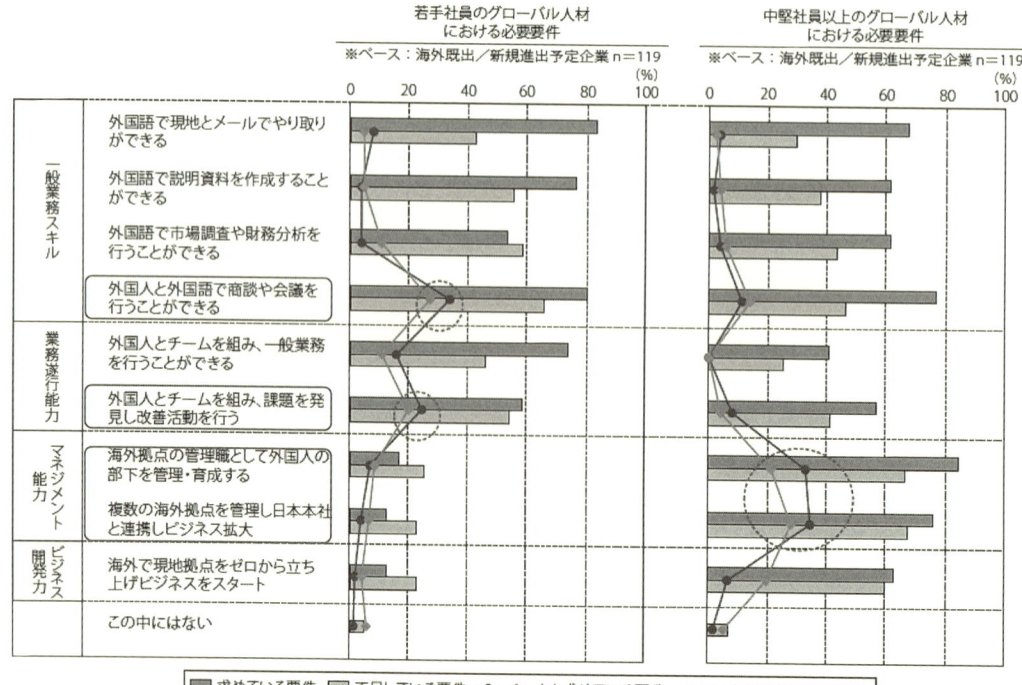

出典：経済産業省『グローバル経済に対応した企業人材の育成に関する調査 最終報告書』（2011年1～2月実施）

図2.6 国内社員のグローバル人材化に必要だが不足しているスキル・能力

中でも「高いレベルの英語力」が求められ，それは「商談や交渉での実践力」「外国人と外国語で商談や会議を行うことができる力」であり，まさに本研究のテーマである「ビジネスミーティングにおいて必要な英語力」に直結するのである。

2 英語力向上のための企業の取り組み

2.1　企業における研修等への投資の意義は否定的な意見が過半数

2014年5月に株式会社矢野経済研究所が，従業員500人以上の企業・官公庁・団体組織に勤める総務・人事・教育関連部署に所属する（またはそれらの業務に関連する）社員を対象として『企業における人材開発・研修に関する実態調査』（有効回答数1,000件）を実施した。その調査によれば，「英会話スクールへの通学」「海外での半年間程度の滞在」「社内での英語レッスン開催」への各投資効果に対して，共通して「非常に有意義な投資である」と「どちらかといえば有意義な投資である」というポジティブな回答よりも，「無意味・無駄な投資である」と「どちらかといえば無意味（無駄）な投資である」というネガティブな回答が50％以上と半数を超えているという結果であった（付録 B.2 を参照）。すなわち，現在広く一般的に行われている英語研修等の施策では，業務上の目的を達成するだけの英語力向上は望めないという認識が多いということがわかる。

2.2　企業の研修の目的は多岐にわたるが「英語研修」が回答者の60％

また，「IIBC調査2014」の結果によれば，グローバル人材育成のために，企業が，英語関連を含め全体的にどのような取り組みを行っているかについて，「専門知識に関する研修」「ビジネススクールとの連携」「海外出張の機会提供」など項目は多様であった。中でも「英語研修」に関しては約60％の回答者が「取り組んでいる」と答えている。

加えて，同調査で，企業が年間で社員教育全般にかける費用（予算）と英語力向上に費やす年間予算について，今後の予定を聞いたところ，「大きく増やす」と「やや増やす」の合計の割合はそれぞれ同程度の約30％であった。

このようなアンケート調査結果があることを踏まえた上で，前節で述べたグローバル人材に求められる「より高いレベルの英語力」の習得を目標として，1）企業が従業員に対してどのような取り組みを行っているか，2）人事・教育部門が英語力向上のための取り組みに対してどのような課題認識を持っているかの2点のみの結果を紹介する。なお，「IIBC調査2014」の結果について，その他の関連するデータは巻末に付録 B.1 としてまとめておく。

2.3　英語力向上に向けた施策の目的は基礎力向上が回答者の約50％

英語力向上のため各企業が取り組んでいる施策について，施策の対象者を「若手社員」「中堅社員」「技術系社員」「海外選抜（候補）社員」「管理職」「役員」に分け，それぞれの「英語施策の目的」を聞いたところ，表2.1の結果を得た。なお，「英語施策の目的」については，記述式の回答

表2.1　英語力向上のための施策（目的）

(単位 %)

目的＼対象者	若手社員	中堅社員	技術系社員	海外選抜(候補)社員	管理職	役員
基礎力向上	65.0	48.2	53.4	30.3	47.4	34.9
スピーキング力向上	10.7	17.8	13.5	26.3	17.3	18.6
ビジネス英語力向上	2.3	4.1	6.1	10.5	6.0	9.3
英語による業務遂行力向上	1.9	5.1	5.4	7.2	6.8	9.3
会話力向上	3.7	5.6	5.4	6.6	3.8	4.7
資格取得	3.3	3.6	2.7	2.0	4.5	2.3
コミュニケーション能力向上	1.9	3.0	3.4	2.6	4.5	7.0
英語力全般の向上	2.3	3.0	3.4	2.6	3.0	9.3
学習の動機付け	3.7	2.0	2.7	1.3	2.3	2.3
異文化対応力向上	1.9	3.0	0.7	5.9	0.8	0.0
4技能向上	1.9	2.5	2.7	1.3	3.8	2.3
海外派遣・駐在事前育成	1.4	2.0	0.7	3.3	0.0	0.0
計	100.0	100.0	100.0	100.0	100.0	100.0
N	214	197	148	152	133	43

出典：IIBC（2014）.『人材育成における英語に関する調査2014』

であるため，記述内容をもとに類似した内容ごとにグループ分けを行い集計している。

　まず，すべての対象者において，その目的は「基礎力向上」が最も多く，平均は50％に迫る。なかでも若手社員は65.0％と全対象者の中でも数値が高いのが特徴である。次に多い目的は「スピーキング力向上」で，対象者によりばらつきはあるが，平均は約17.4％である。その他はどれも平均が1桁台であり，施策は「基礎力向上」を目的として行われている場合が多いことがわかる。

　「IIBC調査2014」によれば，英語施策の内容について，対象者別の回答割合の平均を取ったところ，「特に何もしていない」という回答を除けば，「個人学習（個別学習・プライベートレッスンの意味）」が24.0％，「定期的なテストの実施」が23.0％と，他の内容に比べて多い。次に「グループ学習」が15.8％，「補助金制度の利用促進」が15.2％，「報奨金制度の利用促進」が9.0％，「海外研修派遣」が8.9％という結果であった。「普段から英語を活用できる環境の提供」を行っているという回答は5.4％に留まり，「学習」と「実践」というサイクルを作ることが難しい実情があることが窺える。

2.4　英語力向上のための施策のうち「個人学習」と「グループ学習」について「非常に効果がある」と捉えているのは回答者の10％程度

　「IIBC調査2014」において，英語力向上の施策における課題について，対象者別の回答割合の平均を取り，その平均回答率が高かった課題を順に並べると，「通常業務のため，対象者の（研修受講等にかける）時間が十分に取れない」が31.4％，「成果が出るまでに時間がかかる」が22.1％，

「対象者のやる気や積極性を引き出せない，維持できない」が19.6％という結果であった。つまり，現在の英語研修等の内容を前提に考えた場合，現行の負荷時間だけでは，ビジネスで求められる英語力のレベルに到達することは難しいという認識があるということであろう。

　また，各施策の効果に関しては，「非常に効果がある」と「やや効果がある」を合算した割合で見ると「海外研修派遣」が87.8％，「グループ学習」が81.4％，「個人学習」が65.8％，「個人学習」の割合がやや低いものの大きな差はない。しかし，「非常に効果がある」のみで見た場合，国内での英語学習を想起させる「個人学習」で9.6％，「グループ学習」で10.0％とどちらの数値も「海外研修派遣」の47.4％に比べて著しく低い。これは，人事担当者が，海外研修修了者（実務研修含む）の英語力向上度を見る中で，一定の効果があると認識している一方で，国内で行う英語研修については，効果が明確ではないという認識を持っている可能性が高い。

おわりに

　本章では，企業におけるグローバル化が進む中で，仕事の仕方や取り巻く環境が変化し，グローバル人材の必要性が喫緊の課題であることを明らかにした。そしてグローバル人材に求められる能力として，英語によるコミュニケーション能力，中でも商談や交渉ができるレベルの英語力が必要であることを確認できた。企業における従業員の英語力向上の重要度はより高く位置付けられており，各企業は英語力向上のために様々な施策を行っている。

　その一方で，従業員に時間的な制約がある中，現在採用している英語研修等の施策だけでは不十分であると判断している企業も少なくない。しかし，英語研修をはじめとする施策への投資効果が明確でないとすれば，少なくともその内容や体系の見直し・再構築が必要であることは想像に難くない。それを実行する上での手がかりについて，第Ⅱ部で明らかにしていきたい。

第3章 ビジネスミーティングの先行研究

はじめに

第1章ではESPを中心とした先行研究や学術的な理論を説明したが，本章では特に応用言語学，特にEnglish for Business Purposesという視点から，調査で焦点を当てたビジネスミーティングに関連する先行研究を紹介し，本研究の位置付けを示す。

1 ビジネスミーティングの調査研究

ESPでも比較的後発の「ビジネスのための英語（English for Business Purposes: EBP）」において，Dudley-Evans & St John (1998: 53) は，English for Business Purposesが，同書の出版時点の1998年において，ESPの中でも「最も活動が盛んで成長が著しい分野」だとして一章を割いている。また『English for Specific Purposes』誌が，最初のビジネス英語の特集を組んだのは1996年だったという（St John, 1996）ように，EBP研究の歴史は古くはない。しかし，これらの時点では，ビジネスの場面では会話の言語的ニーズおよびそのサポートの重要性が明らかであるものの，言語学的な分析が比較的容易な書き言葉のジャンル分析が多く，そのニーズと研究対象のギャップが課題であるとの指摘も，あわせてなされていた（Dudley-Evans & St John, 1996）。

その後，ビジネス分野のコミュニケーションに関して，話し言葉も含めたディスコース研究が次第に盛んに試みられることになった。例えば，Charles (1996) は，交渉当事者の関係性に着目し，初対面の者同士の交渉（New Relationship Negotiations, NRNs）では比較的決まったムーブの展開が見られ，既に知り合いの者同士の交渉（Old Relationship Negotiations, ORNs）ではより柔軟な展開が見られることを指摘し，コンテクストの言語に対する影響を明確に提示した。また，Bargiela-Chiappini & Harris (1997) は，イギリスとイタリアの合弁会社におけるミーティングに見られる異文化接触の実例を多く用いて，ディスコース分析を展開している。Bilbow (2002) は，多国籍の航空会社のビジネスミーティングに関して，スピーチアクト理論を適用した研究を行っている。前述の最初の特集から9年後の『English for Specific Purposes』誌の2度目のビジネス特集（2005年）において，C. Nickersonは，その時点までのビジネス・ディスコース研究では，交渉（negotiation），ミーティング（meeting），Eメール，ビジネスレターを扱うものが多いことを指摘し，ディスコース，とりわけ話し言葉の研究が進んできたことを強調した（Nickerson, 2005: 369）。

このようにビジネスミーティングのディスコース研究は進んできてはいるが，ビジネスミーティングが研究し尽くされたわけでは決してない。なぜなら，Dudley-Evans & St John (1998) が指摘したように，ビジネスはトピックとコンテクストに応じて，その言語使用における多様性が顕著な分野であり，その点，学術分野などに比べて明確な定式化がそもそも難しい領域だからである (Dudley-Evans & St John, 1998: 55)。そのため，EBPにおいては，他の分野に比べても，ニーズ分析が重要だとされ，実際に数多く行われてきた（Dudley-Evans & St John, 1998: 57)。次に，調査型のニーズ分析の先行研究を参照し，ビジネス分野での言語使用についてどのような調査結果が得られているかを概観しておく。

2 ビジネス分野の調査型ニーズ分析研究

　海外においても，日本においても，言語教育や実業界，政府系団体等によって，ビジネス分野における様々な言語的ニーズの研究が行われてきた。1994年，ASEAN-New Zealand English for Business and Technology Project (Khoo, 1994) は，6つの東南アジア諸国（シンガポール，マレーシア，タイ，インドネシア，ブルネイ，フィリピン）の45の企業を対象に調査を行い，「電話の応対」「社交」「プレゼンテーションを行う」「ミーティングに参加する」「交渉する」などの口頭の英語スキルが必要とされていることを指摘した（Dudley-Evans & St John, 1998: 63; Bhatia, 2012: 413)。

　Barbara et al. (1996) は，ブラジルのサンパウロ市およびその周辺の214の企業における英語使用のニーズを調査した研究で（1,347社に質問票を発送，222社から回収。回収率16.5%)，「(書類による）レポート」「ミーティング」「メモ」が最も頻度の高い英語使用のジャンルであるという結果を報告している。

　また，ヨーロッパのレオナルド・ダ・ヴィンチプログラムによって助成を受けたElucidate Project (1995-1997) とイギリスの通商産業省の調査 (1997) のデータを用いたHagen (1999) の研究は，ヨーロッパ4ヵ国（イギリス，フランス，ドイツ，スペイン）の中の特定の5地域に所在する1,261の中小企業（従業員500人未満，輸出をしている企業に限る）からの質問票への回答をもとにしたものである。多くの企業が言語を使用する主な場面は，「電話の応対」「交渉」「ミーティング」などの話す・聞くスキルが必要な場面だと回答している (Hagen, 1999: 16)。

　小池（監)・寺内（編)(2010) と寺内 (2012) は，日本の会社に勤めるビジネスパーソン7,354名に英語使用やそれに伴う困難，TOEICスコアをはじめとする英語力を表す指標について尋ねた。その結果，TOEICスコアが相当高い人でも，会議における英語使用には困難が伴うことが少なくないことがわかった。これらは本書の付章にその概要をまとめてあるので参考にできるであろう。

　また，Tsuji & Tsuji (2012) は，日本の中規模以上（従業員1,000人以上，資本金3億円以上，少なくとも1つの海外工場を持つ）の企業（製造業）に勤める1,000人のビジネスパーソンへオンラインでのニーズ調査を行った。「Eメール」が他の英語使用のケースを上回っていたが，「ディスカッション」「プレゼンテーション」「ミーティング」「ビデオ会議」などに関して，それらの重要

性は高いとしながら「自信がない」とする回答が多かったことから，ビジネスミーティングの包括的な英語スキルの支援が必要だと述べている。

このようにビジネスミーティングは，国を問わず，ビジネス分野でほぼ普遍的に存在するジャンルであり，またその結果がビジネスの成否に影響を与えうる重要な場であると認識されている。

3 ビジネスミーティング研究の新たな展開

先述のように，ビジネス分野のディスコース研究はこの15年あまりで着実に発展してきた。ジャンル分析，ディスコース分析，応用言語学，異文化間コミュニケーション，語用論など，研究によって多種多様なアプローチがとられている。この分野の文献を整理して紹介しているBargiela-Chiappini, Nickerson & Planken (2007: 15) は，この分野でのアプローチの多様性は，ビジネスという現実の課題が先に前提としてあり，それに対して何かを言う必要があるという，理論先行型ではない学問領域であることから来ているとしている。しかしながら，新しい量的な研究の地平が開けてきてもいる。その1つは，ビジネスミーティングのコーパス研究であり，もう1つはビジネス英語の評価方法の研究である。

ビジネスコミュニケーションのコーパス研究での近年の大きな成果の1つは，R. CarterとM. McCarthyが英国ノッティンガム大学で構想したCambridge and Nottingham Business English Corpus（CANBEC）の完成である。それを用いたモノグラフも出版された（Handford, 2010）。CANBECはイギリスを中心とするヨーロッパ諸国及び日本の，様々な規模の26の企業における64のミーティングを録音の上でテキスト化した合計912,734語のコーパスである。規模も話し言葉コーパスとしては大きく，編纂者がM. Handford氏1名で，同氏はほとんどのミーティングの録音に立ち会ったという（Handford, 2010: 5）。このことで，コーパスに付きものの「コンテクスト情報の不足」から来る発話意図が不明になるという問題も，かなり回避できたという。また彼は，そのコーパス研究を，様々なアプローチでなされてきた従来のビジネスミーティングのディスコース研究を「補完するもの」と位置付けている（Handford, 2010: 24）。たとえば，従来複数の論者によって提案されてきたビジネスミーティングの「構造」について，コーパスデータの語彙的特徴づけを根拠に，従来の3段階モデルの前後にオプショナルなステップを1段階ずつ加えた修正モデルを提示し，ムーブ分析の新しい提案をしている（Handford, 2010: 68）。

また，ディスコース研究等を通して，「特定の領域」における言語使用の経験的知見の蓄積が進むにつれて，特に教育との関連で，ビジネス英語の言語活動・行動の評価方法も見直しの必要性が主張されている。その嚆矢はDouglas（2000）で，Bachman（1991）の提示した「オーセンティシティ」の概念のLanguage for Specific Purposes: LSP，あるいはESPの評価における重要性を強調した。Bachmanの「オーセンティシティ」には「状況のオーセンティシティ」と「相互行為的オーセンティシティ」の2種類があり，Douglasもこれら2つの側面を重視した。そのDouglasのアプローチに対し，近年，O'Sullivan（2012）が批判的検討を加えている。彼の論点は3つで，「特定の領域」の線引きがニーズ分析やコーパス研究の蓄積を経ても依然として難しいこと，「オーセ

ンティシティ」を評価プロセスにおいて確保する具体的な手立てについては提示されていないこと，そして不可避的に関わってくる非言語的要因をLSP/ESPのテストでどう整理するかが課題であるとしている。

4 ELF（BELF）と日本企業における英語使用

また，もう1つのEBPにおける近年の重要なトピックとして，ビジネスにおける「共通語としての英語（English as a Lingua Franca: ELF）」の問題がある。ビジネスのための英語（English for Business Purposes: EBP）へのニーズの高まりは，そもそもその研究の初期段階から，英語の非母語話者（non-native speakers: NNS）同士の共通言語としての英語の使用の高まりを反映してのものでもあった（Dudley-Evans & St John, 1998: 53）。このEBPにおけるELFの問題は，近年BELF（Business English as a Lingua Franca）として，EBPの大きなトピックとなりつつある（Nickerson, 2005; Bhatia & Bremner, 2012）。その代表的な研究グループBELF Groupは，本拠地のフィンランドの企業でのフィールド研究を中心に，もはや多国籍企業では「英語母語話者モデル」ではなくNNS同士の共通語，すなわちBELFが標準となっていること，そしてビジネス教育でもBELFを用いたコミュニケーションこそ教えていくべきであると主張する（Kankaanranta & Planken, 2010; Louhiala-Salminen & Kankaanranta, 2011）。

日本もまさにEFL（English as a Foreign Language）環境であり，企業の海外進出先は英語圏よりも他の言語圏が圧倒的に多いわけであり，BELFに関する議論は大いにあてはまるところがある。しかし，2点ほど留保すべき点があると思われる。1つは，BELFの議論の多くが英語と言語的距離の近いヨーロッパ語圏の実態を基にしたものであるということ。そしてもう1つは，教育に適用する際に，フィンランドと日本では学習者の基本的な英語力にもともと差があるかもしれないという点である。

1つ目の論点については，Kachru（1985）の3つの英語使用圏（Inner Circle, Outer Circle, Expanding Circle）の3つ目 "Expanding Circle" の中でも，「習熟度」に関する有意な差が存在するのではないかという論点と置き換えることができる。DuBabcock & Babcock（2007）はこの観点から，様々なビジネスの場面での参加者の英語及び現地語の習熟度の差が生み出すシナリオを，参加者の言語習熟度（Zone One, MegaZone Two, MegaZone Three）と参加者が携わる言語活動のジャンル（Professional, Commercial, Relational）を軸に，整理する試みを提示している。彼女たちの試みが普遍的な妥当性を持つかどうかは，より多くの経験的調査の裏付けが必要と思われるが，今日英語で行われるビジネスミーティングにおいて，参加者の多くが母語話者でない以上，必然的に参加者の間に「習熟度」の差が生じるはずである。そもそもBELF（ELF）という特定の言語変種は存在しないのであり（Sewell, 2012），明らかに大きな多様性を内包している。ここで2つ目の論点とつながるわけだが，少なくとも英語との言語的距離がヨーロッパ諸語に比べると遠い日本語の話者の場合，決して一様ではないBELF（ELF）の実態を場合分けして丁寧に捉えることが，ビジネス領域における現実的な解決につながる可能性は大いにある。

5 本研究の位置付け

　近年の日本人の海外留学者数の減少や，東アジアの隣国である韓国や中国での国を挙げての人材育成への積極投資などから，学術分野や実業界における他のアジア諸国の研究者や企業の存在感は急速に増している。この状況を受け，第2章で指摘したように，日本の文部科学省が2011年度に，大学を対象に「グローバル人材育成推進事業」を50億円規模の予算で支援・推進するという状況にもつながっている（文部科学省ウェブサイト「グローバル人材育成推進事業」）。海外進出に熱心な企業における「英語公用語化」の試みも増えてきている（セダール，2012；三木谷，2012a, 2012b）。実業界においても英語によるビジネスミーティングへの現実的処方箋が今ほど求められている時代はなかったといってもよいだろう。

　ここ15年ほどで，少数のサンプルを質的に研究するビジネスミーティングのディスコース研究は進んできたが，世界的に見ても，いまだ，ビジネスミーティングに焦点を置いた質問紙を用いた大規模な調査研究はほとんどない。また，日本におけるBELFの実態を俯瞰した研究もないといってよいだろう。本研究は，以上のような先行研究の流れを受けて，国際業務にたずさわる管理職909人から得られたデータを分析したもので，その規模と内容は革新的であり，このような処方箋の作成に寄与するものである。

おわりに

　本研究は，日本企業の英語によるビジネスミーティングにおいて，どのような状況で問題点が生じているのかを俯瞰的に把握し，それら問題点の特徴づけをできる限り具体的に行うことを目的とした革新的な研究である。そして，その結果をビジネスのための英語の教育・評価における有効なアプローチとして提示していくことを目指すものである。具体的な内容を第Ⅱ部で詳述していく。

第Ⅱ部

検証編

本研究の結果の考察と示唆

第4章 研究テーマの確定と研究方法

はじめに

第Ⅱ部の最初である本章は，第Ⅰ部の基礎的な理論と社会的背景を踏まえて，実際の調査を始めるまでの経緯を概説し，アンケート調査の項目を紹介する。

1 研究テーマの確定

第1章の冒頭で述べたように，本共同研究の目的は，先行研究である『企業が求める英語力（小池科研）』の調査結果を踏まえた上で，さらに発展的な研究を試みることである。「小池科研」の調査結果から，国際ビジネスに最も重要な能力の1つは「交渉力」であることがわかった。そして「小池科研」の調査報告後，ビジネスを取り巻く環境は加速度的にグローバル化しており，それを支えることができる人材，いわゆるグローバル人材に特に求められる英語力とは具体的にどのようなものかを明らかにする必要性が高まっている。具体的には，交渉や商談のような会議で英語を使用するために，また多様な言語背景を持つ参加者が会議で果たすべき目的を達成するためには，何が必要であるかを提示することが喫緊の課題なのである。以上の観点から，本共同研究のテーマを「英語によるビジネスミーティング（英語で行われる会議）」とし，そこで生じる困難の解明とその打開策の提示を研究の目的とすることとした（図4.1）。

■前調査の結果と提言を踏まえた発展的な研究

企業が求める英語力の総合的な実態把握 → 求めるレベルと実態のギャップ → 最も重要なのは交渉力 → ビジネスミーティングでの英語力向上における問題点の把握

■企業環境の変化等から，より必要性が高まっている

海外事業拡大による経済活性化 → グローバル人材育成の強化 → 英語コミュニケーション能力の強化 → 最重要なのは英語の会議・商談力の向上

図4.1　共同研究テーマ設定

そして，本研究は，JACETでは寺内一副会長を担当理事として，内藤永委員長，藤田玲子委員，照井雅子委員，荒木瑞夫委員のEnglish for Business Purposes（EBP）調査研究特別委員会が2012年3月のJACETの理事会で正式承認され，IIBCでは，安藤益代IP（Institutional Program）事業本部長をプロジェクトリーダーとして，三橋峰夫R&D（Research and Development）主席研究員，北村直子，三木耕介，松島大祐，小西映江を含む共同研究チームが作られた。こうして2012年4月から2014年3月までの2年間の共同研究「企業が求めるビジネスミーティング英語力調査」が始まったのである（図4.2）。

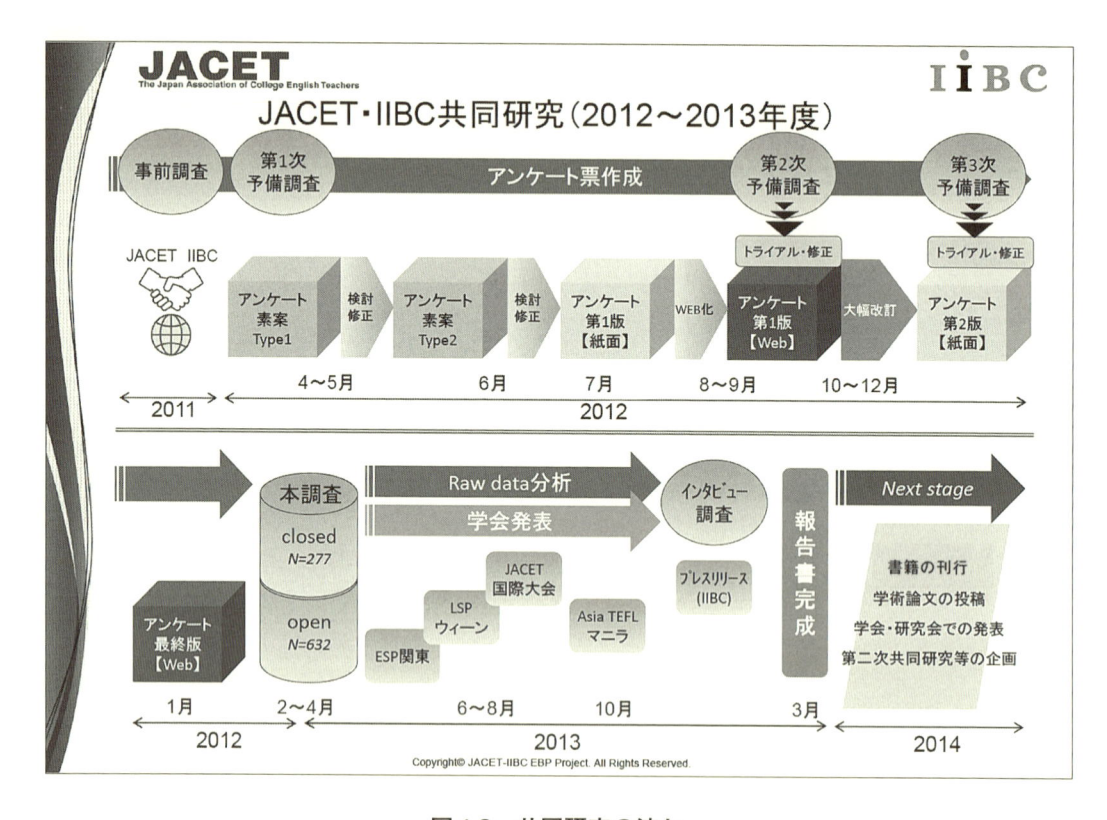

図4.2　共同研究の流れ

2　研究の方法

2.1　調査対象

　この目的を達成するために，本調査ではビジネスパーソンに対してアンケート調査を実施した。調査対象は，国際業務を担う企業の管理職にターゲットを絞ることにした。リーダー的立場の人であれば，実務経験の中から課や部の様子を俯瞰し，現状の問題点を浮き彫りにした上で，具体的な解決策や取り組みなどについて有益な情報を提供することが可能であると判断したからである。

2.2 「アンケート調査」質問票の作成

何度か模擬調査を繰り返して確定した調査項目の内容は表4.1のとおりである。アンケート用のURLを開くと調査依頼，調査目的，調査対象が示され，その後に以下の順で質問が続く。Q1〜Q19は4択の選択式，Q20とQ21は自由回答，最後のセクションのF1〜F9は属性に関する任意回答の質問，F10にインタビュー協力に関する質問と，個人情報の取り扱いについての確認事項があり，回答を送信する。所要時間は20分間と設定した。

表4.1　アンケートの内容

質問	内容
Q1〜Q6	英語使用歴，部署の業務分野，部署構成人数，英語使用者数，英語使用割合
Q7〜Q8	英語によるビジネスミーティングの現在のレベル，到達目標
Q9〜Q14	英語によるビジネスミーティングの相手別に見た，開催頻度，参加者数，形態，参加者の母語，会議の目的
Q15〜Q20	会議の目的別，場面別，スピーキング・リスニング能力別，英語力別，心理的・精神的要因別困難度，自由回答（会議における困難）
Q21	英語のビジネスコミュニケーション全般における課題・問題点
F1〜9, F10	属性，インタビュー調査について

2.3　アンケート調査の概要

アンケート調査は2013年2月5日に開始し，ウェブのリンクを送信する形で約3カ月をかけて回答を収集した。リンクの配布はIIBCのクライアント，IIBCの主催する「TOEIC SQUARE」の会員，及びJACETのESP研究会会員の関係者に対して行った。前述のように対象は国際業務にかかわる管理職である。当アンケートの管理職の定義は，課長職・主任，部長職など，グループリーダーとしての役割を担う人とした。アンケート冒頭で，回答者がこの定義に合っているかの質問があり，「はい」と回答した人のみが先に進むような形式になっている。調査概要を次に示す。

表4.2　調査概要

調査概要
　調査目的：ビジネスミーティングに焦点を当て，英語によるコミュニケーションにより生じる問題点を明らかにし，その解決法を探る。
実施期間：2013年2月5日〜2013年4月30日
調査方法：オンラインアンケート
調査対象：国際的業務に携わる管理職
配布対象：①IIBCクライアント企業＋JACET ESP研究会会員関係
　　　　　　（クローズドデータ（直接依頼の上送信））28,387人に送信
　　　　　②IIBC「TOEIC SQUARE」会員関係
　　　　　　（オープンデータ（不特定であるが配信先を選定後送信））267,228人に送信
回収合計：クローズドデータ337件＋オープンデータ749件＝1086件
無効除去後有効データ：クローズドデータ277件＋オープンデータ632件＝909件

2.4 クローズドデータとオープンデータについて

　アンケートの配布はまずIIBCのクライアント企業及びJACETのESP研究会会員の知り合いに依頼をした。これら2つのルートで回収したものは回答者の所属する企業の紐づけができている。さらに「TOEIC SQUARE」の会員にもアンケート配布を行った。「TOEIC SQUARE」とはIIBCが運営する会員システムで、主にTOEIC公開テストのインターネット申し込みを行う受験者で構成され全国に100万人以上の会員がいる。この中から、主任レベル以上の人がいると考えられる年齢層30歳以上の会員に限定し（会員の約25％）、アンケートのリンクをメールで送信した。このルートで回収したものは、企業や個人の紐づけはできないので、その性質上、信頼性は前述のルートよりは低くなる可能性は否めない。それゆえ、2つのルートのデータは別々に回収し、前者はクローズドデータ、後者はオープンデータと名付けた。クローズドデータは、数は少ないが信頼性がより高いと考えられ、オープンデータは倍以上の数があるが、前者と同じ程度の信頼性があるかはわからない。データを合算することが可能かを検証するために、両データをまずは別々に分析しそれぞれの傾向を比較した。その結果、両データの傾向はほぼ酷似しており、合算しても問題ないと判断した。本書においては合算データを使用した結果を報告する。『企業が求めるビジネスミーティング英語力調査報告書』（寺内（編），2014）（以下，『調査報告書』）においてはクローズドデータとオープンデータを別々に分析した結果を報告してあるので参照されたい。

2.5 インタビュー調査

　本調査では、クローズドデータとオープンデータの2つのアンケート調査結果分析の後に、その結果の信頼性と妥当性を検証することを狙いとして、インタビュー調査を実施した。これは、「方法論間トライアンギュレーション」と呼ばれる手法で、異なる研究手法を採用することで、1つの現象を捉えようとする社会調査手法の一種である。この手法により今回の調査は単なる量的調査に終わらず、様々な洞察を組み入れた調査結果を示すことが可能となった。

おわりに

　こうして、交渉と議論の舞台となる「英語によるビジネスミーティング」において、ビジネスパーソンが具体的にどのような困難を感じているかをテーマに、JACETとIIBCは、2012年4月から2014年3月にかけて共同研究を行った。この調査結果は、前述の『調査報告書』に提言とともにまとめられ、2014年3月に刊行された。本書は、その『調査報告書』の内容を再構成し、英語力に特化してビジネスミーティングにおける困難な点を明らかとし、具体的な打開策を提示することとした。次章から詳細するが、本研究の成果をまとめると以下の3点に集約できる。

1) 経済や社会のグローバル化を受けてビジネスの現場で使用される英語は、それぞれの地域や企業ごとの文化、商習慣、言語的バックグラウンド、あるいは、法律などが相まって、実に多様化していることを具体的に示している。
2) 英語力の不足を感じている状況で行われる会議では、会議の議題や進行を双方で共有する

ことや，質問や確認を通じて相互理解を即座に図ることが肝要である。
　3) 会議における困難の軽減のためには，会議のファシリテーション，質問や確認に関係する英語力が不可欠である。

以上である。
　次章では，アンケート回答者の属性と所属する企業や部署について簡単にまとめておく。

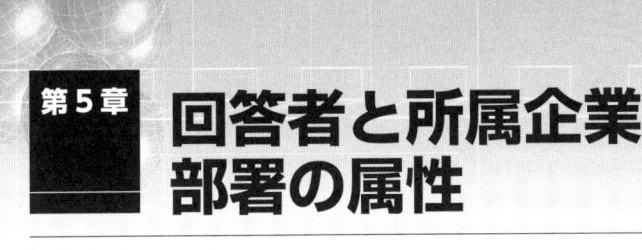

第5章 回答者と所属企業・部署の属性

はじめに

　本章では，英語によるビジネスミーティングに関して実施した調査の回答者の属性（回答者自身と所属する企業と部署）について任意に尋ねた結果を示す。調査の回答の対象としたのは国際ビジネスに携わる管理職である。このデータにより，これら回答者の属性はもちろん，回答者が所属する企業や部署の全体像を見て取ることができる。

1　回答者のプロフィール：男性が4分の3, 35-54才も4分の3, 6割が課長か部長

表5.1　回答者のプロフィール：性別・年齢・役職

（単位 %）

性別		年齢		役職	
男性	77.2	45-49才	22.0	課長	37.0
女性	20.6	40-44才	21.0	部長	23.7
		50-54才	18.0	主任	19.6
		35-39才	14.6	係長	12.2
		20-34才	10.5	役員	5.7
		55才以上	13.0		

　「性別」では回答者の4分の3以上が男性であった。「年齢」は最も多いのが「45-49才」で22.0％，次に「40-44才」が21.0％と続く。「35-54才」の回答者が全体の4分の3を超える。「役職」では，本調査が主に管理職に就く回答者を対象に質問したため，「課長」が一番多く，それに「部長」が続き，「課長」と「部長」で回答者の約6割を占める結果となった。なお，本章で扱う数字は小数点第2位以下を四捨五入したものである。

2　回答者の所属する部署の英語使用の実態

2.1　英語使用歴：5年以上を合算すると約8割

　回答者自身の業務での英語使用歴のおおよその合計を数字で回答してもらい，それをグラフ化したものが図5.1である。

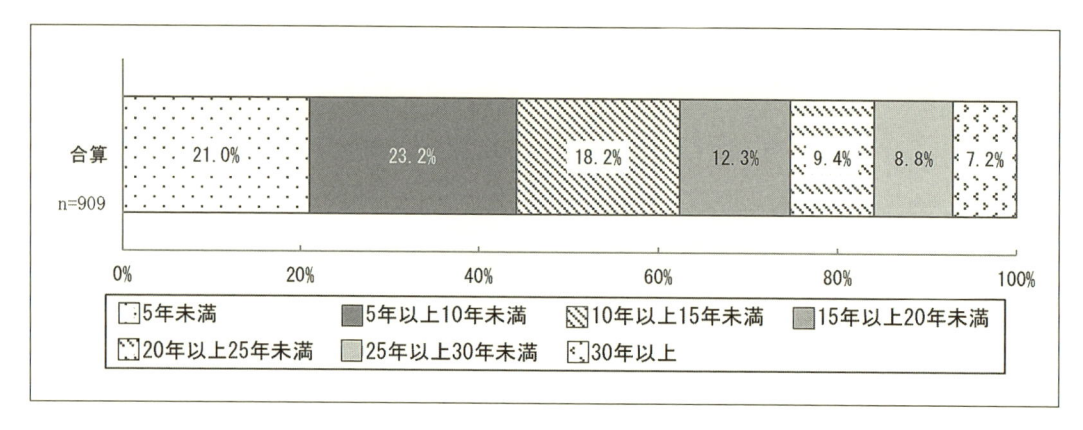

図5.1 英語使用歴

「英語使用歴」で最も多いのは「5年以上10年未満」で23.2%，さらに「5年未満」が21.0%と続く。「5年以上」を合算すると79.0%となり，回答者は業務上の英語使用に比較的慣れていると言える。

2.2 海外業務経験：平均は3.5年でもばらつきが多く1年未満の回答者も36.5%

回答者自身の駐在・短期滞在・出張等を含んだ海外業務の経験年数の合計を数字で回答してもらい，それをグラフ化したものが図5.2である。

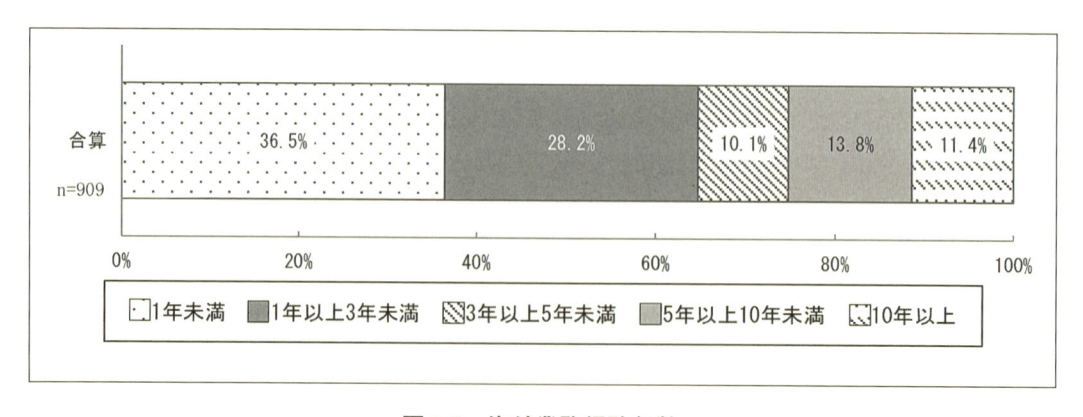

図5.2 海外業務経験年数

「海外業務経験」は「1年未満」が最多で36.5%，次いで「1年以上3年未満」で28.2%である。回答された年数を平均すると3.5年となった。しかし，中には海外業務経験が「30年以上」と回答した者もいるように，ばらつきの幅が大きい。2.1で英語使用歴の英語使用年数が「10年以上」の回答者が55.8%と過半数を占めたことと比較すると，「10年以上」の海外業務経験は11.4%と少ないことがわかる。

3 回答者の所属企業

3.1 所属企業の組織・資本系列・業種：9割以上が民間企業で上場と非上場は拮抗，約6割が日系民間企業，業種はサービス（通信・IT）と電機で約3割

表5.2 組織・資本系列・業種

(単位 %)

組織		資本系列		業種	
民間企業	91.5	日系民間企業	59.2	サービス（通信・IT）	14.9
政府機関・公益法人等	4.3	外資系民間企業	32.5	電機	13.5
その他	2.8	日系公的機関	3.2	その他の業種	8.8
		外資系公的機関	2.0	精密機器	7.4
民間企業のうち		その他	1.5	薬品（製薬）	7.0
上場企業	47.1			車両（自動車）	6.4
非上場企業	44.4				

表5.2に示すとおり，回答者のうち9割以上が「民間企業」に勤務している。その民間企業のうち，「上場企業」と「非上場企業」は拮抗しており，日本の国際ビジネスが一部の有名企業だけでなく，中・小企業にまで広範囲に及んでいることがわかる。また約6割が「日系民間企業」，約3割が「外資系民間企業」に勤務している。

回答者が現在所属している企業の「業種」は多岐にわたるため，総数の多いものから上位6位までを順に並べた。「サービス（通信・IT）」が14.9%と一番多く，それに「電機」が13.5%と続き，両者を合わせると約3割である。しかし，「その他製造」4.5%，「その他の業種」8.8%など，用意した業種別一覧には入らない業種の回答者も約4分の1を占め，グローバルビジネスに関わる業種が多岐に及んでいることがわかる。

3.2 所属企業の回答者の従業員数・従業員と役員の外国人の割合：従業員数1万人を超える企業が約2割で1,000人以下の企業が4割以上，従業員における外国人の割合10%以下が約6割，役員における外国人の割合10%以下が約3分の2

表5.3 従業員数・従業員／役員における外国人の割合

(単位 %)

従業員数		従業員における外国人の割合		役員における外国人の割合	
1,000人以下	42.2	1-10%	48.2	なし（0）	42.4
1,001人-10,000人	31.6	なし（0）	14.6	1-10%	22.3
10,001人以上	22.2	11-20%	7.5	11-20%	3.0

「従業員数」が「10,001人以上」のいわゆる大企業に勤める回答者が約2割，従業員数「1,001人以上」の企業に勤める回答者と合わせると5割を超え，大手企業に勤務する回答者が多い。一方で，従業員数「1,000人以下」の企業に勤める回答者も4割以上を占め，大企業だけが国際的なビジネスを行っているわけではないこともよくわかる。

回答者が現在所属している企業の「従業員における外国人の割合」と，「役員における外国人の割合」については，該当する数字を回答者が入力する形で結果をまとめた。外国人従業員が「なし」は1.5割ほどであるが，「1～10％」の割合でいる部署は5割近く，20％まで範囲を広げると5割を優に超える。従業員の外国人が珍しくないことがわかる。

　一方で，「役員」の中に外国人が含まれない回答者が4割を超える。これに「1～10％」を加えると回答者の3分の2に及ぶ。日本では，外国人が役員を務める企業はまだ少なく，外国人の役員がいたとしても少数派だと言える。

3.3　所属企業の資本金・売上高・海外売上高比率：資本金3億円以上・売上高1,000億円を超える企業が多く，6人に1人が海外売上高なし

　所属企業の「資本金」と「売上高」にはその数字を，「海外売上高比率」は％で回答してもらい，それぞれを大きく区分した。

表5.4　資本金・売上高・海外売上高比率

（単位 %）

資本金		売上高		海外売上高比率	
無回答	69.9	無回答	71.8	無回答	12.3
3億1円以上	23.4	1千億1円～1兆円以下	9.9	なし	15.6
5千万円以下	3.2	1兆1円以上	6.9	11-30	18.3
5千万1円～1億円以下	2.2	百億1円～1,000億円以下	5.5	31-50	14.9
1億1円～3億円以下	1.3	十億1円～百億円以下	3.2	10以下	14.2

3.4　所属企業の社内公式文書：英語と日英併記が3割を超える

表5.5　社内公式文書

（単位 %）

社内公式文書	
日本語	65.0
日英併記	21.0
英語	11.4

　「社内公式文書」が「英語」の企業が全体の約1割で「日英併記」は約2割であった。両者を合わせると3割を超え，企業におけるグローバル化が進んでいる証とも言えよう。

4 回答者の所属する部署

4.1 多様な業務分野:「営業・販売」が最も多く,「技術・設計」「研究開発」「IT・システム」「人事・教育」が続く

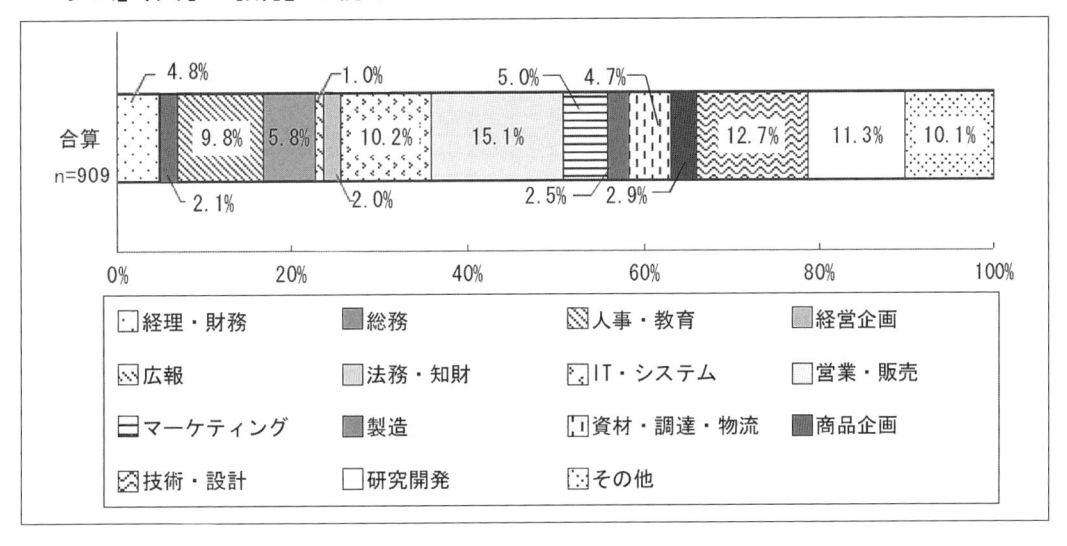

図5.3 業務分野

回答者の所属する部署の「業務分野」は多岐にわたるが,「営業・販売」が15.1%と最も多く,「技術・設計」が12.7%,「研究開発」が11.3%,「IT・システム」が10.2%と続く。

4.2 管理職と正社員数:10～13人程度の部署に管理職は3人が平均

回答者が所属する部署の「外国人や海外在籍者も含めた構成人数」について「管理職」と「管理職以外」に分けた回答結果を示す。回答者が課長職・主任等の場合は所属する課について,回答者が部長職（副部長を含む）の場合は所属する部について,回答者が事業部長（副事業部長を含む）場合は所属する事業部についての回答を求めた。

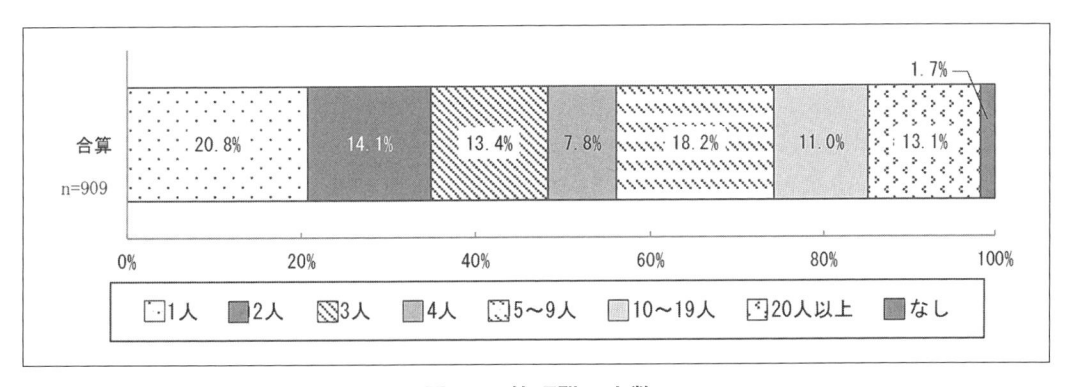

図5.4 管理職の人数

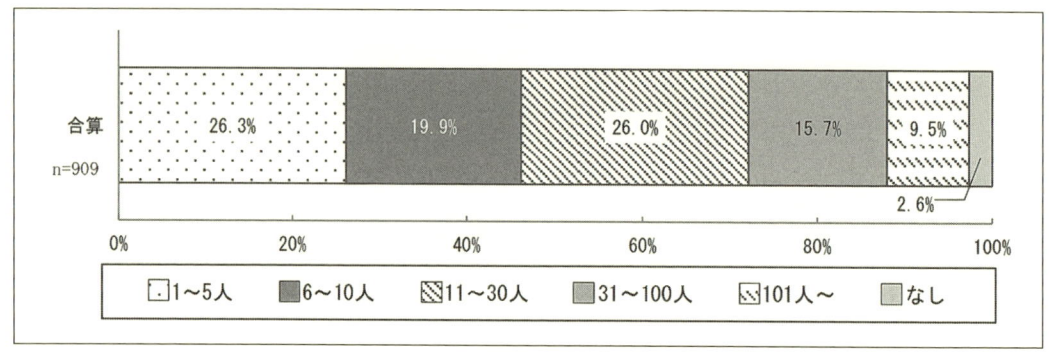

図5.5　管理職以外の人数（正社員のみ）

　回答者が所属する部署では，「1人の管理職」が当該組織を管理しているという回答が20.8%である一方，管理職が「20人以上」も13.1%いる。「5人以上」を合算すると回答者の4割を超える。回答者が所属する部署は比較的大きな部署であることがうかがえる。

　「管理職以外の部署の人数」について，部署には多くの場合派遣社員やアルバイト社員などが存在し，その構成は様々であり，どこまでを部署の人数に入れるのか回答者が迷うと思われたため，社員教育や管理の対象となる正社員のみを人数に含むこととした。管理職以外が「1～5人」が26.3%と最も多く，「11～30人」が26.0%とほぼ同じ数字が並ぶ。さらに「6～10人」が19.9%と続きこれらを合わせた「30人以下」が全体の7割を超える。

　以上から，平均的な回答者の部署の様子をまとめると，管理職以外の正社員が「10～13人」に対し，約3人の管理職（含む課長・主任，部長，事業部長）が存在する規模である。面白いのは管理職以外の正社員の人数を「なし」とした回答が2.6%，管理職が「いない」が1.7%という回答である。昨今，雇用形態が多様化しており，その一端を示すデータと言える。

4.3　部署内の英語使用者数：6人以下が約5割

　回答者が所属する部署の正社員（管理職及び非管理職）のうち「業務上英語を使用」する人数をまとめた。

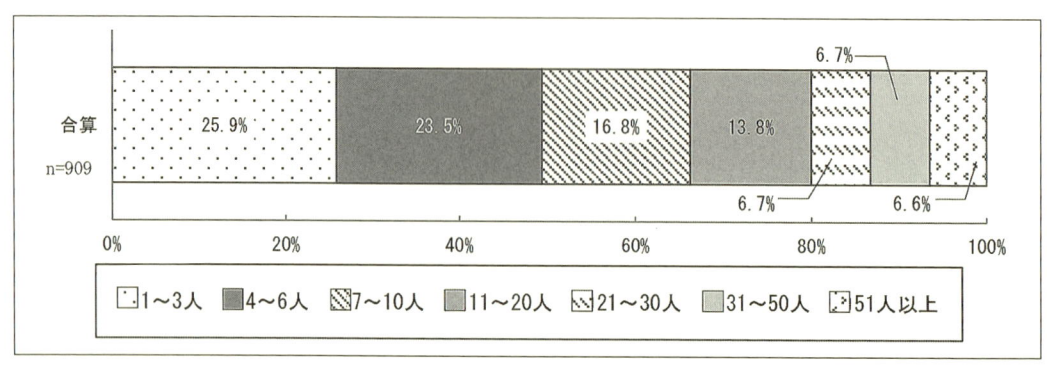

図5.6　英語使用者数

「部署内の英語使用者数」は「1～3人」が25.9%，「4～6人」が23.5%で両者を合わせると約半数となる。業務で英語を使用する人数や割合はそれほど大きなものではないと言える。

4.4　業務における英語使用の割合：英語での仕事が1～30％程度の部署が約6割

回答者が所属する部署の仕事量全体を100%とした場合の，「英語を使用する仕事の割合」を%で表したものをグラフにまとめた。

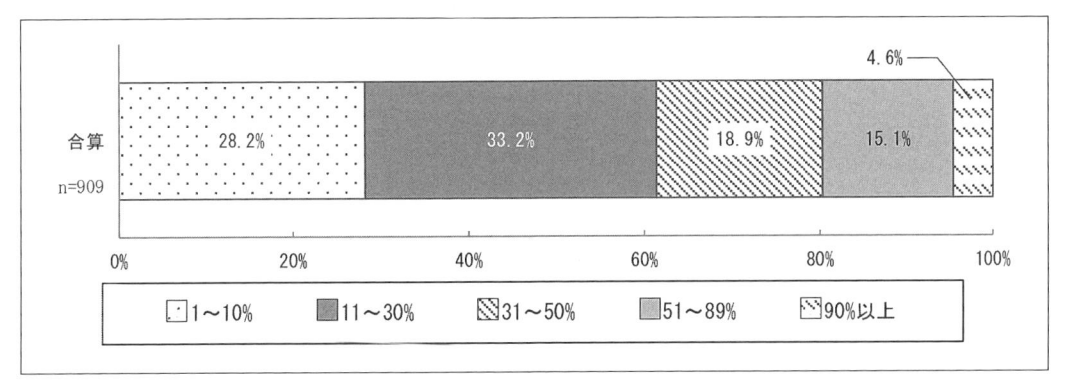

図5.7　英語使用の仕事割合

回答者が所属する部署の仕事量全体を100%とした場合，「英語を使用する仕事」が「90%以上」すなわち，ほぼ英語を使って業務を行っている部署が4.6%を占め，「51%以上」とすると2割に迫る。一方で，「30%以下」では6割を超え，「10%以下」に絞り込むと3割に迫っており，業務に英語が必要かどうかは部署によって分かれる結果となった。

4.5　部署の英語到達度（CEFR）：現在の平均レベルはCEFR B1，目標の平均レベルはB2.2

本調査では，英語力の指標として欧州評議会（Council of Europe）が採用しているCommon European Framework of Reference for Languages（CEFR，言語共通参照枠）を用いて，「回答者が所属する部署」の現在の英語力と目標とすべき英語力について聞いた（Q7, Q8）。レベルの特定には，記述子（descriptor）からなるCan-Doリスト（そのレベルでできることが具体的に書かれたもののリスト）を参加者に示し，該当する記述子を選んでもらった。記述子にはCEFRの「フォーマルなディスカッションと会議（Formal Discussion and Meetings）」の記述子（Council of Europe, 2001: 78）の日本語訳（吉島・大橋 ほか（訳・編），2004: 82）を用いた。

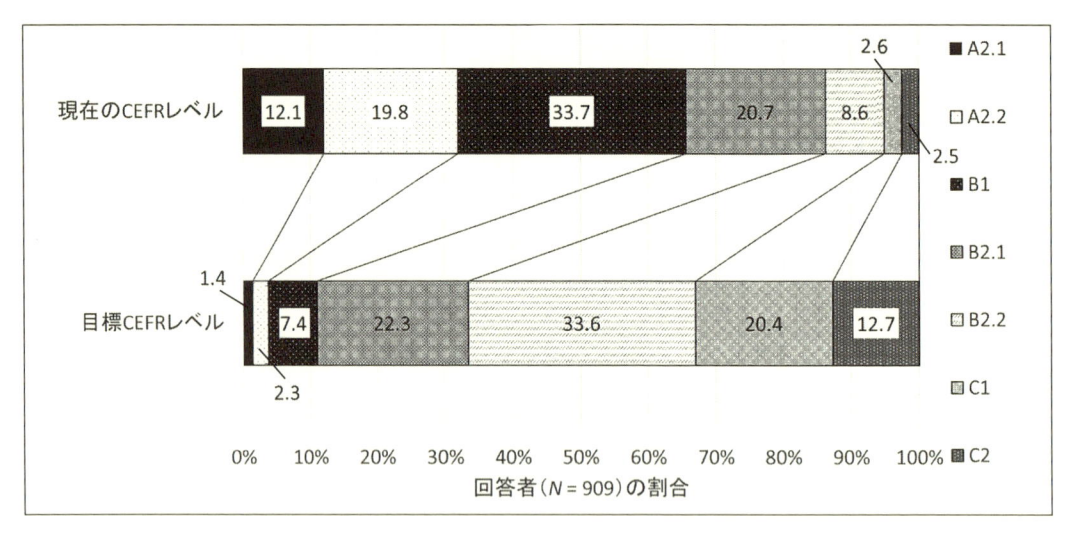

図5.8　部署の現在の英語到達度および目標英語到達度（CEFRレベル）

　図5.8に示されるように，現在のCEFRレベルは，B1と答えた人が33.7%と最も多く，中央値もこのレベルに存在する。一方，目標のCEFRレベルはB2.2と答えた人が33.6%で，最も多く，やはり中央値はこのレベルに存在する。別の言い方をすれば，およそ6～7割の部署の現在の英語力はCEFRの「B1レベル」以下である。目標レベルとなると，およそ6～7割の部署が「B2.2レベル」以上への改善を望んでおり，「現実と理想の間」に1レベル以上のギャップがあることがわかった。小池・寺内・高田（2008）と小池（監）・寺内（編）（2010）の結果とほぼ重なると言える。

おわりに

　本章では，英語によるビジネスミーティングに関する調査票の回答者の属性について示した。回答者が所属する企業について，また，回答者自身について尋ねた回答をまとめたことにより，このアンケートの回答者の全体像や，回答者が属する部署の全体像がわかった。

　本調査の主な回答者は，全体の4分の3以上を占める35-54才の男性で，役職は「課長」と「部長」で回答者の約6割を占める。英語使用歴は5年以上が約8割，駐在などの海外業務経験は平均で3.5年程度である。回答者の約半数が上場企業に勤め，約6割が日系民間企業に，約3割が外資系民間企業に勤める。約2割が従業員数10,001人以上の大手企業に勤務する一方，4割以上が1,000人以下の企業に勤める。

　海外売上高がない企業に勤務する回答者が6人に1人で，50%以下の企業に勤務する回答者が6割を超える。回答者の企業では，少数ながらも外国人のいる割合は85%程度となっている。一方，役員の中には外国人がいないとする企業は4割を超え，日本では外国人が役員を務める例はまだそう多くない。社内公式文書が英語の企業は約1割，日英併記は約2割であった。

　所属している企業の業種は多様であるが，サービス（通信・IT）と電機で約3割であった。部署

においては，英語を仕事で使用する者は6人以下という回答者が5割，英語の仕事量については，仕事全体の30％以下とした回答者が6割を超えた。これらの部署における英語の平均レベルはCEFRの「B1レベル」であるが，「B2.2レベル」への改善を望んでおり，現実には英語力が足りていないことがわかった。

　次章ではこうした属性を踏まえて，英語によるビジネスミーティングの実態に迫っていく。

第6章 英語によるビジネスミーティングの実態

はじめに

　日本国内の企業において，英語で行われるビジネスミーティングは，近年増加傾向にあろうということはたやすく推測できる。しかし，実際はどのくらいの割合で行われているのかは明らかではない。そこで，本調査では，英語によるビジネスミーティングの開催状況に関しての質問を設定し，「社内」「提携」「顧客」という相手別にデータを収集した。本章では，これらのデータを比較しながらその調査結果を示す。

1　会議の割合：2割の会議が英語で開催

　グローバル化の急速な進展はビジネスの場に大きな影響を与えているのは間違いない。回答者の属性のデータ（第5章）からは，社内公式文書が英語であるという企業は約1割，日英併記は約2割ということであった。それでは日本国内の国際ビジネスに関わる会社においては，英語によるビジネスミーティングはどのくらいの割合で行われているのであろうか。本調査の中ではその開催率をパーセンテージで聞いた（Q9）。回答者にはパーセンテージの数字を入力してもらったが，回答内容が多岐にわたったため，全体の会議数を100％とした場合，英語によるビジネスミーティングを「1％未満」「1〜5％」「6〜10％」「11〜30％」「31〜50％」「51〜99％」「100％」に区分したものをまとめた。結果は図6.1に示すとおりである。

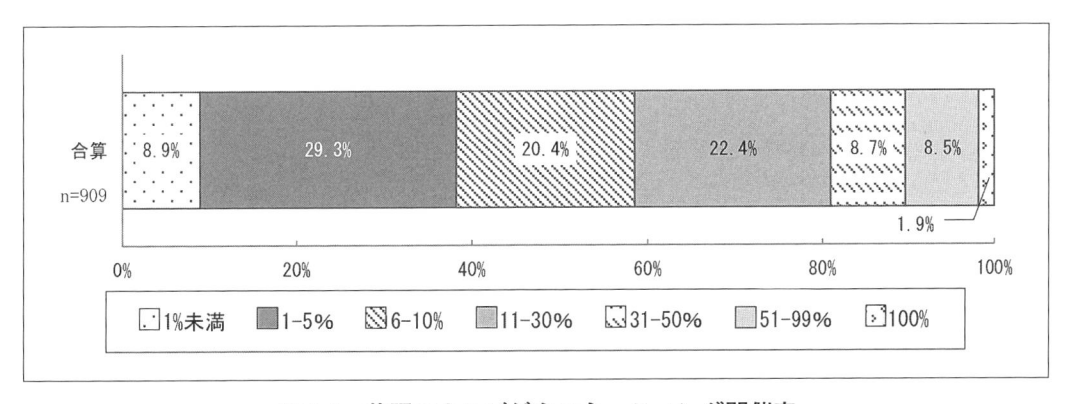

合算 n=909：1％未満 8.9%／1-5% 29.3%／6-10% 20.4%／11-30% 22.4%／31-50% 8.7%／51-99% 8.5%／100% 1.9%

図6.1　英語によるビジネスミーティング開催率

このグラフからは，英語によるビジネスミーティングの開催率は，「1〜5％」内の部署が約3割と最も多く，全体では約6割程度の部署が10％以下の開催率ということがわかる。平均値は20.8％であり，全体に均すと約2割の会議が英語で行われていることになる。これを多い，または少ないと捉えるかは意見の分かれるところであろうが，今後この平均値はグローバル化の流れに乗って少なくとも上昇していくことは確実であろう。また，その開催率が100％だとする回答も1.9％存在し，今回の調査対象部署では極めて少ないものの，部署におけるすべての会議を英語で行っている現実があることが明らかになった。

２ 会議の頻度：英語会議は月に約10回開催，うち社内会議が約5回

本調査では，さらに社内での会議，提携先との会議，顧客との会議といった相手別に，英語によるビジネスミーティングがあるかどうか，そしてある場合はその頻度について質問した（Q10）。

相手の違いに基づく会議の類型としては，「社内メンバーもしくはグループ会社（社内）」(internal meetings)，「提携関係にあるパートナー会社（提携）」(meetings with contracted partners)，「顧客」(external meetings) の3分類を用いたが，この区分はビジネスにおける会議の英語調査の先例であるHandford (2010) のそれを参考にしたものである。ここで，「external meetings」を「社外」ではなく「顧客」としたのは，「提携 (meetings with contracted partners)」との区別と明確にするためである。この3分類はこの後アンケートを通して使用されるので，表6.1にその定義を示しておく。

表6.1 会議の相手

本調査上の表示	定義・英語表記（Handford, 2010による）
社内	社内メンバーもしくはグループ会社とのミーティング (internal meetings)
提携	提携関係にあるパートナー会社とのミーティング (meetings with contracted partners)
顧客	社外の顧客とのミーティング (external meetings)

頻度については，年・月・週を単位として，該当する数字を回答者が入力する形で回答を求めた。回答内容が多岐にわたったため，また，比較を容易にするため，回答者が年・月・週を単位として入力した頻度を，「ほぼ毎日」「週数回」「月数回」「半年に数回」「年数回」「なし」に区分し，それぞれに分類したものをグラフにした。結果は以下に示すとおりである。

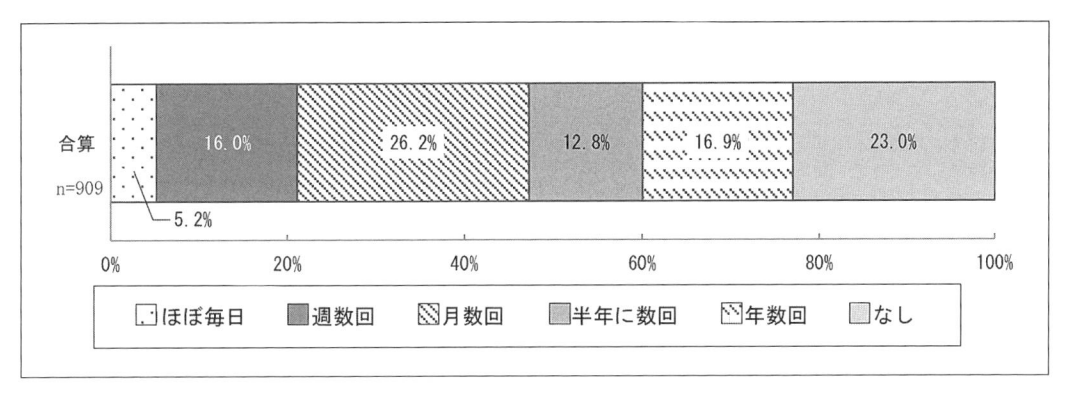

図6.2　相手別の英語によるビジネスミーティング開催頻度（社内）

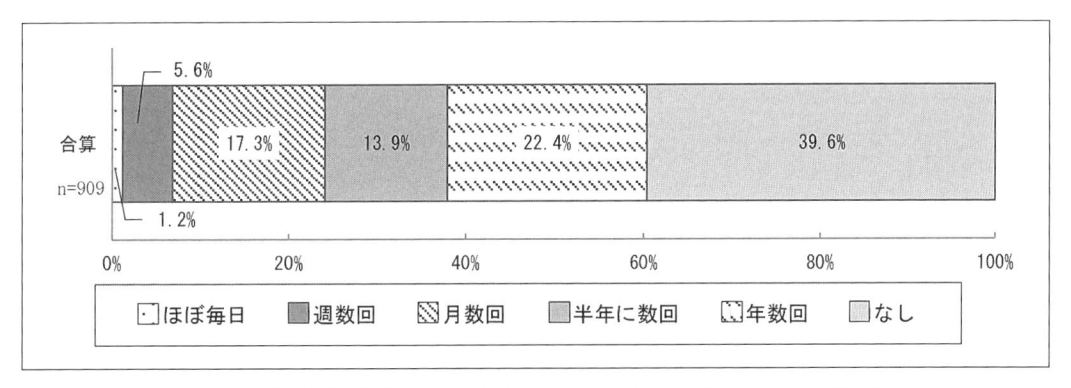

図6.3　相手別の英語によるビジネスミーティング開催頻度（提携）

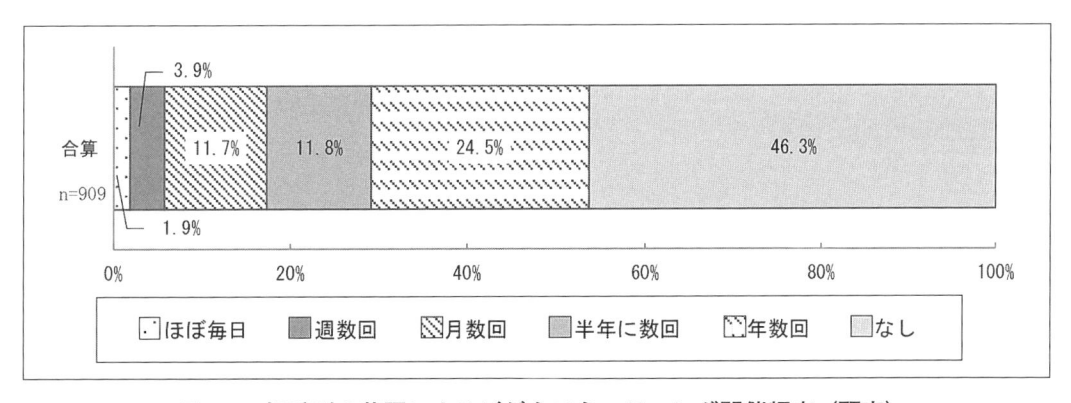

図6.4　相手別の英語によるビジネスミーティング開催頻度（顧客）

　表の比較から，相手によってその頻度に差があることがわかる。まず，回答者が現在所属している部署で「社内」での英語によるビジネスミーティングが「ある」と回答したのは77.0%，「提携」は60.4%，「顧客」は53.7%であった。英語による会議は「社内」で最も多く，次いで「提携」，そして「顧客」となっている。また，英語によるミーティングが「ほぼ毎日」「週数回」といった高い頻度で行われているとする回答が，「社内」では約2割，「提携」と「顧客」では1割

には満たなかった。しかし、ミーティングが「ある」とした回答から、開催頻度の月平均を求めると、「社内」が相手となるものは月5.1回、「提携」との会議は月2.5回、「顧客」との会議は月2.7回で、「社内」を相手とする英語の会議が最も多く、月5回程度行われていることになる。これに「提携」や「顧客」との英語による会議を加えると月に約10回の英語によるミーティングが開催されている計算となる。第1節で示したように、英語による会議は会議全体の10%以下という部署が約6割程度であり、英語による会議が多くないような印象を持つが、頻度で見てみると、月に約10回の英語によるビジネスミーティングが開催されている。月間のビジネスデイが約22日であるとすれば、月に約10回というのは、ほぼ1日おきに英語による会議が行われている計算になる。

表6.2 相手別月間会議回数（会議があるとした回答の平均）

相手	平均回数（月）
社内	5.1回
提携	2.5回
顧客	2.7回
合計	10.3回

「顧客」を相手とした会議に関しては「ない」とする回答が全体の46.3%を占めている。続いて、「提携」との会議が「ない」は39.6%となっており、つまり、顧客や提携先の人など会社の外の人々を相手にした英語によるビジネスミーティングが行われない会社もかなりの割合であるということである。

3 会議の規模：「社内」は6～10人、「提携」と「顧客」は3～5人

本調査ではさらに、英語のビジネスミーティングがどのような相手と何人規模で実施されているかを調査した（Q11）。この質問では、典型的な会議における参加人数を前述の頻度に関する質問と同様に、「社内」「提携」「顧客」の相手別に回答を求めた。部署全体の傾向を知るため、個別なコミュニケーションとなりがちな1対1の会議は除外し、「3～5人」「6～10人」「11人以上」という区分の選択肢とした。この区分については、アンケート作成の過程において、ドメインエキスパートであるビジネスパーソンから平均的な会議の人数（7～8人）を確認した上で区分分けしてある。以下は結果を相手別に示したグラフである（図6.5, 図6.6, 図6.7）。

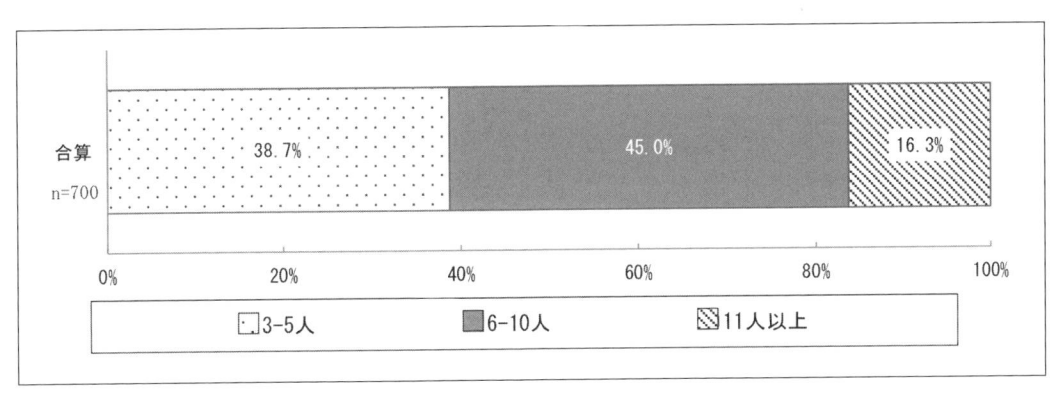

図6.5　相手別の英語によるビジネスミーティング参加人数（社内）

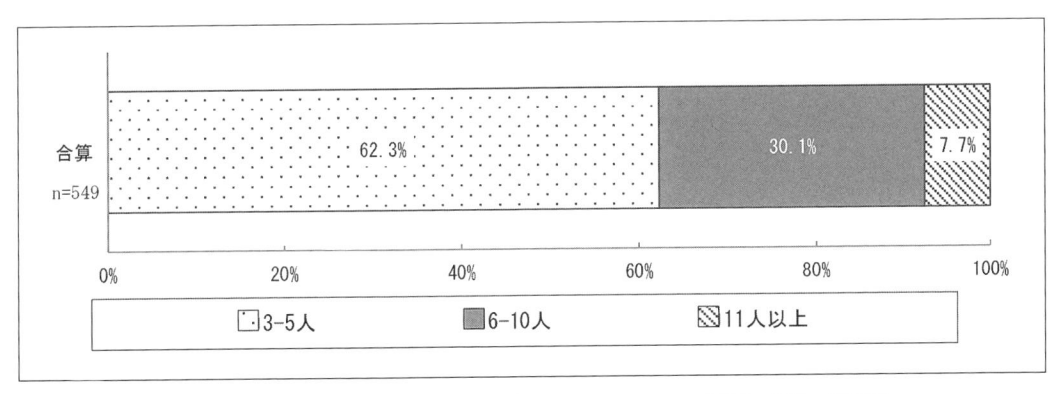

合算 n=700：3-5人 38.7%、6-10人 45.0%、11人以上 16.3%

図6.6　相手別の英語によるビジネスミーティング参加人数（提携）

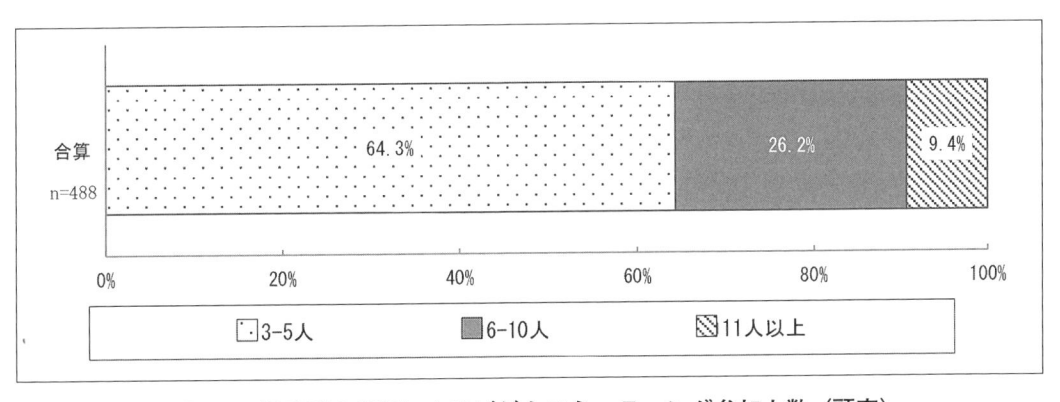

合算 n=549：3-5人 62.3%、6-10人 30.1%、11人以上 7.7%

図6.7　相手別の英語によるビジネスミーティング参加人数（顧客）

合算 n=488：3-5人 64.3%、6-10人 26.2%、11人以上 9.4%

　英語で行われるビジネスミーティングの参加人数は，「社内」の人を相手に行われる場合は，「6～10人」が最も多く，全体の45.0%を占めている。一方「提携」や「顧客」を相手とするビジネスミーティングの参加人数は，「3～5人」が最も多く，それぞれ全体の60%を超えている。
　つまり，「社内」を相手にする英語によるビジネスミーティングは比較的規模が大きい「6～10

人」程度を平均として行われる割合が高く，「提携」や「顧客」との会議は「3〜5人」の小さな規模で行われている。しかし，「社内」のビジネスミーティングでは，参加人数が「3〜5人」という会議も 38.7％，「11人以上」の会議も 16.3％行われていて，その規模にはかなり幅があるといえる。一方，「提携」と「顧客」との会議を「6〜10人」で行うのは「3〜5人」で行う割合の半分以下となっており，絞られた人数で会議が行われている様子がわかる。

4 会議の形態：「社内」と「提携」では電話が5割超え・「顧客」は約8割が対面

　会議というと，通常多くの人が思い浮かべるのは，会議室に人々が集まって会議を行っている様子だろう。しかし，ご存知のように現在では通信技術を駆使した様々な形態の会議が可能で，実際行われている。複数の世界の拠点を結んで行われる会議はもはや珍しいものではなくなった。音声のみを介する電話会議，またテレビ会議やネット会議では，相手の映像を見ながら，遠隔にいる相手があたかもその場にいるような感覚で話を進めることが可能である。国際ビジネスに関わる部署ではこのような形態の会議は効率を鑑みれば必要不可欠なものとなっている。では，実際はどのような形態の会議が主流で，それは相手によって差異があるのであろうか。本調査では，「対面」「電話（音声のみ）」「テレビ・ネット（音声と映像）」のうち，どの形態の会議を行っているのかを相手別に聞いた（Q12）。

　相手別に集計した結果は以下のとおりである（表6.3，表6.4，表6.5）。複数回答可としたので，回答者数と合計数は異なるが，相手によって主となる形態が異なることが見て取れる。

表6.3　相手別の英語によるビジネスミーティング実施形態（社内）

	回答者数	対面	電話（音声のみ）	テレビ・ネット	その他
人数	700	418	391	317	19
％	―	59.7	55.9	45.3	2.7

表6.4　相手別の英語によるビジネスミーティング実施形態（提携）

	回答者数	対面	電話（音声のみ）	テレビ・ネット	その他
人数	549	345	277	209	14
％	―	62.8	50.5	38.1	2.6

表6.5　相手別の英語によるビジネスミーティング実施形態（顧客）

	回答者数	対面	電話（音声のみ）	テレビ・ネット	その他
人数	488	379	204	125	7
％	―	77.7	41.8	25.6	1.4

第6章

英語によるビジネスミーティングの実態

　英語によるビジネスミーティングの形態は、相手が「社内」「提携」「顧客」のどれであっても、「対面」の割合が高く、次いで、「電話（音声のみ）」と「テレビ・ネット（音声と映像）」が続く。「顧客」については特に「対面」の割合が8割近くと最も高い。「社内」「提携」「顧客」という順に「対面」で行う割合が上がり、「顧客」というビジネス上重要であると考えられる相手との英語ミーティングは「対面」で実施する傾向がうかがえる。

　「対面」に次ぐ「電話」会議は、「社内」が700回答中391件（55.9％）、「提携」が相手の場合は549回答中277件（50.5％）、「顧客」が488回答中204件（41.8％）とその割合は全体で半分近くである。「電話」会議は音声のみの会議となり、「対面」と比較すると音声のみにしか頼れない難しさがあると予測できる。続く第7章で見るとおり、リスニングに関する困難度が9割に達することや、第10章の自由回答の記述には、電話会議の難しさが数多く指摘されていることは、このように音声のみに頼らざるを得ない状況が現実として日常的であることと関連していると考えられる。「テレビ・ネット」の方が「対面」に近く、困難度が少ないと推測できるが、その利用数が「電話」を超えていない。本調査に協力してくれたビジネスパーソンの話によれば、これはテレビやネットは電話に比べてシステム上高度・高額であることが理由のひとつということである。

　「その他」の形態を使用するとした回答には具体的な説明が無いものが多かったが、回答者の勤務先企業が採用している会議システムを使用する、共通の書面での資料を両者で手元に置く、プロジェクターで資料を共有したりしながら「電話（音声のみ）」または「テレビ・ネット（音声と映像）」を利用するといった回答も一部みられた。「対面」での英語によるビジネスミーティングの効果に近づけるための工夫と思われる。

　これまで指摘してきた会議の頻度・人数との関係も鑑みると、国際ビジネスに関わる部署の典型的な英語による会議の開催状況は、図6.8のようになるだろう。「社内」相手では月5回程度「6〜10人」ほどが集まって「対面」「電話」「テレビ・ネット」を介した会議を行う。「提携」では「3〜5人」平均で月に2.5回ほど集まり、形態は「対面」が多く、「電

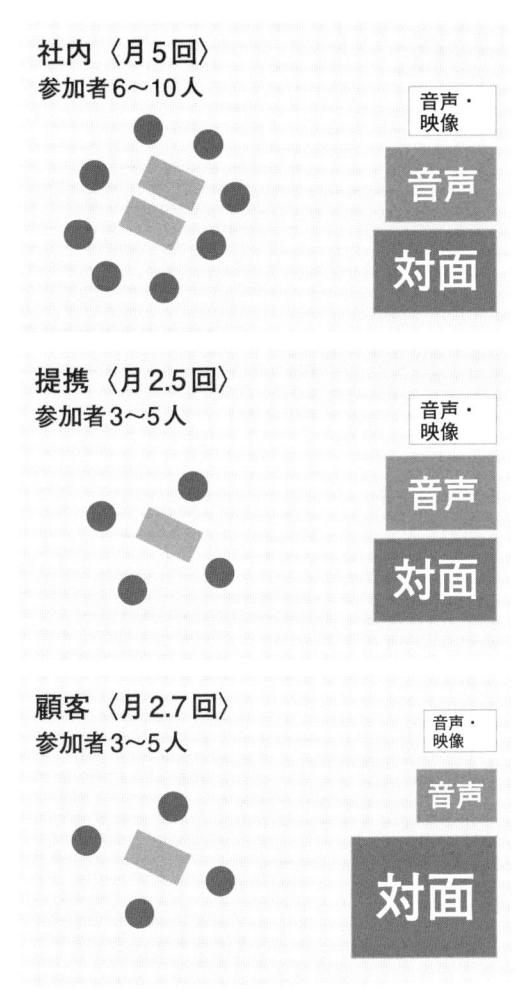

図6.8　相手別の英語によるビジネスミーティングの開催状況

話」が続く。「顧客」との会議に関しては月2.7回ほど「3～5人」で集まるペースとなるが，形態は「対面」が際立って多い。

5 会議の目的：「社内」では経緯説明，「顧客」では交渉が多く，相手によらず「情報・助言の交換」が上位を占める

会議は様々な目的をもって行われる。ここでは，先のHandford (2010) が行ったビジネスミーティングの6分類をその目的として使用する。

「経緯説明・確認（Reviewing）」
「計画・立案（Planning）」
「情報／助言の交換・授受（Giving and receiving information）」
「課題発掘／問題解決・調整（Task-/problem-oriented）」
「商品やサービスの販売／購入／販促（Buying/selling/promoting a product）」
「交渉（Negotiating）」

これらの目的は，もとは英語表記であったが，調査対象者が日本人であるため，調査の便宜上日本語で訳を加えた。回答者の誤解を防ぐため，アンケート上にはHandfordで提示されていたとおりの英語表記も併記してある。

上記のどの目的のために会議を行うことが多いのか，また，それは会議の相手によって異なってくるものなのかを調査するために，回答者が現在所属している部署での英語によるビジネスミーティングの目的を相手別に質問した（Q14）。その結果を以下の3つのグラフで相手別に示す（図6.9，図6.10，図6.11）。

項目	割合
経緯説明	79.3%
計画・立案	68.0%
情報／助言の交換	74.6%
課題発掘／問題解決	68.3%
販売／購入／販促	13.9%
交渉	24.6%

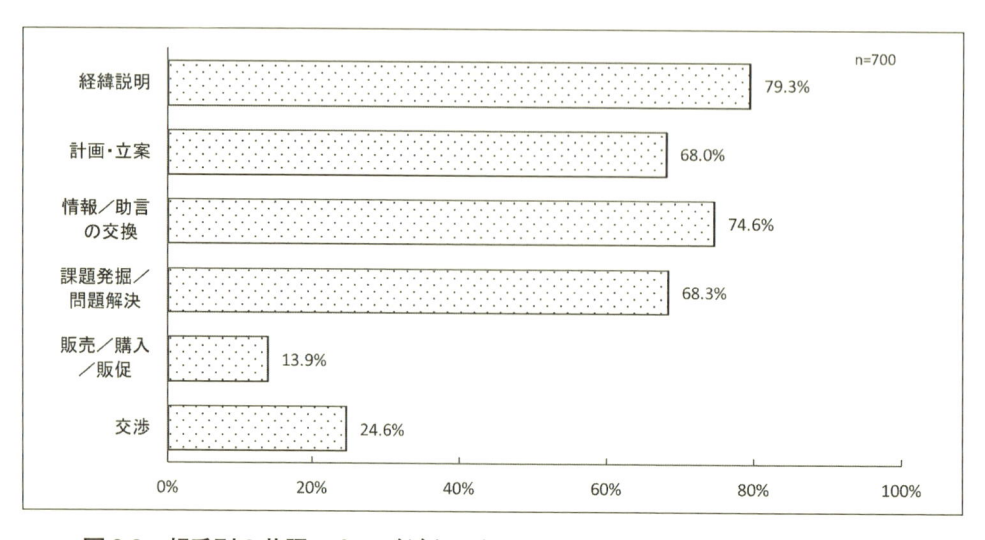

n=700

図6.9　相手別の英語によるビジネスミーティング目的（社内）（複数回答可）

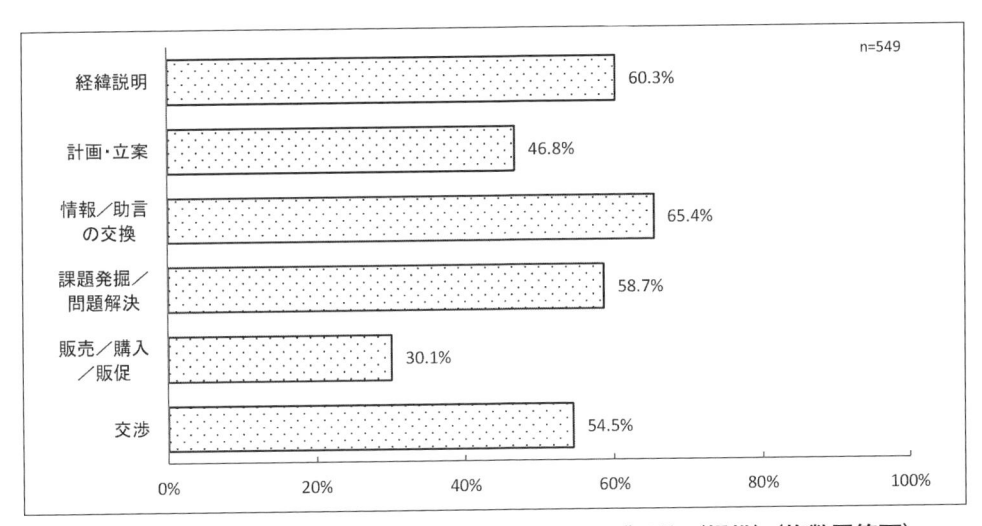

図6.10 相手別の英語によるビジネスミーティング目的（提携）（複数回答可）

項目	割合
経緯説明	60.3%
計画・立案	46.8%
情報／助言の交換	65.4%
課題発掘／問題解決	58.7%
販売／購入／販促	30.1%
交渉	54.5%

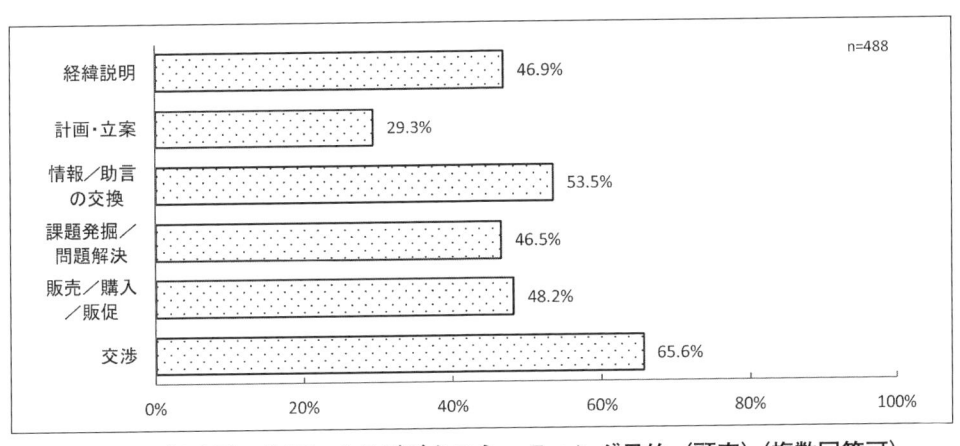

n=549

図6.11 相手別の英語によるビジネスミーティング目的（顧客）（複数回答可）

項目	割合
経緯説明	46.9%
計画・立案	29.3%
情報／助言の交換	53.5%
課題発掘／問題解決	46.5%
販売／購入／販促	48.2%
交渉	65.6%

n=488

「社内」では「経緯説明」と「情報/助言の交換」が複数回答可のためそれぞれ79.3%，74.6%と7割を超え，さらに「計画・立案」と「課題発掘/問題解決」が70%に迫っている。一方，「交渉」「販売/購入/販促」は顕著に少ない。「提携」が相手の場合では，「情報/助言の交換」が65.4%と最も多く，次に「経緯説明」（60.3%）と「課題発掘/問題解決」（58.7%）となっている。そして，「社内」では少なかった「交渉」が54.5%を占めるようになる。「顧客」が相手の会議では，「交渉」が65.6%と最大の割合を占める。「情報/助言の交換」が次に追って多く，53.5%である。「経緯説明」（46.9%），「課題発掘/問題解決」（46.5%），「販売/購入/促進」（48.2%）がほぼ横に並び，「計画・立案」は29.3%とさらに低い数字になっている。

表6.6　相手別：会議の目的上位トップ３

(単位 %)

相手	1位		2位		3位	
社内	経緯説明	79.3	情報／助言交換	74.6	課題発掘／問題解決	68.3
提携	情報／助言交換	65.4	経緯説明	60.3	課題発掘／問題解決	58.7
顧客	交渉	65.6	情報／助言交換	53.5	販売／購入／販促	48.2

「社内」の参加者で行う会議に関しては，6割を超える目的は「経緯説明」「情報／助言の交換」「課題発掘／問題解決」「計画・立案」と多岐にわたる様子がわかる。一方，「提携」の場合，6割を超えるのは，「情報／助言の交換」「経緯説明」で，「顧客」の場合は，「交渉」のみである。すなわち，「社内」会議では，様々な目的の会議の対応が求められ，一方，「提携」と「顧客」の場合は，ある程度目的を絞った対応が求められている傾向をくみ取ることができる。上位の目的を相手別にあげると表6.6のようになる。

表からもわかるように，「社内」では「情報／助言の交換」が第2位の74.6%，「提携」は第1位の65.4%，「顧客」では第2位の53.5%と，いずれも上位を占めており，会議の目的としては非常に大きな割合を占めていることがうかがえる。「情報／助言の交換」は相手を問わず会議では日常的に頻度の高い目的となっているということである。

以上，当たり前とも言えるが，「交渉」が「社内」相手では顕著に少なく，「提携」「顧客」では多いが，特に「顧客」を相手とする会議では非常に多いことがわかった。この事実は，相手と目的の違いによる会議の難易度に影響を及ぼすと考えられる。先行研究の小池・寺内ほか（2010）では，ビジネス英語の中で難しいスキルとして交渉があげられていた。すなわち，「顧客」に対して行う会議は交渉が多く，より難易度も高いものになっているということが言えよう。相手により会議の目的に違いがあることが明確に示されたことは，本研究の大きな成果である。なお，目的別の困難度についての詳細は，第7章および第9章を参照されたい。

おわりに

本章では，英語によるビジネスミーティングの開催状況に関する質問の結果を示した。英語によるビジネスミーティングの開催率は，6割の回答者が会議総数の10%以下であるとし，決して大きい数字ではないことがわかった。ただし，今回の調査対象部署では極めて少ないものの，すべての会議を英語で行っている会社も1.9%ではあるが存在していることが明らかになった。英語の会議の参加人数は，「社内」会議は平均6～10人，「提携」先及び「顧客」との会議は3～5人となっており，「社内」会議の方が規模は大きい。会議の形態は，相手にかかわらず「対面」の会議が最も多い。特に「顧客」との会議は8割の回答者が「対面」で行うとし，「対面」が主流であることを示している。一方，「社内」と「提携」の対面会議は5～6割，「電話」や「テレビ・ネット」を介する会議は4～5割前後でその差は小さく，あまり偏ることなく両方の形式で実施されている。

「社内」会議は「商品やサービスの販売／購入／販促」や「交渉」の目的で行われる割合は少なく，それ以外の目的の会議が圧倒的に多い。一方「顧客」を対象とする会議では「商品やサービスの販売／購入／販促」と「交渉」の会議数は「社内」と比べるとその倍以上の割合となり，相手によって会議の目的と内容は大きな違いがあることがわかる。

　以上の結果から，英語で行われる会議は，相手，形態，目的などの組み合わせによってその開催状況はかなり異なってくることがわかった。その差異によってミーティングにおける困難度や問題点も様々であろうということが予測される。

　次章では，英語で行われる会議において，具体的にはどのような困難な課題があるのかを示していく。

第7章 ビジネスミーティングにおける困難

はじめに

　第6章で約2割の会議が英語で行われていること，また，1.9%と極めて少ないものの部署におけるすべての会議を英語で行っている現実があることがわかった。本章では，グローバル化の急速な進展で，英語によるビジネスミーティングが頻繁に行われている中，英語によるビジネスミーティングで遭遇する様々な場面においてスムーズな運営や展開を妨げる要因は何か，スムーズな運営や展開が難しい場面ではどのようなことが起こっているのかについて聞いた結果を示す。

1　会議の流れと困難度の要因

　本章は英語によるビジネスミーティングにおいて何が困難となっているのかを把握するための基礎となる部分である。アンケート作成時に拠り所とした一般的なビジネスミーティングの流れと，その流れの中で想定される困難の要因や場面について以下のようにまとめておく（図7.1）。

会議の流れ	困難を感じる場面
準備	1. スライドなど会議のプレゼン資料を準備する
	2. 文書などの配布資料を準備する
背景説明	3. 背景や状況、議題内容などを説明・報告する
	4. 説明や報告を聞き取る
提案	5. 解決策や対応策を示すなど、提案をする
質疑応答	6. 不明な点について事実確認をする
	7. 不明な点の質疑に対して回答する
意見交換	8. 説明や提案を踏まえて意見交換をする
論点整理	9. 論点を整理し、コンセンサスを得る
コンセンサス	
結論	10. 判断や結論を下す

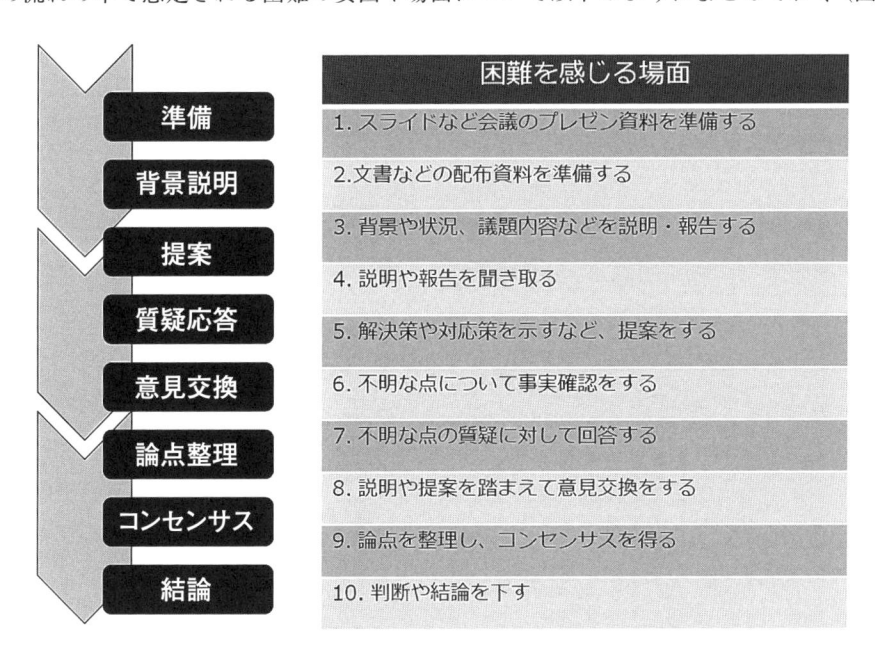

図7.1　英語によるビジネスミーティングの困難度の要因

2 困難を感じる場面：準備段階での困難度は３割程度だが，議論が深まる中盤では７割に達する

　会議の場面を時系列で見てみると，会議は「準備」をして臨み，まず「背景説明」をするなどして情報を確認し，共有することから始める。その後，何らかの「提案」があり，その提案について「Ｑ＆Ａ（質疑応答）」や「意見交換」を繰り返し，「結論」を下すことで終了する。どの場面にも困難があることは言うまでもないが，使用言語にかかわらず，会議が進行すればするほど困難度は高くなり，最終段階の何らかの課題に対して「結論」を下すことに困難度が一番高くなることが予想された。本調査では，これを確認するために，これらの流れの中で具体的な10場面を想定し，それぞれの困難度を4つの選択肢を用いて尋ねた（Q16）。その結果を図7.2に示す。なお，本章で「困難である」や「困難度が高い」と論じる際には，「難しい」と「ある程度難しい」の合計とした。

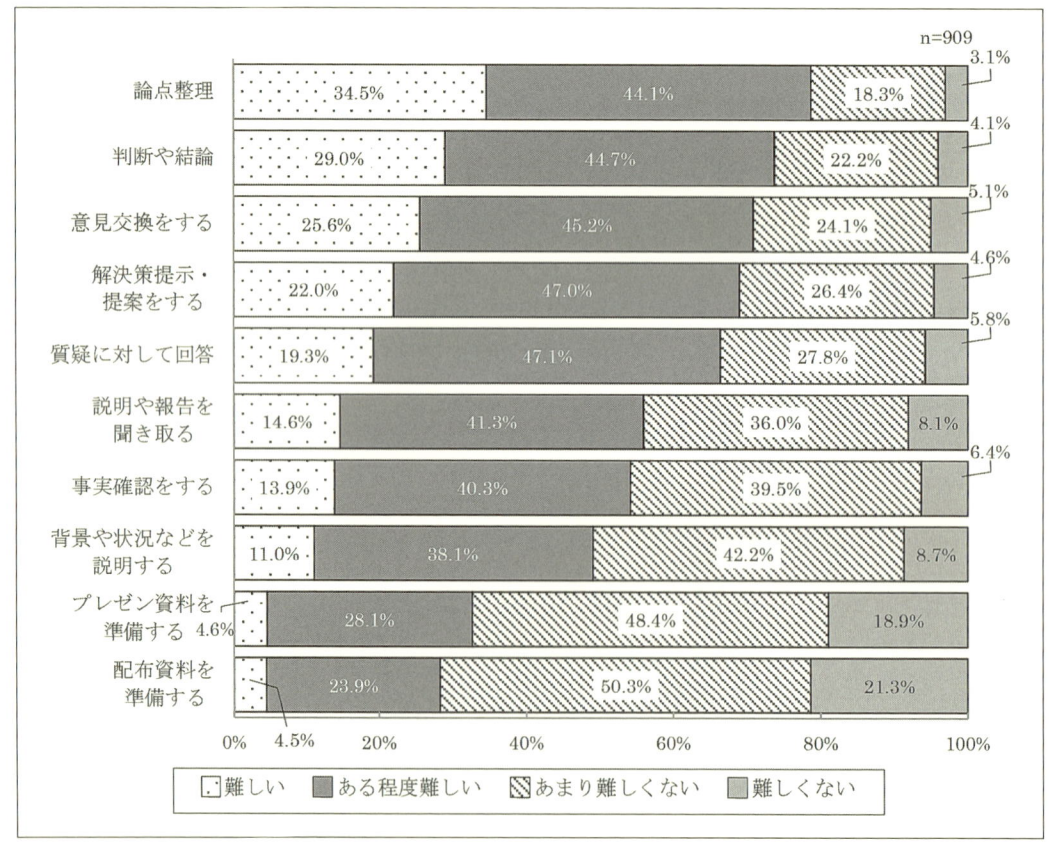

n=909

項目	難しい	ある程度難しい	あまり難しくない	難しくない
論点整理	34.5%	44.1%	18.3%	3.1%
判断や結論	29.0%	44.7%	22.2%	4.1%
意見交換をする	25.6%	45.2%	24.1%	5.1%
解決策提示・提案をする	22.0%	47.0%	26.4%	4.6%
質疑に対して回答	19.3%	47.1%	27.8%	5.8%
説明や報告を聞き取る	14.6%	41.3%	36.0%	8.1%
事実確認をする	13.9%	40.3%	39.5%	6.4%
背景や状況などを説明する	11.0%	38.1%	42.2%	8.7%
プレゼン資料を準備する	4.6%	28.1%	48.4%	18.9%
配布資料を準備する	4.5%	23.9%	50.3%	21.3%

（項目の並び順：「難しい」と「ある程度難しい」の割合の合計が多い順）

図7.2　英語によるビジネスミーティング場面別困難の度合い

第7章
ビジネスミーティングにおける困難

　結果はほぼ予想通りで，図7.2で示されるように，英語によるビジネスミーティングで最も困難度が高い順に，「論点整理」，「判断や結論」，「意見交換をする」と少しの差で並んだ。つまり，困難度が高いのは「論点整理」し，「意見交換」をし「結論」を下す場面で，7割を超える回答者が困難を感じている。

　興味深いのは，「論点整理」は実に約8割の回答者がその困難さを指摘しており，今回の英語によるビジネスミーティングに関する調査の特徴的な点である。当初，「判断や結論」が「論点整理」より難しいと予想していたが，今回の調査結果ではそうはならなかった。

　ビジネスに用いる英語の必要なスキルとしてディスカッションを指摘する意見があるが，今回の調査結果でも，「意見交換をする」場面の困難度が7割を超えており，このディスカッションにはスピーキングとリスニングが含まれており，ディスカッションが難しいとされる直感を裏付けているとも言える。

　「解決策提示・提案をする」と「質疑に対して回答」という場面は，回答者の6割以上が困難だとしているが，すなわちこれはスピーキングの難しさとも言える。また，「説明や報告を聞き取る」や「事実確認をする」で，困難を指摘する回答者は全体の半数を超え，これらの場面では特にリスニング力が必要とされると言い換えることができる。

　一方，最も困難度が低い場面は「配布資料を準備する」と「プレゼン資料を準備する」で，何らかの困難を感じているのはそれぞれ約3割である。準備にはある程度の時間をかけることができ，英語に自信がなければなおさら，準備に時間をかけることである程度の困難は軽減できると回答者が認識していることが読み取れる。しかし，インタビューの対象となったマネージメント層の回答者は，「準備の部分の英語力が実は弱い」と指摘している（詳細は第11章）ように，困難の感じ方というのも絶対的なものではなく，立場・経験によって変化するものである。

　ここで，日本人が英語によるビジネスミーティングに参加する場合の困難度を概観すると，まず，論点整理や判断や結論を下すのと意見交換が最も高く，いわゆるスピーキングが難しいと言える。次に困難度が高いとされるのがリスニングである。だが，第11章の自由回答で示されるように，リスニングの困難は英語力そのものだけでなく「慣れ」も大きな要因だとする回答が複数ある。また，準備にはある程度の時間をかけることができるため，他と比べると困難度が低い結果となっている。第5章で示したように，今回のアンケートの回答者の平均像は，ある程度の規模の日系民間企業の「課長」または「部長」を務める35才から54才の男性である。彼らは，英語によるビジネスミーティングに参加する際，様々な業務経験や社会経験を踏まえた上で準備をすることができるため，困難度を軽減できていると思われる。逆に言えば，英語力の不足をカバーできるほどの社会経験がない場合，英語力そのものを上げなければ，困難度を軽減することは容易でない。こうした今回の調査結果は，一般的に言われる意見や直感に合致していると言える。

3 困難の要因：微妙なニュアンスや細部の説明を聞き取り，理解し，ニュアンスや細部まで説明する力の不足

　第2節では，英語によるビジネスミーティングでは，相手の主張を斟酌し，応対する過程に困難を感じやすく，会議の準備には困難を感じにくいことを示した。では，英語によるビジネスミーティングで参加者が困難を感じる場面で，スピーキング力，リスニング力，会議力や人間関係のどこに困難を感じ，英語によるビジネスミーティングのスムーズな運営や展開が難しいと捉えているのかを考えていきたい。それぞれの場面の困難は以下の表7.1のようなものが想定される。

表7.1　困難を感じる場面の詳細

【スピーキング力】（発信力） 　1. 間違った英語で発言している 　3. 細部の説明をしていない 　5. 微妙なニュアンスを伝えていない 　7. 端的な説明をしていない	【リスニング力】（受信力） 　2. 発言を違って理解している 　4. 細部の説明を理解していない 　6. 微妙なニュアンスを理解していない
【会議力（ファシリテーション力）】 　9. 会議を手際よく進行させていない	【人間関係構築力】 　8. 喜怒哀楽を伝えていない 　10. 相手の信頼を得られていない

　アンケートでは，スムーズな展開が難しい場面の要因を「スピーキング力」「リスニング力」「会議力」「人間関係構築力」に分類し，それぞれの困難度を4つの選択肢を用いて尋ねた（Q17）。本章で「困難である」や「困難度が高い」と論じる際には，「あてはまる」と「ある程度あてはまる」の合計によっている。

　図7.3の結果が示すように，「6. 微妙なニュアンスを理解していない」というリスニング力の困難度が約9割と最も高く，次に「5. 微妙なニュアンスを伝えていない」というスピーキング力の困難度が約8割を超える。微妙なニュアンスが聞き取れず，微妙なニュアンスが伝えられていないのであれば，前節で示したように（図7.2参照），英語によるビジネスミーティングの「準備」「背景説明」「提案」「Q&A（質疑応答）」「意見交換」「結論を下す」といった具体的な場面で，「説明や提案を踏まえて意見交換をする」場面の困難度が高かったのは，細かなニュアンスが理解できず，伝えることもできないことが要因の一つである可能性がある。次に困難度の高い項目として，スピーキング力で，「3. 細部の説明をしていない」と「7. 端的な説明をしていない」が続き，それぞれが7割を超え，「1. 間違った英語で発言している」は6割を超える。いずれにしても，こうしたスピーキング力の不足が，説明や提案を踏まえて「意見交換」をする場面の困難度を高くしていることがわかる。

　一方，昨今は「ファシリテーション」とカタカナ表記で日本語として使用されることも多い「9. 会議を手際よく進行させていない」とする「会議力」の不足が英語によるビジネスミーティングの運営や展開を難しくさせているという回答も多く，6割を超えている。ファシリテーションとは，会議やミーティング等の場で，発言や参加を促したり，話の流れを整理したり，参加者の認

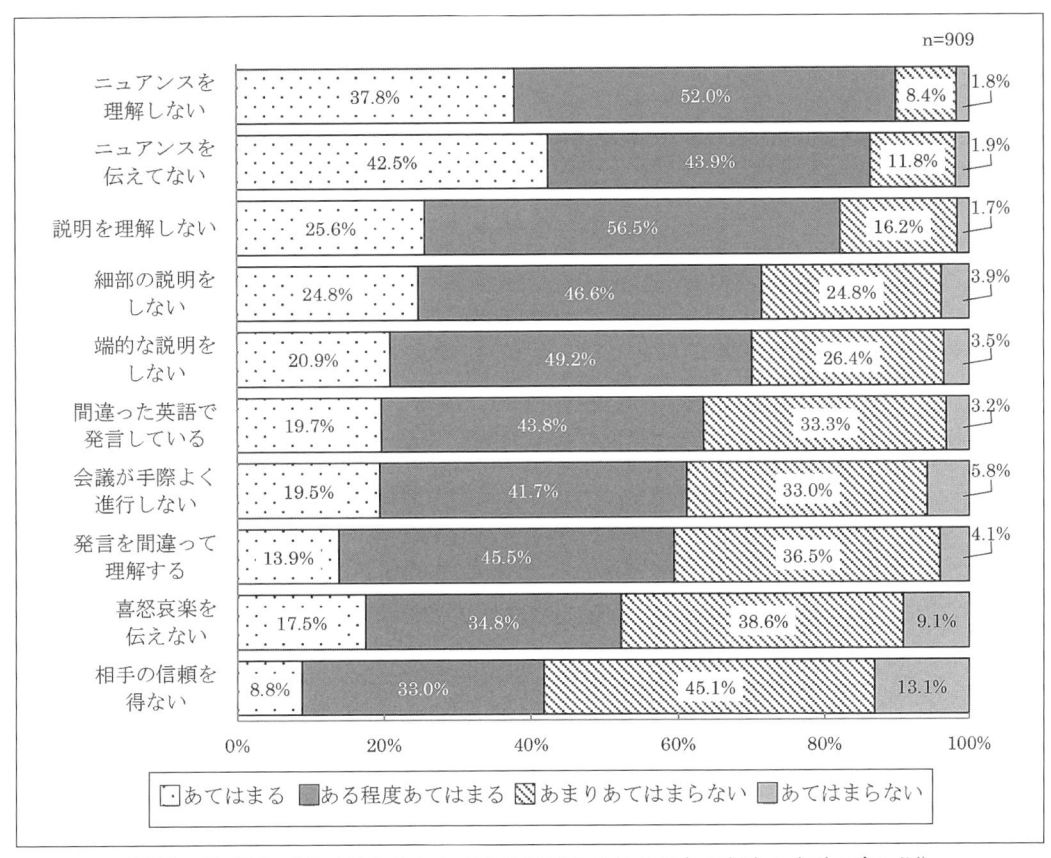

項目	あてはまる	ある程度あてはまる	あまりあてはまらない	あてはまらない
ニュアンスを理解しない	37.8%	52.0%	8.4%	1.8%
ニュアンスを伝えてない	42.5%	43.9%	11.8%	1.9%
説明を理解しない	25.6%	56.5%	16.2%	1.7%
細部の説明をしない	24.8%	46.6%	24.8%	3.9%
端的な説明をしない	20.9%	49.2%	26.4%	3.5%
間違った英語で発言している	19.7%	43.8%	33.3%	3.2%
会議が手際よく進行しない	19.5%	41.7%	33.0%	5.8%
発言を間違って理解する	13.9%	45.5%	36.5%	4.1%
喜怒哀楽を伝えない	17.5%	34.8%	38.6%	9.1%
相手の信頼を得ない	8.8%	33.0%	45.1%	13.1%

n=909

（項目の並び順：「あてはまる」と「ある程度あてはまる」の割合の合計が多い順）

図7.3　スピーキング力・リスニング力・会議力・人間関係構築力における困難の度合い（Q17）

識の一致を確認したりすることで会議に介入し，合意形成や相互理解をサポートすることである。英単語が「ファシリテーション」とカタカナ表記されていることでもわかるように，概念そのものを日本語で表現しにくいが，グローバル化が進み，多様な文化に根差した様々な人種が一堂に会し，議論を経て合意形成を行わなければならない機会が増えるにつれ，ビジネスの現場では必要なスキルとして意識されてきている。しかしながら，これが困難なスキルのひとつであることは明らかである。

　困難度が最も低い，また，2番目に低い場面は，共に「人間関係構築力」に関連する項目で，それぞれ「10. 相手の信頼を得られていない」が約4割，「8. 喜怒哀楽を伝えていない」が約5割であった。ほかの項目と比べると困難度がやや低くなっているものの，それでも何らかの困難を感じているのは確かであり，ある程度の困難な点であるとは言える。特徴的なのは，これらには「あてはまらない」と回答した人の割合も高く，人間関係構築に関してはある程度の自信を持って行っている人が多いという点である。ビジネスパーソンの社会経験に裏打ちされた「人間関係構築力」を活かすことで，英語力の不足をある程度は補うことはできるという可能性を示しているのかもしれない。この結果を表わすと図7.4のようになる。

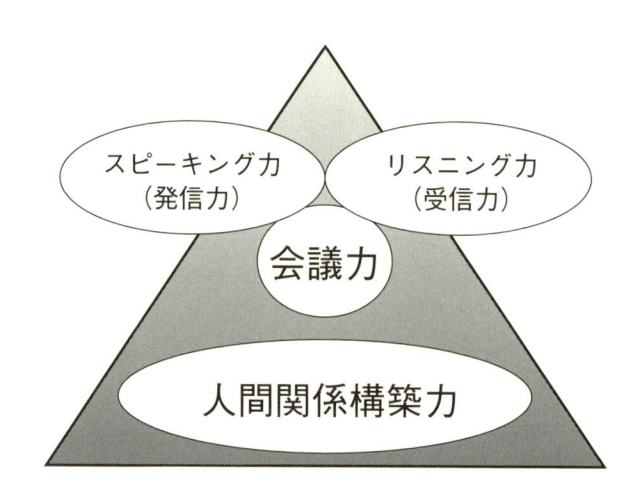

図7.4　英語によるビジネスミーティングの困難の要因

おわりに

　ビジネスパーソンにとって英語によるビジネスミーティングで困難度が高いのは，論点を整理し，判断や結論を下し，意見交換するということであり，それらは，微妙なニュアンスや細部の説明を聞き取り理解し（リスニング力），ニュアンスや細部まで説明する（スピーキング力）ことであることが明らかになった。特に，ニュアンスに関しては8割を超えて9割に迫る回答者が困難を示し，その率は際立っている。会議のファシリテーションについては基本的にはできているのかもしれないが，複雑なところや細かい点ではできていないことは，会議の進行の困難を指摘する回答者が6割を超えていることで説明できる。一方で，会議の準備といった会議以外の場面では困難度が軽減することも明らかになっている。

　また，「説明や報告を聞き取る」や「不明な点について事実確認をする」の困難を指摘する回答者は全体の半数を超えており，聞き取れないという状況の中で，不明な点の事実確認もうまく行えていないことがわかった。英語によるビジネスミーティングを円滑に進めるには，理解した内容が的確であるかを確認することが鍵となる。理解できない点や疑問が生じた場合には，躊躇することなく発言し，質問や確認をするための英語表現を身につけていることが必要である。会議終了後に議事録を待たなければ会議の内容を確認できないレベルの英語力や，相手に単に話を繰り返すように依頼するしかできないような英語力では，ただ時間がかかり効率が悪い会議となってしまう。会議中にその場で即時に確認することで，双方で意見を取り交わすことができれば会議の本来あるべき姿に近づくことになる。そのためには，議論の流れの中でどの部分に疑問を抱いているのかをピンポイントで尋ねることや，自分自身が理解している内容を相手に伝え，それが合っているかどうかの確認をすることが重要であろう。

　次章ではさらに会議の参加者と言語背景について紹介し，それに関わる困難について見てみよう。

第8章 参加者の言語的背景と英語力

はじめに

本章では，グローバル化に伴い多様化する会議の参加者や言語的背景の現状，そしてそれに伴う相手別困難について紹介する。

1 参加者の言語的背景別構成：7割近くに達する英語の非英語圏出身者

2015年現在，世界の人口の約60％にあたる44億人が住むアジアは，日本企業が活動する市場としても，生産拠点としても，その重要性を増している。また近年は日本人が現地法人を立ち上げるケースも少なくない。また今後のアフリカの経済成長も大きく期待されている。すでに経済発展を遂げている日本や欧米圏の国々のプレゼンスは相対的に低下し，多様な背景を持つ相手と協調していくことが，ビジネスにおいてますます重要になっている。その中で使用される英語も，英語の母語話者のものとは異なった「共通語としての英語（English as a Lingua Franca: ELF）」の使用が顕著になったと言われている（Jenkins, 2000; Seidlhofer, 2004, 2011）。

本調査のアンケート自由回答やインタビュー調査においても，インド，中国，香港，シンガポールなどの国・地域からの参加者の英語使用について言及する回答者を多数見ることができる（第10章参照）。たとえば，これらの地域のビジネスパーソンが話す英語は，訛りが強く，早口であることが多く，非常に聞き取りづらい，というコメントがあった。また，話し方（ディスコース）も様々であり，時には会議内容から逸脱して延々と話し続ける会議の参加者もいるとの指摘もあった。

会議の参加者の言語的背景を調べるために，会議の種類ごと（「社内」「提携」「顧客」）に，「典型的な会議」の参加者の言語的背景について尋ねた（Q13）。言語的背景のカテゴリーには，Kachru (1985) の同心円モデルに基づく3区分をベースとして用いた。3区分とはすなわち，(1) いわゆる英語圏 (Inner Circle)，(2) 英語公用語圏 (Outer Circle)，(3) 外国語として英語を使用している地域 (Expanding Circle) のそれぞれの出身者である。それに，(3) の一部である日本語の母語話者を別カテゴリーとして分け，合計4区分を設問に付して提示した。出身国がイメージしやすいよう，色分けした世界地図もあわせて提示した。実際には，会議ごとに人数や参加者の顔ぶれは異なるであろうが，今回はあえて「典型的な会議の様子を相手別に思い浮かべてお答えください」という注記をつけて回答を求めた。得られたデータは，その平均的な状況を把握するため，

会議の相手ごとに，言語的背景別の参加者数の平均値と，その平均値に基づく割合をまとめて比較をした。

会議の種類ごとの違いはあるが，いずれの種類でも，参加者の7割以上は非英語圏の出身者だという結果が出た。日本語母語話者も非英語圏出身者の割合に加えた場合，会議の相手が「社内」では80.9％，「提携」では73.3％，「顧客」では73.8％が非英語圏出身者であった。もはや，英語を用いるビジネスミーティングでは，英語は「英語圏の言語」ではなく，ELFとなっていることが明らかである。

2 参加者の相手別言語的背景：「提携」「顧客」の会議では 参加者の言語的背景の多様性が際立つ

会議の参加者の言語的背景を相手別に区分した結果は以下のとおりである。

「社内」会議の参加者の平均的内訳は，日本語母語話者が6.4人（52.5％），英語圏出身者が2.3人（19.1％），英語公用語圏出身者（ESL）が1.4人（11.4％），外国語として英語を使用している者（EFL）（日本語母語話者以外）が2.1人（17.0％）であった。「提携」「顧客」と比べると，「社内」の日本語母語話者の割合は半数以上であり，突出している。これは日本に拠点を置く会社の多くは，日本人を主な構成員とし，言語的には同質的な集団であることに起因しているのであろう（図8.1）。

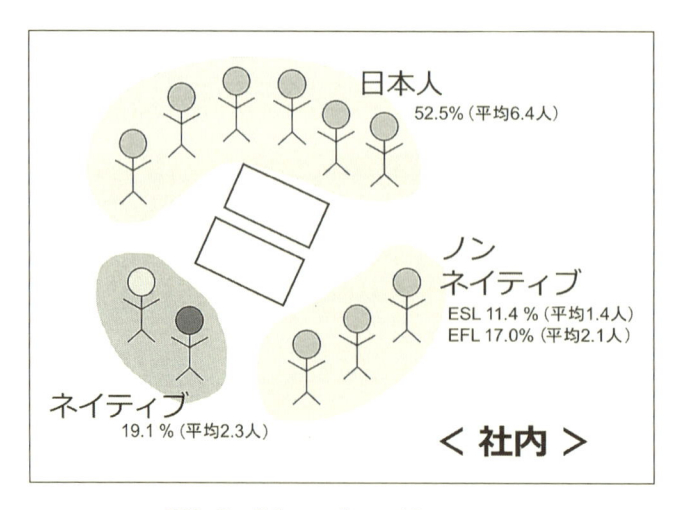

ESL: English as a Second Language
EFL: English as a Foreign Language

図8.1　英語によるビジネスミーティング参加者の言語的背景（社内）

しかし，「提携」と「顧客」を見てみると，参加者の言語的背景の多様性が際立っている。「提携」とのビジネスミーティングの参加者の言語的背景の平均値を求めると，日本語母語話者が2.9

人（36.4％），英語圏出身者が2.2人（26.7％），英語公用語圏出身者が1.3人（16.0％），外国語として英語を使用している者（日本語母語話者以外）が1.7人（21.0％）であった。半数を占めるグループはもはや存在せず，どこかのグループが突出しているということはない（図8.2）。

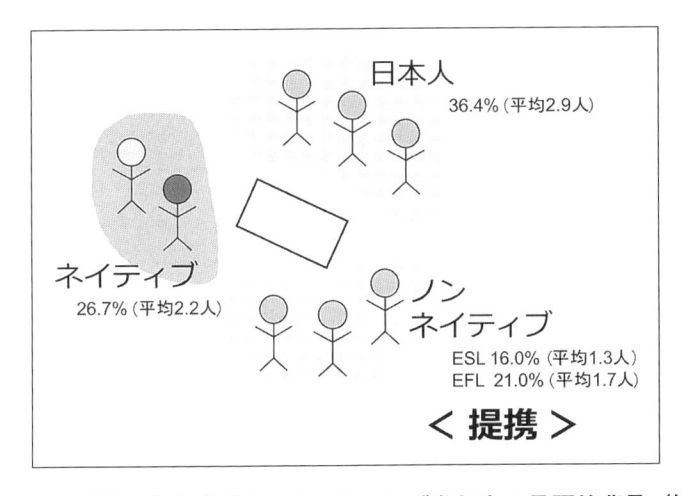

図8.2　英語によるビジネスミーティング参加者の言語的背景（提携）

また，「顧客」とのビジネスミーティングの参加者の言語的背景の平均値を求めると，日本語母語話者が3.1人（35.3％），英語圏出身者が2.3人（26.2％），英語公用語圏出身者が1.3人（14.4％），外国語として英語を使用している者（日本語母語話者以外）が2.1人（24.1％）であった。外国語として英語を使用している者（日本語母語話者以外）が，全体の4分の1近くを占めていることとなる。それらの人たちの言語的背景（母語）はさらに多様であると推測できる（図8.3）。

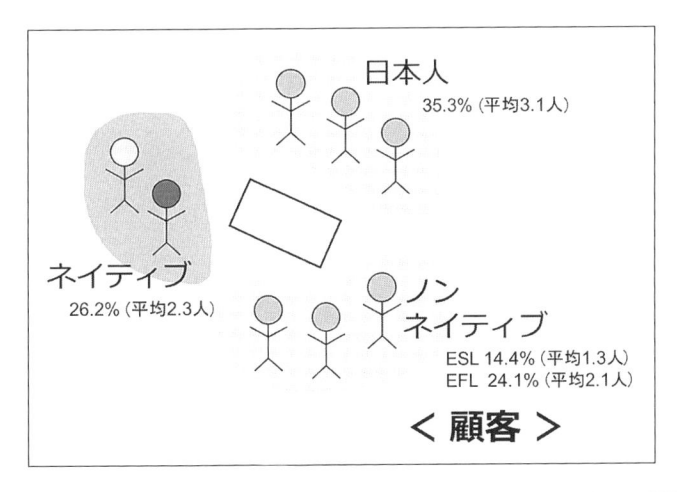

図8.3　英語によるビジネスミーティング参加者の言語的背景（顧客）

英語によるビジネスミーティング（とりわけ「提携」「顧客」）では，突出した多数派は存在せず，参加者の言語的背景はきわめて多様である。これは，グローバル化が進むにつれ，ELFとし

て使用されていることを示唆するものである。教育面では，依然として英語母語話者がモデルとして使用されることが多いが，ビジネスの「現場」では，参加者の構成を見る限りでは，もはや英語母語話者は多数派ではなく，彼らの使用する英語は様々な英語の1つの種類でしかない。今回の結果は，英語によるビジネスミーティングでの困難を克服するのに，言語的背景の多様性への準備が必要であることを示唆している。

3 英語スキル別の困難

参加者の多様性から，様々な英語の発音や言い回しに関連する困難が予想されるが，果たしてどうであろうか。ここで，英語力の不足に起因する困難に関する質問（Q18）とその回答を見てみよう。

英語力の不足に関する質問（Q18）は，「受信（リスニング）力」と「発信力」に大別した。「受信（リスニング）力」は，具体的には，「速いスピードの英語を次々理解するリスニング力」と「様々な発音の英語を聞き取る力」という項目を用意した。「発信力」は，具体的には，「単語力」と「表現力」に大別した。「単語力」は予備調査の段階からしばしば専門語彙についての指摘を受けたため，「専門語彙を含めた単語力」を用意した。「表現力」として，「雰囲気作りに役立つユーモアのある表現」「会議や仕事内容に特別な言い回しや表現」「気軽に言葉を取り交わすインフォーマルな表現」「依頼したり敬意を示す際の丁寧な表現」という項目などがある。選択肢には「あてはまる」「ある程度あてはまる」「あまりあてはまらない」「あてはまらない」を用意し，表8.1が質問項目である。

表8.1 困難を感じる英語スキル

【発信力／表現力】 2. 会議や仕事内容に特別な言い回しや表現 3. 依頼したり敬意を示す際の丁寧な表現 4. 気軽に言葉を取り交わすインフォーマルな表現 5. 雰囲気作りに役立つユーモアのある表現	【単語力】 1. 専門語彙を含めた単語力 【受信力】 6. 速いスピードの英語を次々理解するリスニング力 7. 様々な発音の英語を聞き取る力

その結果は図8.4のとおりである。

第8章
参加者の言語的背景と英語力

項目	あてはまる	ある程度あてはまる	あまりあてはまらない	あてはまらない
速い英語に対するリスニング力	49.0%	36.6%	11.7%	2.8%
様々な発音の英語を聞き取る力	46.5%	38.9%	11.6%	3.0%
専門語彙を含めた単語力	25.5%	45.4%	24.2%	4.8%
ユーモアのある表現	27.0%	41.4%	26.1%	5.6%
特別な言い回しや表現	21.5%	45.5%	29.2%	3.9%
インフォーマルな表現	21.9%	39.9%	32.7%	5.5%
丁寧な表現	18.0%	38.5%	37.7%	5.7%

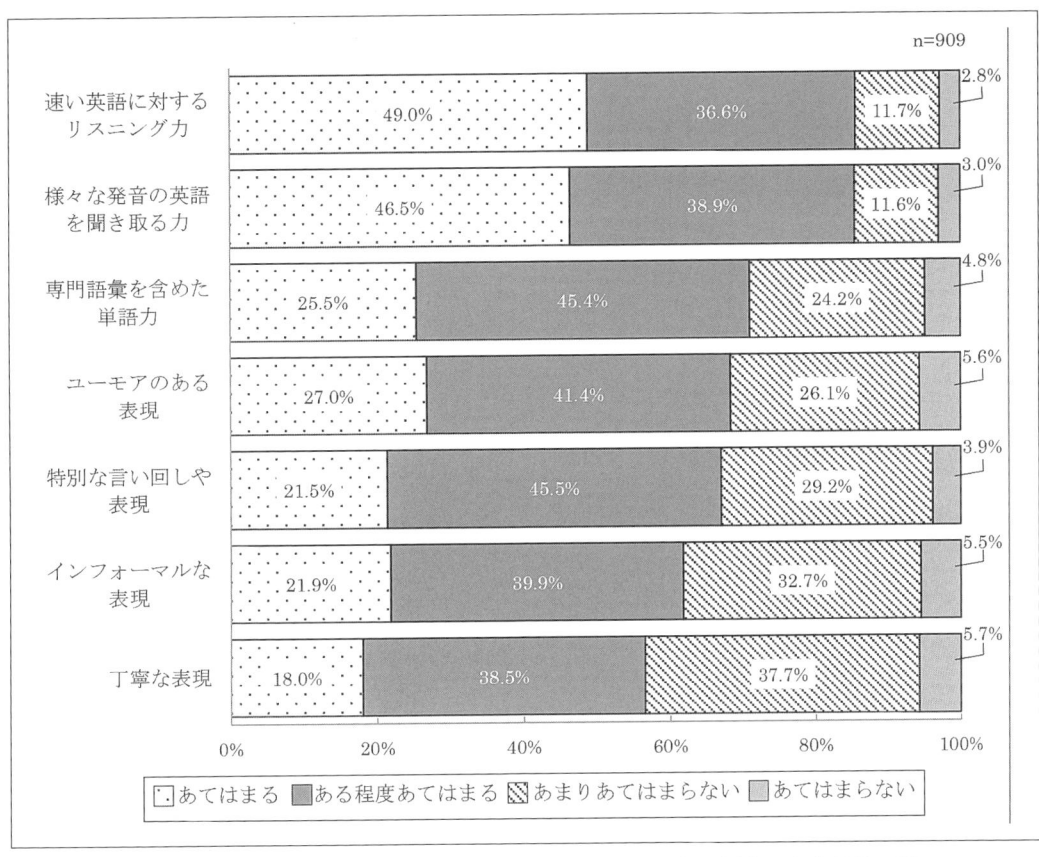

n=909

(項目の並び順:「あてはまる」と「ある程度あてはまる」の割合の合計が多い順)

図8.4　英語によるビジネスミーティング―英語スキル別困難の度合い

3.1　英語力全体について困難度が高く,特に「リスニング力」が際立って困難

英語力に関する困難度では,すべての項目に関して,何らかの形であてはまるとする回答(「あてはまる」「ある程度あてはまる」)が半数を超えた。なかでもリスニングに関わる項目が突出していた。英語によるビジネスミーティングにおいて,最も難しいと捉えられているのは,「リスニング力」のうち「速いスピードの英語を次々理解するリスニング力」であった。「あてはまる」が49.0%を占め,「ある程度あてはまる」が36.6%と合わせると8割を超えた(85.6%)。2番目に難しいと捉えられているのは,「リスニング力」の「様々な発音の英語を聞き取る力」であった。「あてはまる」が46.5%,「ある程度あてはまる」が38.9%で,何らかの困難を感じるとする回答が,ここでも8割を超えた(85.4%)。

3.2　「専門語彙」「ジャンル」の表現,「プラスアルファ」の英語力は依然として課題

上記2つのリスニングの項目以外は,主に「発信」に関わる項目であった。それらも「会議がスムーズに運営,展開されない場面」での原因となることが少なくないことがわかった。いずれ

の項目についても，半数以上が，何らかの形で「あてはまる」と回答した。

「専門語彙を含めた単語力」の「あてはまる」が25.5％，「ある程度あてはまる」が45.4％で，合わせて7割を超えた（70.9％）。また，ストレートな意思伝達以上の，いわば「プラスアルファ」の英語力・英語による表現力も，ミーティングでは困難度が高いと感じられることが多い。「雰囲気作りに役立つユーモアのある表現」は困難があることに「あてはまる」が27.0％，「ある程度あてはまる」が41.4％であり，合わせて7割近くであった（68.4％）。「気軽に言葉を取り交わすインフォーマルな表現」と「依頼したり敬意を示す際の丁寧な表現」も，それぞれ，「あてはまる」「ある程度あてはまる」とする回答が61.8％と56.5％となり，半数を超える回答がそれらの項目を課題としている状況が判明した。さらに，「会議や仕事内容に特別な言い回しや表現」の項目について，「あてはまる」が21.5％，「ある程度あてはまる」が45.5％で，合わせて7割近くとなり（67.0％），会議特有の言い回しの理解不足が困難の原因となることも多いことが分かった。第1章で指摘したように，職業集団や社会的集団（ディスコース・コミュニティー）で共有されているディスコースのパタンは「ジャンル」と呼ばれるが，会議の「ジャンル」についての知識と習得が，現場では依然として課題となっているようである。

おわりに

会議参加者の言語的背景に関する質問（Q13）から，もはや英語のビジネスミーティングでは，英語母語話者が「多数派」でないばかりか，日本語母語話者もしばしば「多数派」とは呼べない状況も多く，その結果としてELFが使われることが多い実態が見えてきた。参加者の母語も多様であるため，その参加者の話す英語も多様であるはずである。

そして，英語力に関する質問（Q18）からは，まずリスニング面が困難となるケースが多いことがわかった。それら2つの項目，「速いスピードの英語を次々理解するリスニング力」と「様々な発音の英語を聞き取る力」は，まさにELFが使われる状況と対応していると言ってよいであろう。多様な英語に対応することが，今日の英語ビジネスミーティングの大きな課題である。

次に，専門語彙を含む単語力や「会議」というジャンルについての理解も必要とされていることが明らかになった。専門語彙はその領域の言語資料を集めることによって作成が可能であり，ジャンルについても対象となるディスコースを分析することで定式化することが可能である。ビジネスの下位領域は多岐にわたるために定式化のコストは低くないが，この課題の克服には，それらの研究が現実的なヒントを含むことになるであろう。

さらには，単なる意思伝達以上の，人間関係の構築や信頼の獲得にもつながる，「プラスアルファ」の英語力も改善が必要とされていることがわかった。しかしこれは，いわゆる「一般的な英語力」の習熟とあわせて向上が図られるべきであろう。

次章では，さらに英語力と困難度の関連を見るために行った統計的分析の結果を紹介する。

第9章 英語到達度と困難度の統計的分析

はじめに

　本章では，会議の目的別と相手別に困難度を調べ，さらに，英語到達度が英語による会議における困難とどの程度相関しているかを統計的に分析した結果を報告する。「英語到達度が高ければ，困難度が低い」という負の相関が見られれば，そのタイプの困難は，英語到達度の改善によって，緩和されうると推測される。英語力を上げるのは決して易しいことではないが，その部分の改善が会議のある部分の困難を軽減しうるとなれば，それは現実的で具体的な指針となるであろう。

1　困難度の高い会議の目的と相手：「交渉」と「課題発掘／問題解決・調整」，「顧客」で6割が困難

　どの会議にも目的があり，またそれは会議ごとに異なる。目的の異なる会議において，困難度もまた異なるはずである。第6章で既に示したように，会議の目的の分類は，Handford (2010)のそれを参考にし，相手の違いに基づく類型として「社内」「提携」「顧客」の3分類，さらに内容面の類型として，「経緯説明・確認」「計画・立案」「情報／助言の交換・授受」「課題発掘／問題解決・調整」「商品やサービスの販売／購入／販促」「交渉」の6分類を用いた。まず，回答者の部署で，それらの目的の会議が行なわれているかどうかを尋ねた。これらを合わせて，相手（3分類）×目的（6分類）= 18類型の会議に関して，その困難度を4件法のLikert尺度を用いて回答してもらった（Q15）。その結果を，以下のグラフに相手別に示す（図9.1，図9.2，図9.3）。

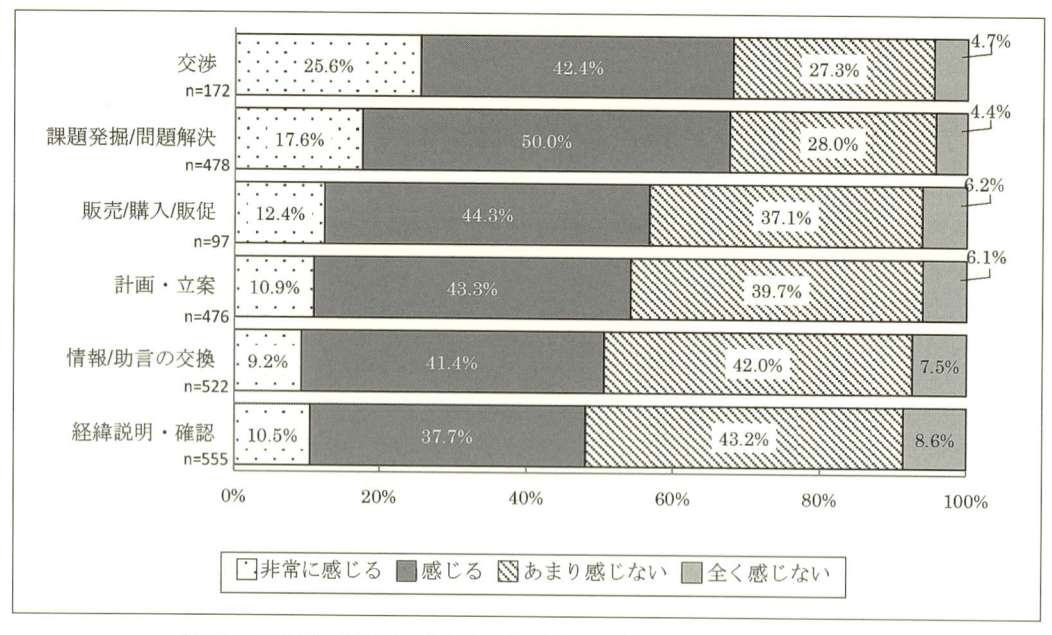

交渉 n=172	25.6%	42.4%	27.3%	4.7%
課題発掘/問題解決 n=478	17.6%	50.0%	28.0%	4.4%
販売/購入/販促 n=97	12.4%	44.3%	37.1%	6.2%
計画・立案 n=476	10.9%	43.3%	39.7%	6.1%
情報/助言の交換 n=522	9.2%	41.4%	42.0%	7.5%
経緯説明・確認 n=555	10.5%	37.7%	43.2%	8.6%

凡例: □非常に感じる ■感じる ▨あまり感じない ■全く感じない

(項目の並び順:「非常に感じる」と「感じる」の割合の合計が多い順)

図 9.1 相手別の英語によるビジネスミーティング目的別困難の度合い (社内)

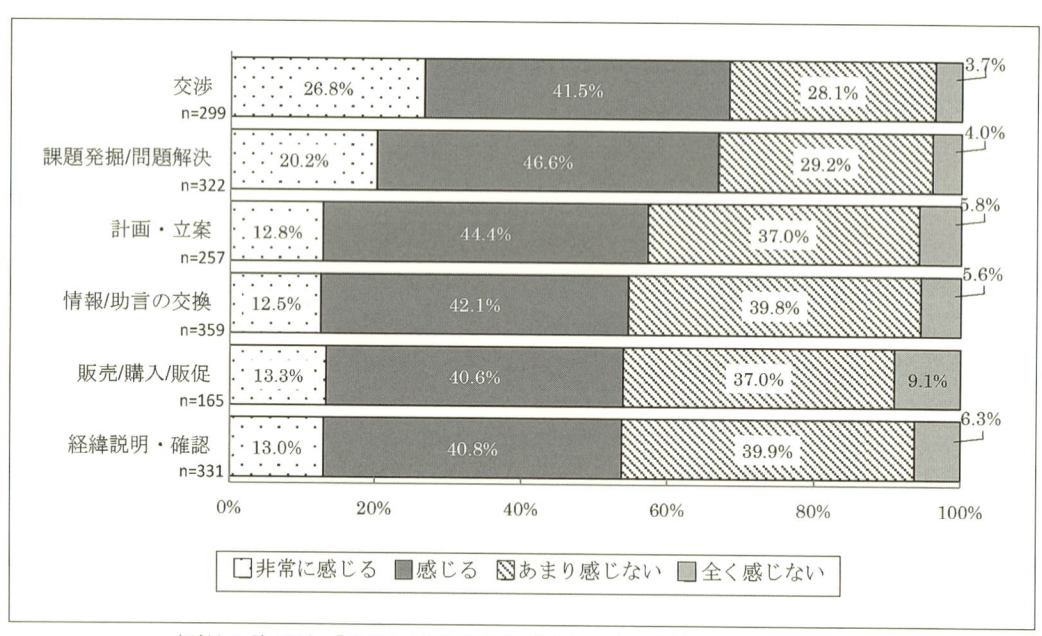

交渉 n=299	26.8%	41.5%	28.1%	3.7%
課題発掘/問題解決 n=322	20.2%	46.6%	29.2%	4.0%
計画・立案 n=257	12.8%	44.4%	37.0%	5.8%
情報/助言の交換 n=359	12.5%	42.1%	39.8%	5.6%
販売/購入/販促 n=165	13.3%	40.6%	37.0%	9.1%
経緯説明・確認 n=331	13.0%	40.8%	39.9%	6.3%

凡例: □非常に感じる ■感じる ▨あまり感じない ■全く感じない

(項目の並び順:「非常に感じる」と「感じる」の割合の合計が多い順)

図 9.2 相手別の英語によるビジネスミーティング目的別困難の度合い (提携)

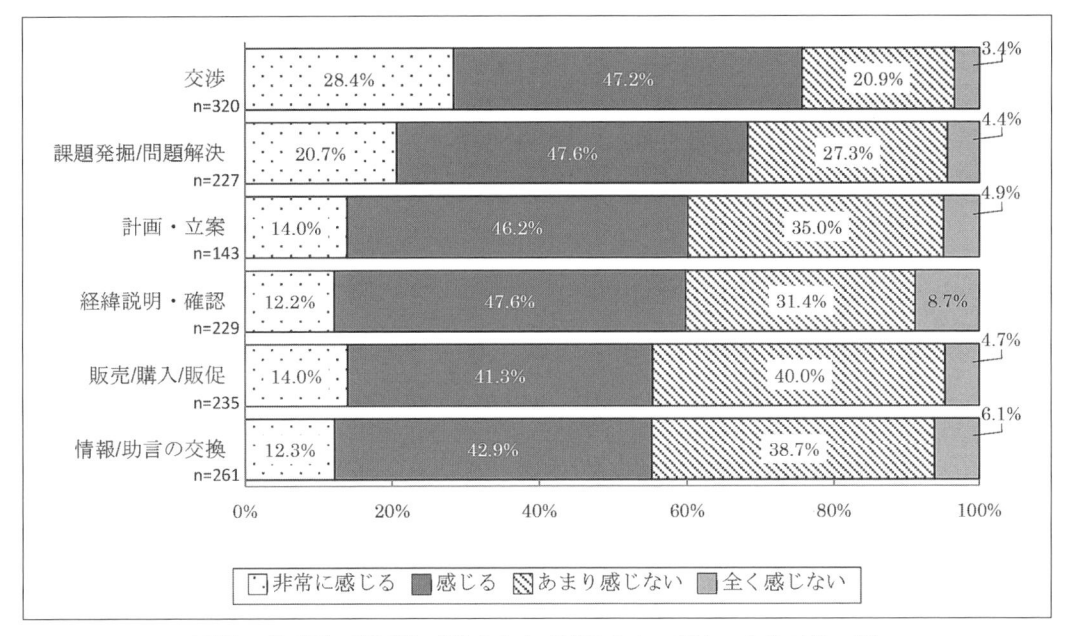

第9章
英語到達度と困難度の統計的分析

項目	非常に感じる	感じる	あまり感じない	全く感じない
交渉 (n=320)	28.4%	47.2%	20.9%	3.4%
課題発掘/問題解決 (n=227)	20.7%	47.6%	27.3%	4.4%
計画・立案 (n=143)	14.0%	46.2%	35.0%	4.9%
経緯説明・確認 (n=229)	12.2%	47.6%	31.4%	8.7%
販売/購入/販促 (n=235)	14.0%	41.3%	40.0%	4.7%
情報/助言の交換 (n=261)	12.3%	42.9%	38.7%	6.1%

(項目の並び順：「非常に感じる」と「感じる」の割合の合計が多い順)

図9.3　相手別の英語によるビジネスミーティング目的別困難の度合い（顧客）

以上からわかるように，相手の3分類（「社内」「提携」「顧客」）のすべてにおいて，「交渉」と「課題発掘／問題解決・調整」の目的の会議の困難度が，トップ1，2を占める結果となった。逆に「経緯説明・確認」「情報／助言の交換」は困難度が相対的に低いことから，それらにはない複雑なタスクが，これら「交渉」や「課題発掘／問題解決・調整」に含まれていることが理由の1つとして推測される。

細かく見ると，「顧客」相手の「交渉」が最も困難を感じる会議であった。このタイプの会議では，困難を「非常に感じる」が28.4％，「感じる」が47.2％と，何らかの困難を感じる者（困難を「非常に感じる」と「感じる」の合計）は75.6％で，回答者の7割を超える結果となった。

2 英語到達度と困難度の相関

本調査では，第5章4.5節で言及したように，英語力の指標としてCEFRを用いて，「回答者が所属する部署」の現在の英語力と目標とすべき英語力の特定を試みた。その結果，およそ6割から7割の部署の現在の英語力はCEFRの「B1レベル」以下と回答し，目標レベルとなると，およそ6割から7割の部署が「B2.2レベル」以上への改善を望んでいることがわかった。

さらに，これまでの複数の章で示してきたように，英語の会議でいったい何が困難なのか，「会議の目的別の困難の度合い」「会議の場面別の困難の度合い」「スピーキング力・リスニング力・会議力・人間関係構築力における困難の度合い」「英語スキル別の困難の度合い」「精神的・心理的要因別の困難の度合い」というように多面的かつ網羅的な把握を試みた。

では，スムーズな運営や展開が難しいと感じるケースに対して，部署の英語到達度が上がれば，問題の解決になるのであろうか。ここでは，部署の現在の英語到達度（CEFRレベル）と，上述の5つの困難の度合いをクロス集計した上で，R (version 2.11.0) を用いて相関分析を行った。以下の小節では，ピアソンの積率相関係数（r）を用いて，1%の水準（** $p<.01$）で有意性を確認できた項目のうち，中程度以上の相関を示す項目，すなわち$|r|≧0.3$の項目だけを抜粋し，表9.1から表9.5として示した。効果量の程度をCohen (1992) に基づいて評価すると，すべての表において，$|r|$が0.5以上の高い相関を示す項目はなく，$|r|$が0.5未満ではあるものの0.3以上の中程度の相関を示すものだけであった。

2.1　相手・目的別では，「顧客」相手の会議の多くが中程度の相関

中程度の相関を示したのは，「社内」の会議では，「計画・立案」と「情報／助言の交換・授受」，「提携」では「計画・立案」と「課題発掘／問題解決・調整」，「顧客」では「計画・立案」「情報／助言の交換・授受」「課題発掘／問題解決・調整」「交渉」であった（表9.1）。

表9.1　部署の英語到達度と中程度の相関を示した会議の目的

相手	会議の目的	英語到達度と困難度の相関係数（r）
社内	計画・立案	-.31**
	情報／助言の交換・授受	-.32**
提携	計画・立案	-.37**
	課題発掘／問題解決・調整	-.30**
顧客	計画・立案	-.36**
	情報／助言の交換・授受	-.34**
	課題発掘／問題解決・調整	-.36**
	交渉	-.33**

表9.1は，所属部署の現在の英語到達度を高く評価した回答者ほど，これらの目的の会議での困難度を低く見積もったことを示している（相関係数（r）は皆，負の数であり，負の相関である。絶対値の大きさが相関の高さを表す）。つまり，参加者の英語到達度が高いことが，部分的に困難度を和らげている可能性があることを示していると言えるであろう。「顧客」相手の会議が他より係数がやや高めであり，「顧客」相手の会議での英語到達度がより必要となる場面が多いということであろう。

2.2　場面別では，正確な聞き取りをしたり双方向的なやり取りの多い場面と中程度の相関

アンケートの結果では，会議の場面の中で意見交換をし，論点を整理し，結論を下す場面に関して困難を示した回答者が7割を超えていた。ここでは，英語のレベルとの相関を見た。その結果，以下の場面において中程度の相関が見られた（表9.2）。

表9.2 部署の英語到達度と中程度の相関を示した会議の場面

会議の場面	英語到達度と困難度の相関係数 (r)
説明・報告を聞き取る	−.30**
解決策等の提案	−.32**
質疑への回答	−.32**
意見交換	−.36**
論点整理・コンセンサスを得る	−.33**

2.3 スピーキング力・リスニング力・会議力・人間関係構築力との相関は低い

第7章においては,スピーキング力,リスニング力,会議力や人間関係のどこに困難を感じ,英語によるビジネスミーティングのスムーズな運営や展開が難しいと捉えているのかを見た。その結果,「微妙なニュアンスを理解していない」というリスニング力の困難度が約9割と最も高く,次に,「微妙なニュアンスを伝えていない」というスピーキング力の困難度が約8割を超えた。設問の選択肢は,「間違った英語で発言している」「細部の説明をしていない」「微妙なニュアンスを伝えていない」「端的な説明をしていない」「発言を間違って理解している」「細部の説明を理解していない」「微妙なニュアンスを理解していない」「会議を手際よく進行させていない」「喜怒哀楽を伝えていない」「相手の信頼を得られていない」の10項目である。英語の到達度との相関を見ると,唯一リスニング力の「ニュアンスを理解しない」のみが,中程度の相関を示した。全体的には相関が低いことがわかった(表9.3)。

表9.3 部署の英語到達度と中程度の相関を示した側面
(スピーキング力・リスニング力・会議力・人間関係構築力)

リスニング力	英語到達度と困難度の相関係数 (r)
ニュアンスを理解しない	−.30**

2.4 英語スキルでは,聞き取りに関わる側面と中程度の相関

英語スキルに関しては,第8章で詳細を報告しているが,「専門語彙を含めた単語力」「会議や仕事内容に特別な言い回しや表現」「依頼したり敬意を示す際の丁寧な表現」「気軽に言葉を取り交わすインフォーマルな表現」「雰囲気作りに役立つユーモアのある表現」「速いスピードの英語を次々理解するリスニング力」「様々な発音の英語を聞き取る力」という選択肢の中からどのようなスキルが不足しているのかを調べた。その結果,困難度が高かったのは,「速いスピードの英語を次々理解するリスニング力」,次に「様々な発音の英語を聞き取る力」であった。英語到達度との相関を見たところ,困難度が最も高かったこの2つの項目が,中程度の相関を示した。英語レベルが上がれば,これらの困難度を多少なりとも下げる可能性があるということである(表9.4)。

表9.4　部署の英語到達度と中程度の相関を示した英語スキル

英語スキル	英語到達度と困難度の相関係数 (r)
速いスピードの英語を次々理解するリスニング力	-.34**
様々な発音の英語を聞き取る力	-.32**

2.5　精神的・心理的要因では,「気後れ」「自信が持てない」と中程度の相関／「社内」より「提携」「顧客」の会議でより際立つ

　精神的・心理的要因について尋ねた質問では,「英語力に自信が持てずに発言に躊躇する」「割り込むなど発言するタイミングがつかめない」「気後れして積極的に発言する姿勢がない」「想定外の展開に慌てる」「集中力が持続しない」という項目を相手別に尋ねた。結果の詳細は第10章第2節第3項に示されているが,「英語力に自信が持てずに発言に躊躇する」ことが「あてはまる」または「ある程度あてはまる」と回答した人は, 相手が誰であるかにかかわらず6割以上にのぼり最も多かった。「顧客」が相手の場合には回答は約7割近くに跳ね上がり,「顧客」に対する心理的要因がより大きいことがわかっている。では, この心理的要因は, 英語到達度により改善の可能性があるのであろうか。相関を調べると, 表9.5に示されるような結果となった。特に「提携」と「顧客」では2項目に相関が見られた。精神的な要因は多少なりとも英語到達度が上がることで, 自信となり, 改善される可能性があるということかもしれない。

表9.5　部署の英語到達度と中程度の相関を示した相手別の精神的・心理的要因

相手	精神的・心理的要因	英語到達度と困難度の相関係数 (r)
社内	英語力に自信が持てずに発言に躊躇する	-.34**
提携	気後れして積極的に発言する姿勢がない	-.31**
提携	英語力に自信が持てずに発言に躊躇する	-.30**
顧客	気後れして積極的に発言する姿勢がない	-.34**
顧客	英語力に自信が持てずに発言に躊躇する	-.33**

おわりに

　英語到達度の現在のレベルと目標レベルには明確なギャップがあり, 多くの部署において英語到達度の「底上げ」が必要だと感じる回答者が大半であった。ビジネスミーティングの目的別困難度では, どの相手にせよ,「交渉」と「課題発掘／問題解決・調整」が, 最も困難を感じる会議の目的であった。相手別では,「顧客」＞「提携」＞「社内」の順で, 困難度が高い。より複雑なプロセスが入るほど（「交渉」と「課題発掘／問題解決・調整」）, また, 不安定要素の多い相手の会議ほど（たとえば「顧客」）, スムーズな運営や展開が難しい, ということであろう。
　また, 英語到達度は部分的にこれらの問題解決に寄与しうる。とりわけ, もともとスムーズな運営や展開が難しいとされた上記の目的の会議では, 英語到達度が解決の一部となりうることが

示唆された。しかし，英語到達度が全てを解決するのではない。相関は高くても中程度のものであり，英語到達度以外の要素が関係している。たとえば，言語以外の会議スキルも，少なからず関係している。問題の解決には，そのような会議スキルの習得も不可欠であろう。

　次章では，自由記述を分析しながらその英語によるビジネスミーティングをマクロな視点から捉えなおしてみたい。

第10章 ビジネスミーティングにおける困難の具体例

はじめに

　これまでの章では，英語によるビジネスミーティングで遭遇する様々な場面においてスムーズな運営や展開を妨げる要因は何かについて，英語スキル，会議力，人間関係構築力などに関して見てきた。本章ではさらに踏み込んで，アンケートの自由記述の中から垣間見えた様々な要素を概観し，生じている問題を把握したい。困難についての自由記述には，これまでの章で結果を示してきた質問の回答の中では網羅されていなかった要素が数多く指摘されている。これらの内容を分類した上で，多数の意見が寄せられた項目を示しながら，マクロな視点から，英語による会議という枠組みの中で何が起こっているのかを眺めてみよう。

1　自由記述の分析手法：トップ3は文化，英語スキル，心理に関する言及

　本調査の質問票に設定された2つの自由記述の設問のうち，1つ目の質問であるQ20は，英語によるビジネスミーティングにおいてスムーズな運営や展開が難しいと感じる点についてその状況を説明してもらうものであった。このQ20には合計430件の記述回答が寄せられた。本調査の回答者は国際業務に携わる主任クラス以上のビジネスパーソンであるので，回答は実務の中で実際に経験し感じている内容であり，信頼性は担保されていると考えられる。したがって記述にはすべて目を通し，キーワードによる分類を行った。まず，テキストマイニングソフトKH Coderによって頻出の語彙傾向に当たりを付けた上で（図10.1）（樋口（2004），（2014）を参照），回答を読みながら頻繁に使用されている語句を拾いリスト化した。出来上がったこのキーワードリストをプロジェクトメンバーと確認の上，カテゴリーを決定した。

　次に，各記述を再度読んで各々がどのカテゴリーに属するかを判定し，カテゴリーごとに分類してその数を数えていった。1つの記述内にいくつかのカテゴリーに関して書かれている場合もあり，その際は分割してそれぞれを1つとして数えた。表10.1はカテゴリー別の集計結果である。最も言及が多かったのは，異文化及び日本文化に関するもの，次いで英語スキル，そして精神・心理であった。

　すでにアンケート上で設定されていた質問項目について，さらに詳しく記述をしているケースと，困難を聞く設問の中にはなかった項目について記述をしているケースがあった。具体的には，目的，場面，会議力，英語力（スピーキング，リスニング，単語，ニュアンス，ユーモア，理解

● 79

力），心理（タイミング，集中力，想定外への対応）に関しては困難を問う質問（Q15~Q19）が設定されていたが，文化や形態，参加者，ELF，準備などについては困難に関する質問はされなかった。これらは，会議の困難な状況を知る新たな項目として興味深い。なぜ困難なのかが具体的に記述されることで，量的な質問で得られる選択式の回答データから見えてこない，項目同士のつながりや真相が浮き彫りとなっている。これらの困難に関する記述を整理しまとめることで，英語によるビジネスミーティングの困難の全体像が見て取れるだろう。

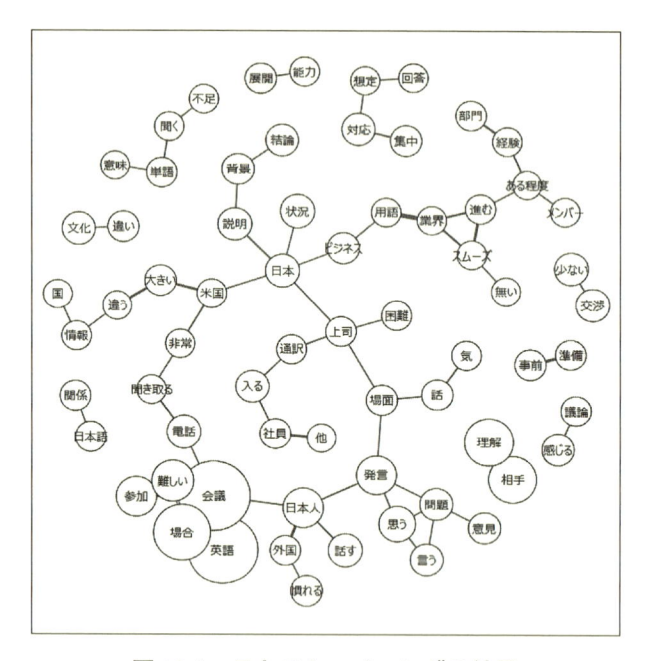

図10.1　テキストマイニングの結果
（KH Coder 使用，樋口（2004），（2014）参照※）

※KH Coder：立命館大学産業社会学部准教授の樋口耕一氏が制作したテキスト型（文章型）データを統計的に分析するためのフリーソフトウェア。

表10.1　自由回答　カテゴリー別集計数

文化（異文化・日本文化）	英語スキル（聞き取り，スピーキング等）	精神的・心理的な要因	語彙	会議の形態	参加者
190名	121名	73名	68名	63名	53名
ELF (English as a Lingua Franca)	会議進行	準備	経験	ユーモア・スモールトーク	
49名	48名	43名	34名	31名	

2 カテゴリー別の困難

以下では，表10.1に示した11のカテゴリーの回答者数の多い順番で，回答を抜粋しながら，英語によるビジネスミーティングの困難について具体的に見ていく。

2.1 文化の違い：価値観，商習慣，会議手法などの違いでなどでつまずく

文化に関する言及が最も多かったが，内容の多くは，ビジネスにおいて相手の文化的背景を理解できていないことが困難を生んでいるというものであった。具体的には，コミュニケーションのパタン，価値観，商習慣，法的背景，会議手法などの違いで起こるつまずきに関する言及である。以下は代表的なものを抜粋したものである。文末の括弧内の記号は，参考として回答者の部署CEFRのレベルを表したものであり，下線は著者が強調したものである。なお，抜粋部分は句読点の離脱など明らかな誤りを除き，回答者の文章をそのままにしてある。

- ビジネスミーティングメンバーの文化的背景の相違により，価値観・考え方が大きく異なるケース。（C2）
- そもそも，英語に対する理解力ではなく，日本人と外国人との物の考え方の違い等が，ビジネスにおいて障害となる場合が多い。つまり，いくら英語自体への理解力があったとしても，その物の考え方の違いを踏まえた発言をしないと，コミュニケーションはうまくいかない場合が多いということ。（B2.2）
- 一番は文化の違い。日本人には当然の事でも海外のメンバーには非常識に思う事もあったりお互いが歩み寄る必要が有るが，中々思う様に進まない。特に英語圏のメンバーとの意思疎通が難しく優先順位に大きな隔たりを感じる。（B2.2）
- 文化の違いで理解しあえない点。特に交渉の場面では自らの利益中心でグループ全体のことを考えない文化や，契約中心で汎用性を持たない文化などによって，理解が得られない。（B2.1）

また，日本人特有の考え方や振る舞いが問題をもたらしているという声も多数挙げられており，代表的な記述には以下のようなものがある。

- 日本人の考え方のベースが特異である。（C1）
- 日本独自の文化や，商習慣と，中国，韓国等近隣東アジアの国との違いに関して説明することや意見を述べることが難しい。（B2.2）
- なにより商慣習の違いにより，「日本人であれば10言って10伝わること」が「お互いの思い込みで3もしくは4しか伝わっておらず，結果互いの思い込みにより論点がずれていくケースに悩まされることが多い。（例えばOEMに関する概念，品質保証についての概念など）（B1）
- 背景がわかっていない（例えば，日本の規制）英語圏の人に対して，いきなり話すことで理解を得るまでに時間がかかる，十分理解が得られないことがある。日本では常識だと思って

当然のように話すが，グローバルでは常識ではない場合が多いので，相互理解に時間がかかり，本題を十分検討できないこともある。(A2)
- 日本人特有のメンタリティー。相手に敬意を払いすぎ，謙虚過ぎる。(A1)

　ここに抜粋したものは，代表的な記述のほんの一部である。文化に関しての言及は190件にものぼり，2番目に多かった英語スキルと比較しても群を抜いて多い。多くのビジネスパーソンが英語によるミーティングの中で，言語を超えたより大きい異文化という要素に壁を感じている，または感じた経験があるということが明らかになった。これらの言及は，部署のCEFRレベルに関係なくどのレベルでもあげられており，共通する壁であると考えられる。事実，Trompenaars & Hampden-Turner (1998) に代表されるように，ビジネス上の異文化間コミュニケーションの事例に関する研究や書籍などは実は多く存在する。日本人はまだ異文化に対する認識や理解が十分ではないということが言えるだろう。ビジネスパーソンにとっては，異文化と自国文化の違いをよく認識し，ビジネス上では自分の前提が相手の前提と異なることを常に意識する必要がある。過去の事例について読み，様々な異なるパタンを知ったり，特定の国についての情報を得たりするだけでもビジネスパーソンには有益であるかもしれない。

2.2　スピーキングとリスニング，さらにロジカルなコミュニケーション力と交渉力が不足

　英語スキルにはまず基本のスキルとしてスピーキング，リスニング，ライティング，リーディングがあるが，スピーキングの難しさについての言及が最多，次にリスニング，ライティングの順であった。リーディングに関する言及はなかった。さらに高度なスキルとして，説得，説明，プレゼンテーション，交渉，ニュアンスの伝達の難しさなどが挙げられていた。第7章では，スピーキングおよびリスニングの困難度が高く，英語力が会議の困難と密接に関連していることを確認した。このことは，自由記述の中でCEFR C2およびC1レベルの部署に属する回答者からは英語スキルに関する言及がなかったことからもうかがうことができる。ここではCEFRレベルごとに記述内容を抜粋し，各レベルにおいてどのような英語スキルの困難があるのかを見てみよう。CEFR B2からB1の記述には，以下のようなものが典型的であった。

CEFR B2.2 と B2.1
- 日本語で行う様な微妙な言い回しや間の取り方は特に難しい。
- 会議での判断に関しては，英語以外の技術的な側面が強いため，特に不自由は感じていない様子。また，プレゼンテーション資料やレジュメの準備は主にライティングの要素が強く，時間はかかるが不自由なくこなせていると感じた。ところが，実際の会議の場面において，やはりリスニングの要素が絡むと，途端に苦手に感じる割合が高くなるようだ（相手の言っている事がなかなか聞き取れない，理解できないので，そのうち会話に参加するのをあきらめる，といった状況が発生する）。また，用意したレジュメを読み上げる事はできるが，その場で相手が話している事を理解し回答する，といった，いわゆる瞬発力を要求される場面に

なると，途端に身構えてしまうといった傾向が見られた。
- 英語力，表現力の幅が狭い為か微妙な表現が出来ず正確な情報として伝えきれていないように感じ突っ込んだ議論にまで落ちていかない状況がよくあるように感じる。結果的に時間が足りず深い部分での議論が出来ないケースがある。

CEFR B1
- 英語能力だけでなく，Logical Thinking や Active Listening，交渉力の違いがミーティングの成功に左右する場合あり。
- 英語を話せることはできても，交渉できる人間が圧倒的に少ない（メッセンジャーはいてもネゴシエーターが少ないという意味です）。
- ニュアンスを伝えられないため，細部についてしっかり相互理解できず，結論を導き出せない。日本人が複数いるとつい，日本語で話しがちで，英語で進んでいる議事と日本語での議論に時間差を生じてしまい，相手が理解していない事がよく起きる。
- 自分が予想していない質疑に対しての対応に困る。

以上のように，CEFR B2 から B1 の記述からはニュアンスや細部に関する難しさや交渉，想定外の展開に対応することに難しさを感じている。次に CEFR A2.2 と A2.1 レベルの記述を見てみよう。

CEFR A2.2 と A2.1
- 英語での会議に参加する日本人の英語力にはかなりばらつきがあり，しかも，大半はスピーキング，リスニング力が不十分な人が多く，比較的慣れている人の助けを要する場面が多く，なかなかスムーズに進まない。議論が不十分なままで終わってしまうことが多い。
- 相手の言葉を聞いて理解して発言しようと思うが，海外の方は自身の主張を我先に話し始めてしまい，何を言っていて，どんなところに落としどころを持って行っていいかが皆目見当つかない。
- 1回の説明で納得してもらえなかったり状況を理解してもらえなかったりした場合，違う言い方で説明したりすることが語彙不足や英語力不足でうまくできない。
- 単語は並べられるが，会話として成立しないこと，相手の気分を害さないように口にした表現が逆にあいまいになってしまい，何度も相手から質問されることが多い。

以上の記述からは，CEFR B レベルと CEFR A レベルの差がはっきりと見て取れる。CEFR A2.2 と A2.1 の多くの記述には主にスピーキングとリスニングの困難により会議が円滑に進まない経験について書かれていた。当然ともいえるが，まずはリスニングとスピーキングがある程度できるようにならないと会議は困難である。それらがある程度できるようになれば，その次の段階として，さらに細部やニュアンスを理解する，またロジカルな話し方や交渉ができるようになる，ということが課題となる。まずは基礎力，次に応用力ということである。

2.3 英語力に自信が持てず，気後れして，消極的になってしまう。特に「顧客」に対してはその傾向が高くなる

　心理要因のカテゴリーに入るのは，自信がない，気後れするなど，心理的な要因が妨げとなり困難が生じる場合についての言及である。自由記述に先立って，参加者がどのような精神的・心理的要因によって，ビジネスミーティングのスムーズな運営や展開が難しいかを聞いた設問 (Q19) においては，「気後れして積極的に発言する姿勢がない」「集中力が持続しない」「割り込むなど発言するタイミングがつかめない」「英語力に自信が持てずに発言に躊躇する」「想定外の展開に慌てる」という5項目について，「社内」「提携」「顧客」の相手別に，「あてはまる」「ある程度あてはまる」「あまりあてはまらない」「あてはまらない」の4段階の回答を選んでもらっている。ここで自由記述の詳細を見る前に，この質問の結果を参考までに示しておく（表10.2）。

表10.2　精神的・心理的要因に関する質問の回答結果 (Q19)

(単位 %)

精神的・心理的要因に関する質問項目	あてはまる，ある程度あてはまる		
	社内	提携	顧客
英語力に自信が持てずに発言に躊躇する	66.4	64.6	68.8
割り込むなど発言するタイミングがつかめない	62.9	60.3	68.7
気後れして積極的に発言する姿勢がない	60.7	60.5	66.1
想定外の展開に慌てる	57.3	61.0	66.8
集中力が持続しない	54.2	47.5	45.9

　「英語力に自信が持てずに発言に躊躇する」ことが「あてはまる」または「ある程度あてはまる」と回答した人は，相手が誰であるかにかかわらず6割以上にのぼり最も多かった。英語力に自信がない，そのために発言できないという人々が大変多いという状況が大きな課題として示されたということである。次に「割り込むなど発言するタイミングがつかめない」「想定外の展開に慌てる」「気後れして積極的に発言する姿勢がない」という三つの質問に関しては，相手が「社内」「提携」ともに約6割前後の回答者が「あてはまる」，または「ある程度あてはまる」と回答し大きな差異はない。一方「顧客」に対する心理的な要因はより大きく，この場合，これら3つの質問への回答は約7割近くになる。

　以上の結果から，英語のミーティングで発言することに躊躇したり，積極的に発言する姿勢が見受けられなかったりするというのは，精神的・心理的要因においては，英語力に自信が持てないことや気後れしているということと大きく関係しているということがわかった。特に相手が「顧客」である場合はその精神的負荷も大きいようである。

　では，自由記述においてはこの精神的負荷についてどのような言及があるだろうか。記述を読むと，(1) 相手とのやりとり，(2) 英語堪能者への依存，(3) 気後れという3つの主なパタンが見受けられた。

(1) 相手とのやりとり

- 多極でテレカンにはいると，アメリカ人，ヨーロッパの人，中国人もよくしゃべり，議論にはいるタイミングがつかめない。(C1)
- 精神的・心理的要因が大きい。たとえば，プロジェクトミーティングや意見交換などでネーティブスピーカー（特に米国人）がすぐに結論を出そうとするような場合への対応が難しいことがよくある。(B1)
- 一方的にまくしたてられたりすると，反論したくても，委縮してしまい，ただでさえたどたどしい英語しか話せないので，反論することができなくなる。反論をしないと先方の言い分を100％認めたことになる。その後の巻き返しが大変なことが多い。(A2.2)

(2) 英語堪能者への依存

- 他の流暢な日本人が全て話してくれると頼ってしまっている社員もいる。(B1)
- 英語の達者な者だけが発言することで，バランスを欠いた会議になると誰もが理解しながら，その環境を拒否できないことによるストレスはすごいものがあります。(A2.2)

(3) 気後れ

- よく聞かれる言葉に「日本人の参加者に自分の英語を聞かれるのが恥ずかしい。気後れする」という発言があります。この辺の開き直りが必要かと思います。(B2.1)
- 日本人が複数人いた場合，他の日本人の目を気にして，発言を躊躇することがある。他の日本人が流暢に発言していると同じ日本人として特に気後れする社員がいる。(B1)

以上のコメントからもわかるように，英語への自信のなさは，相手に通じない，わからないという状況から発言の躊躇へとつながる。またそれは英語堪能者への依存を生んでいる。また英語ができないことは，会議の相手に対してよりは同じ日本人に対する気後れを生んでいるという事実も興味深い。それらの根本にあるのは，英語が人より劣る，英語に自信がない，また英語力不足のために相手に対応できそうにないなどの心理で，すべて英語力と密接に関係しているのである。会議の困難を乗り越えるためには，その精神的・心理的な要因を解消しなければならないが，その前提として，英語力の向上に取り組むことが必要である。次章に解決策として詳しく述べるが，組織的な取り組みの中で，場数を踏む，事前準備をする，ファシリテーションの技術を磨くなどにより，会議以前に自信をつけることが必要である。

2.4 専門用語がわからない，国によりそのニュアンスが違い誤解する

単語力については，第8章でリスニング，発音の聞き取りに次いで3番目に困難度が高い英語スキルという結果が示されていた。自由回答でもさらに掘り下げた記述があったのでここでいくつか紹介しておく。一般的な語彙が不足している，特定の業界の用語の知識が不足している，また専門用語の定義が各国で違うことから戸惑うなどの言及が見られた。

- 専門的な単語や，言い回しがうまく伝えられずに辞書を引いたり，何度も聞き直したりする。（C1）
- 同じことに対し，国や地域により異なった表現をする場合も有り，単語の意味確認が必要になる。（B2.1）
- 新規販促や業界の違う市場へ売り込む場合は，日本人同士でも単語の持つ意味や概念が違うことがあります。（B1）
- キーとなる単語の意味が理解できていない状態のまま，ミーティングがどんどん進行し最終的な結論付けの段になって慌てふためく。（A2.2）
- 英語の単語は同じでも，その国々での規制などで定義が異なる。また，同じ意味の用語などが各国で様々であるなどの場合があり，参加者間での共通理解，合意をとる場合の調整が難しい。（A2.2）

　ESP研究においては，特定分野の語彙はジャンルの特徴の基本をなす部分の1つである。語彙に関わる困難度が高めであったのは，ビジネスの商品やサービスに関わる専門語彙の学習が不足していることがあるようだ。現在では第3章で指摘したように，コーパスとコンコーダンスを利用し様々な分野の特徴語彙を抽出することが可能である。英語による会議を多少なりとも円滑にするためにできることの1つとしては，語彙リストを入手することだ。しかしながら，国による違いなどについては，双方が気づかずにいるとのちに重大な結果を招くことにもなりかねない。ビジネスの現場ではもちろんのこと，学習する際には十分気を付ける必要があるし，会議の中で相互の確認もおろそかにしてはならない。

2.5　電話会議が聞き取れない

　第6章で英語によるビジネスミーティングの開催状況の調査結果をまとめたが，電話会議（音声のみ）の割合が高く，かなりの頻度で行われていることが明らかになった。そして第8章からはリスニングの困難度が高いこともわかった。これらの結果との関連性を裏付けるように，会議の形態に関しては，電話会議に関し相手が見えない中で会話を運ぶ難しさに関する以下のような記述がたいへん多かった。

- ある一定以上の思考能力のある英語ネイティブが数人と非ネイティブ複数（日本人に限らず）がミーティングをすると，英語ネイティブ同士が議論を始めた際に会話のスピードが格段と上がり，電話会議の音声では非常に聞き取りが難しくなる。Webカメラを使用した会議とただの電話会議では同じ会話でも後者は聞き取りがしづらい。（B2.2）
- 電話会議が多々あり，表情が見えないことと，話すタイミングが難しいことが困る。（B2.2）
- 英語が母国語でない，または苦手な社員にとっては相手の顔や仕草が見えない中でビジネス英語を理解するのは難しいように見える。例としては，ビデオ会議などのツールや，事前にアジェンダや資料を配布するなどの配慮がないと，当日の電話会議から英語力が低い社員が

会話についていくのも難しく，議論に参加することもできない場合も多い。（B1）
- 特に電話会議の時に顕著だが，表情やしぐさなどの「非言語的なコミュニケーション」を併用できないため，細かいニュアンスを相互に伝えることができない。そのため，議論で歩み寄ることが難しかったり，問題点を完全に共有できずに会議後のメールのやり取りなどで補う必要が生じたりする。（B1）

以上からわかるように，電話会議において頼るものは音声のみであり，相手の様子や表情が見えないのでまずはリスニング力がカギとなり，さらにこちらの発言を理解しているかの確認が必要となる。異なる地点をテクノロジーで結んだ映像による会議が増えているものの，依然として電話会議が多数存在しており，これが困難に拍車をかけているといえるであろう。

2.6 参加者の英語の種類とレベル，初めての相手，人数などで困難度が左右される

第6章で示したように，英語で行われるビジネスミーティングの参加者は「社内」では6〜10人，「提携」「顧客」との会議では3〜5人規模である。また第8章からはその参加者はネイティブよりノンネイティブが多く，様々な英語が話されていることもわかった。自由記述の回答には，参加者によって会議の様子と困難度が変わることが言及されていた。参加者の英語力に差がある場合，相手が知らない人の場合は困難度が上がる傾向があるようだ。また，参加人数や出身国の違いによりもたらされる困難も示されている。

- いずれも会議参加者の個人レベル差が大きいので，会話できる人に任せる流れになる。（B2.2）
- 常にやりとりしている慣れた相手が会議参加者の場合には，会議進行の流れやテンポをつかみやすいが，初参加者がいたり人数が10名以上をこえてくるとある程度，即興で柔軟に対応をしなければならない面が難しいと感じます。（B2.2）
- 相手側がNon-native（特に中国や韓国等，英語を日常生活で使用しない国）で，相手側の会議出席者の英語力がばらついている場合は，会議の運営が難しいと感じる。当社側の発表や発言に関して相手側の理解を確認し，うまく伝わっていないと思われる場合は，平易な単語を用いてゆっくりとしたスピードで補足説明を加える等の工夫をし，相手側全員の理解を得るようにしなければならない。（B2.2）
- アメリカ等のネイティブスピーカーかパティシパントのほとんどをしめている場合，言葉や会議の展開が速くなりやすく且つ難しい表現も増えるため日本人などのノンネイティブスピーカーにはついて行きづらくなり，ところどころで内容をコンファームしなければ展開についていくことが難しくなる。（B2.1）
- 相手が非英語圏の場合，相手の会話能力が低い場合に相手をリードするようなことができない場合が多い。（B1）
- 外国人のみの会議と，日本人（現地幹部）を交えてやる会議とでは，難易度が異なる。外国人のみの会議であれば，わからない点は英語で質問し，互いの認識をすり合わせることが出

来るが，現地の日本人幹部が加わった会議の場合英語が苦手，又は会議の議題の分野に詳しくない方も多く，結局会議の半分が通訳することで終わってしまう。(B1)

このように，ここでは参加者によって会議の状況ががらりと変わる様子が示されている。初めての人がいる場合，ネイティブが占めている場合，英語力にばらつきがある場合，さらには外国人と日本人のバランスなど，会議の困難度に影響を与える要因は様々である。参加者が参加しやすい会議運営，すなわちファシリテーション能力等が必要となる。

2.7　ELF（English as a Lingua Franca）に伴う困難は，発音，英語レベルの差，文化の違い

　会議の参加者の言語背景が多様となり，英語を母語としない人々が英語を介し会議を行うケースが多くなった現在，主に記述されていたのは，発音，文化の違い，英語力のレベル差であった。

- 英語が母国語でないカウンターパーティーのケースで，先方の英語力が当方より劣後するケースでは，中々コミュニケーションが取り難い。(C2)
- 人種による背景や状況説明により理解力の差があるとき。また，上司がオランダ人やスイス人であることから日本の市場，顧客，商習慣などを理解させることが時として難しい。(B2.1)
- 英語を母国語ではない国，例えばイタリア，ドイツ等との会議では，お互いに言いたいことが伝えられないジレンマに陥ることがよくある。また，これは，どこの国との会議でもそうなのだが，相手に伝わっていないと思ったら諦めて，もしくは面倒くさくなりそれ以上伝えようとしなくなり，意思伝達が進展しない。(B1)
- 地域独特のイントネーションの把握（特にタイ，インドなど東南アジア圏）に時間と慣れを要することもあるが，なにより商慣習の違いにより，「日本人であれば10言って10伝わること」が「お互いの思い込みで3もしくは4しか伝わっておらず」，結果互いの思い込みにより論点がずれていくケースに悩まされることが多い。(B1)
- 出身地域の違いによる英語のイントネーションやスピードが異なるため，ヒアリングに慣れるのに時間がかかる。(A2.1)

　様々な母語の背景を持つ参加者が英語による会議に出席するようになってきたため，今まで以上に英語という言語に対する寛容さが求められる。発音やイントネーションをはじめ，文法や語彙に多様性があることを知り，それらを積極的に受容していく態度が必要であろう。

2.8　準備が会議を左右，そして会議を引き締めるのはファシリテーション

　最後に，カテゴリー上は8位及び9位であった「会議進行」と「事前準備」について言及しておく。これら2つのカテゴリーに特徴的だったのは，「困難である」というよりは「これが必要」というニュアンスで記述されていたことである。2つの項目を合計するとその数は，気後れする

などの心理的側面による困難の数をしのぎ，会議運営に関わる重要項目であると推察できる。

まず，「事前準備」についてであるが，これができていないと会議の進行が滞るなど，準備の周到さが会議の成功と関連する記述が見られた。

- お互いに事前準備が不十分でうまく進行しない。(B2.2)
- こちらから送付した事前資料に目を通していない場合について，会議進行を加速することが容易でないと感じることが時々あります。(B1)
- 必達事項とそうでない事項を，事前によく検討して準備して分けておかないと，目的を達成できなくなる。(B1)
- 国内の事業所でのミーティングは日本人参加者も多く，また事前にアジェンダをしっかり作成しておけば，会議のテーマや流れを大きく外すことはあまりありません。外国人の方も日本でミーティングしているという意識があり，発音もふくめ丁寧な対応をとるケースが多いです。(B1)

会議の進行については進行係のファシリテーション能力が会議の成功に深く関わるとの言及があった。特に，参加者の英語力やビジネスに関する知識・能力を配慮しながら進めることが重要であるとの示唆がある。

- 運営の進行状況は，議長の能力による。参加者の能力に配慮した進行英語が必要。(B2.2)
- 相手側がNon-native（特に中国や韓国等，英語を日常生活で使用しない国）で，相手側の会議出席者の英語力がばらついている場合は，会議の運営が難しいと感じる。当社側の発表や発言に関して相手側の理解を確認し，うまく伝わっていないと思われる場合は，平易な単語を用いてゆっくりとしたスピードで補足説明を加える等の工夫をし，相手側全員の理解を得るようにしなければならない。全員がそのような言い換えを臨機応変に行える会話力を持つメンバーは，当社でもあまり多くない。(B2.2)
- 議長となって議題を整理し，会議を進めることは，言語の問題のみならず経験量にも左右される。(B1)
- 事前準備が全員同じレベルでされているわけではないので，レベルセットからはじめる必要があり，タイムマネジメントなどにも関わってきて，単純な英語ミーティングの議事運営以外にも注意を払う場面が多々ある。(A2.2)
- 司会者，ファシリテーターの"仕切り力"により会議進行が大いに左右される。(A2.1)

ファシリテーターの役目としては，参加者間の英語レベルの調整，準備レベルの調整など，アジェンダ以外の事項に注意を払う必要があり，このような能力を備えたファシリテーターが不在であると，会議がうまく進行しない現実があることが読み取れる。

3 会議を取り巻く困難の全体像

　本章では，自由記述に見られた会議の困難点を具体的に示してきた。会議には想像以上に多種多様な要因が入り込み，会議の困難度に影響を与えていることがわかった。個人の英語スキルから始まり，形態や参加者，文化といった複合的に絡むダイナミックな要素が会議といういわばコミュニティの命運を決めるともいえる（図10.2）。

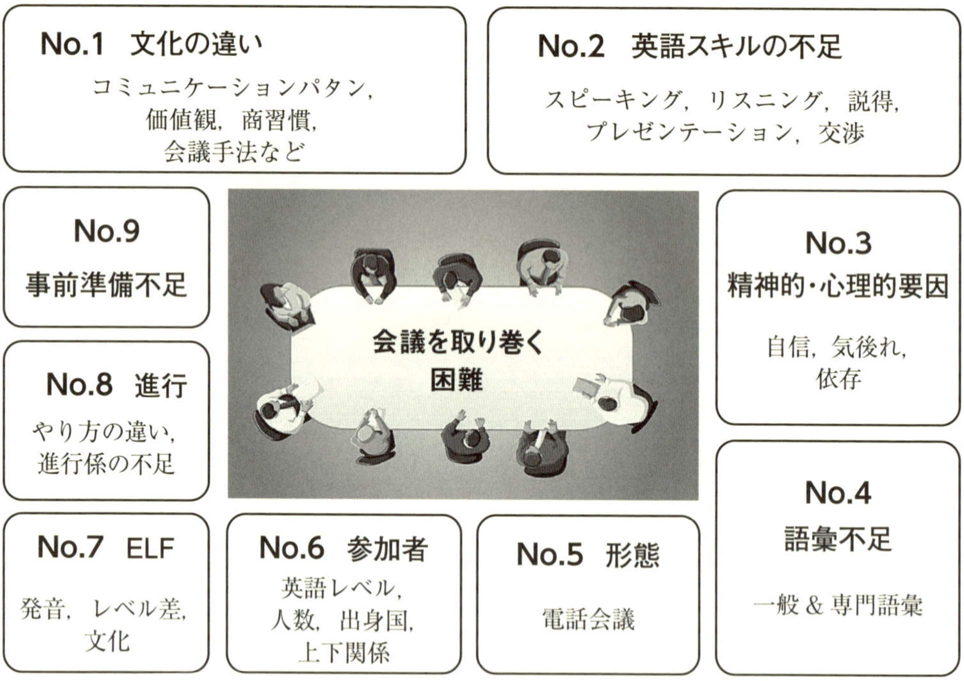

No.1 文化の違い コミュニケーションパタン，価値観，商習慣，会議手法など	No.2 英語スキルの不足 スピーキング，リスニング，説得，プレゼンテーション，交渉
No.9 事前準備不足	**No.3 精神的・心理的要因** 自信，気後れ，依存
No.8 進行 やり方の違い，進行係の不足	**No.4 語彙不足** 一般 & 専門語彙
No.7 ELF 発音，レベル差，文化	**No.6 参加者** 英語レベル，人数，出身国，上下関係	**No.5 形態** 電話会議

図10.2　自由回答に見られた英語による会議を困難にする要素

　本章で抜粋してきた記述から特徴的なことは，まず，会議の困難の原因の1つが相手の文化的背景を理解できていないことにあるという指摘である。価値観や商習慣など様々な文化的要素があるが，回答者が属する部署では，これらの背景を理解していなかったために，会議が行き詰まる，時間がかかる，最後に大きな乖離が見つかるなどの困難な場面が起こっている。すなわち，異文化に対する認識や理解が十分ではないことが，会議における困難の原因と考えている回答が多い。

　このように，異文化の理解が不足していることで困難を感じる一方で，やはり英語スキルが不足していることで会議の難しさを感じているケースが多い。特にリスニングとスピーキングに関しての言及が多く，これらのスキルの底上げがまずは必要である。加えて，会議という場で必要となる論理的な話し方や専門語彙力等を会議の英語というジャンルの理解を図りながら学び向上

させることで，英語によるビジネスミーティングの困難度を軽減できると考えられる。

　また，言及の多かった精神的・心理的要因は，会議の困難のそれぞれの要因と非常に密接に関わっているともいえる類のものであった。例えば，英語力が低いために自信がない，参加者の上下関係などで気後れする，文化的なレトリックの違いでタイミングがわからず意見を言えない等の多くの事柄が，精神面に大きく影響する。回答者の多くは，この心理的な壁を壊し，積極的に参加する態度が必要と述べている。そのためには，会議の内容を英語で周到に準備し，想定できる事柄に対処できるようにしておくことが英語力の弱さを部分的にでも補い，精神面での自信のなさや気後れを軽減する方法の1つであると考えられる。

　また，英語力のレベル差や想定外の出来事が起こったときにも，議事進行が上手に図れるファシリテーターが存在することにより，その難しさが軽減されることがある。たとえば，ファシリテーターが参加者の様子を見ながら発言を補足したり，他の発言を求めたり，発言をまとめたりすると，英語力に自信がない者でも発言しやすい環境となり，上下関係のバランスを補正したりすることなどを適宜行えば，上司や英語堪能者に，気後れをしなくても済むかもしれない。また参加者の発言のタイミングも取りやすくなり，円滑な会議進行が可能である。そのような優れたファシリテーターを育成する教育が解決策の1つとなるかもしれない。

おわりに

　本章では自由回答をもとに，英語によるビジネスミーティングの参加者が実際にどのような困難に遭遇しているかをまとめてみた。それでは，実際にビジネスパーソンはどのようにしてこれらの困難に対処しようとしているのだろうか。次章では具体的な解決策についての調査結果を報告する。

第11章 研究の妥当性と困難の解決策

はじめに

　これまでの章では、アンケート調査の集計結果とその分析を中心に、英語によるビジネスミーティングの実施状況、英語によるビジネスミーティングにおいて生じる困難な状況を明らかにした。本章では、このアンケート調査の結果を踏まえて実施されたインタビュー調査の結果を見ていく。インタビュー調査は、アンケート調査の主な調査結果が企業の現場で起きていることに合致するかを検証すること、さらには、本調査が研究目標として据える、英語によるビジネスミーティングで困難が発生する状況とその背景を明らかにすることを目的とした。このインタビュー調査の結果に続いて、アンケート調査の自由回答から得られた英語によるビジネスミーティングの困難に関する解決方法をまとめていくことにする。

1 インタビュー調査

1.1 研究方法

　本書では、909名から回答を得たアンケート調査の結果としてまとめているが、第4章で示したように、実際には同じアンケート票を使い、便宜上、クローズドデータ（277名）、オープンデータ（632名）と呼んでいる2つのアンケート調査を実施している。調査結果の精度を上げるため、これら2つのアンケート調査に加えて、インタビュー調査を実施した。これはアンケート調査結果の信頼性と妥当性を検証することを狙いとしたもので、その研究手法は方法論間トライアンギュレーションと呼ばれている。これは、一つの現象を捉えようとする社会調査手法として知られているものである。

　時間的な制約のあるインタビューにおいては、アンケートの調査結果のすべてを検証することは不可能であるため、質問項目を以下の5つのポイントまで絞り込み、それが企業の現場の状況に合致するのか尋ね、その上でアンケートの回答内容の背景や状況を掘り下げていく方法を取った。

質問1　ノンネイティブが会議に参加することで具体的にどのような困難が生じるのか。
質問2　リスニングの困難度が高いのはノンネイティブの参加割合が高いことと関係しているのか。

質問3　異なる文化を背景とする参加者がいる中で会議の進め方は何に合わせているのか。
質問4　英語のレベル向上に伴い何らかの困難が軽減するということがあるのか。
質問5　部署が現在のレベルから目標レベルに到達するには何が必要か。

　インタビューを短時間で効率よく進めるために，事前にグローバル企業に勤める管理職者2名を対象として予備調査を実施した。この予備調査では，上記の5つの質問の提示方法，インタビューの展開について，アドバイスをもらい受け，アンケート調査の主たる結果をまとめた提示資料を作成した。
　インタビューの対象者は，アンケート調査の回答者の中で，業種，部署内のCEFRの平均的なレベル，立場や資本系列に偏りが生じないように配慮したうえで，12名に対して依頼した。インタビュー調査は，全体を統括する者1名，インタビューを主にする者1名，そして，同意書の回収，録音，質問項目に遺漏がないかを確認する者1名の合計3名を基本とするチームを編成して実施した。調査全体の統一性保持のため，インタビューを主にした1名は，全インタビュー調査に参加した。インタビュー回答者の属性の内訳は以下のとおりである。

表11.1　インタビュー回答者の属性

業種	製造	電機	金融	情報通信	建設	非金属	その他
	3名	3名	1名	1名	1名	1名	2名

CEFR	C2	C1	B2.2	B2.1	B1	A2.2	A2.1
	0名	1名	1名	5名	3名	1名	1名

立場	役員	部長	課長	主任
	3名	2名	6名	1名

資本系列	外資	日系
	3名	9名

　調査内容の分析には，まずは，ICレコーダーに録音されたインタビュー内容をすべて書き起こした。そして，書き起こした文章を見ながら，それぞれのインタビューの内容を「インタビュー概要」としてまとめた。インタビュー概要は，遺漏がないかを確認するため，回答者に電子メールで送付し，その内容の確認訂正を依頼した。

1.2　インタビュー調査の結果

　本章では，インタビュー概要の内容を個々に記述することは割愛し，質問項目に沿って，インタビュー概要を一部紹介しながら，質問に対する回答をまとめた。

1.2.1　ノンネイティブの増加による影響：聞き取りがさらに困難に

　質問1では，ビジネスミーティング参加者の言語的バックグラウンドが多様化している点に注

目した。第8章で示したとおり，本研究のアンケート調査でも，英語を公用語（English as a Second Language），あるいは外国語（English as a Foreign Language）として使用するノンネイティブの割合が，日本語母語話者を除いても，「社内」で28.4％，「顧客」で38.5％と高い数値が出ており，もはや，英語によるビジネスミーティングでは，ネイティブスピーカーはマジョリティではない。ここではノンネイティブが参加することでどのような困難が生じているのかを尋ねた。以下はインタビュー概要からの抜粋であるが，参考までに回答者の部署のCEFRレベルも示した。

- 香港，シンガポール，中国，韓国出身の会議参加者の割合が圧倒的に多い。アメリカで会議が行われた場合でも，マネージャーはアメリカ人，参加者は中国人やインド人というメンバー構成となるケースがある。（C1）
- 様々な会社の状況を踏まえると，調査結果の割合に違和感はないが，海外を含めた関係部門の会議の参加者の6〜7割がネイティブである。ネイティブがリードしている面があるので，調査結果よりはネイティブがもう少し多い印象がある。（B2.2）
- 20年前は，アメリカ人，イギリス人など，ネイティブ対日本人という会議が多かった。現在では，同僚や異なる部署に海外出身者がいる。ノンネイティブは25％くらいの割合はいる。英語の教育を十分に受けてきたとしても，インド系や中華系の発音，たとえば，シンガポール人の英語は聞き取りづらい。（B2.1）
- 社内においても，クライアント企業においても，ノンネイティブは増えている。社内のノンネイティブは基本的に日本語が話せるが，日本語があまりできない場合は，英語と日本語のチャンポンで話を進める。（A2.1）

結果は，事業内容と会議の相手によって多少の差異はあるものの，回答者はおおむね，ノンネイティブが増えていることを実感している。また，ノンネイティブの参加者が増えることで，リスニングが困難になり，聞き返す場面，確認する場面が増えている。特に，アジアを中心としたノンネイティブの発音が難しいとの話もある。また，参加者が話を途中でかぶせてくる場面などが増え，結果的に会議がスローダウンしているとの回答も見られた。

1.2.2　リスニングの困難とノンネイティブ増加との関係：会議の英語の多様化

第8章で示したとおり，英語力の不足について，アンケートの回答で困難の度合いが際立っていたのが，リスニングに関する項目である。特に，「速いスピードの英語を次々理解するリスニング力」と「様々な発音の英語を聞き取る力」の困難度が高い。この2項目は，「あてはまる」が4割を超え，「ある程度あてはまる」を合わせた割合は，本研究のアンケート調査の結果で唯一8割を超えている。質問2として，このようなリスニングの困難は，ノンネイティブの参加割合が高いことと関係しているのかを尋ねた。

- これは単純に慣れの問題であり，シンガポールやインドの英語は独特ではあるが，大きな違

いではない。少なくとも，ネイティブ・ノンネイティブの違いではない。部署で，スピードや発音の問題を抱えているのは，入ったばかりの若手だけである。英語を英語で理解するレベルでないと仕事にならない。そういうレベルでは，スピードなどの問題はない。(B2.2)
- ネイティブの英語はわかりやすいが，ヨーロッパの人にしてもアジアの人にしても母語の影響のある英語なので，聞き取りにくいことがある。専門用語が非常に多い分野なので，いくら速く話されても内容を理解する上では問題ない。(B2.1)
- 8割が困難を感じているというのはデータのとおりだと思う。リスニングは，当初，スピードがあるとできなかった。しかし，その場合も，身内ではあるので，相手がスピードを落としてくれた。(B2.1)
- テレビ会議や電話会議が多いことも手伝って，聞き取れないことが多い。ノンネイティブとの会議は，難しく，苦労している。双方が速いリスニングを理解できず，聞き返す機会が多くなるため，会議のスピードも全体的にスローダウンする。発音に関しては，駐在経験や，どのような英語に慣れているのかによって，人それぞれ難しさを感じる点が異なる。(A2.2)

駐在経験があるなど，ノンネイティブの英語に慣れていれば，「アクセント（母語の影響を受けた英語の発音）」がきつくても聞き取れるという回答者や，中国語ネイティブの英語の発音が聞き取りづらいという回答者もいれば，むしろ聞き取りやすいという回答者もいる。リスニングは「慣れ」の問題であると指摘する回答者が多かった。興味深い指摘としては，5名の回答者から，英語のネイティブの場合は，スピードを落としたり，会議全体をコントロールしたりと，ノンネイティブに対する配慮をしているという言及があった。一方，アジア圏では，同じノンネイティブである日本人への配慮はなく，むしろ，英語を公用語としている人たちがまくしたてるという印象があるようだ。しかし，アクセントがあっても，ゆっくり話せば理解でき，スピードと発音は，根が同じ問題だとの指摘もある。テレビ会議や電話会議が増えたことも，リスニングの難しさの要因だとする回答者もいる。第10章の自由回答でも示されたように，会議の形態は，リスニングの困難度に少なからず影響を与えているだろう。

1.2.3 文化の相違の克服方法：会社のパワーバランスと会議のキーパーソンに左右される

英語によるビジネスミーティングにおいて，スムーズな運営や展開が難しいと感じる場面についての自由記述は，第10章で詳しく見てきたように，心理的な面，会議の形態，会話力，語彙，「共通語としての英語（English as a Lingua Franca: ELF）」などに比べて，文化の違いへの言及が際立って多い。質問3として，異なる文化や商習慣，法律が存在する中，会議を円滑にするためには，外国人参加者に日本の会議の進め方を踏襲してもらうのか，あるいは，日本人参加者が外国の海外の進め方に合わせるのかを尋ねた。

- 議題を出し，ゴールを明示する。結論を述べてから理由を述べる，という暗黙の内に共有されている段取りで進めているので，グローバルスタンダードなやり方である。苦労している

第11章 研究の妥当性と困難の解決策

のは，電話会議の方である。まさに，様々な発音という問題が起きている。回線やインフラの問題で，音がこもる，何を言っているのかがわからないなど，会議以前の問題がある。対策としては，資料の事前送付，議題の共有が必要となる。視覚的補助のあるテレビ会議は，コストの問題もあるので，すべての会議に利用できない。(C1)

- 電話会議，直接対面の会議の両方で，誰が決めたわけでもないパタンが存在する。シニアがジュニアを教える徒弟制が取られているため，自然とグローバルスタンダードに染まる。したがって，文化まで意識することはない。ただし，職位が上がると出張者の接待の場面があり，宗教，歴史，礼儀などを踏まえた対応が必要になる。それが相互理解や相手に対するリスペクト（尊敬）を生み，ビジネスミーティングがスムーズに進むことにつながる。一つの意識を持って仕事を進めようという努力の過程で，日本の文化に対する理解というものが生じる。(B2.2)

- 全体としては，インターナショナルなビジネスをしているので，引っ掛かりはない。会社のポリシーや禁止事項はグローバルに決定されているので，そこには誰も口出しができない。その他の点に関しては，以前と違い，日本の力が強くなったので自由度は相当に高い。海外から来た人は，日本の文化に慣れているし，基本的に日本のやり方に合わせている。ただし，法務を扱う部署などは，各国の法律に合わせなければならないので，事情は異なる。(B2.1)

- 合弁会社であるため，異文化の違い以前に，企業文化の違いがある。日本企業の側は保守的で，典型的な日本の文化的スタイルである。海外企業の側は新興企業で，チャレンジ精神があり，欧米とアジアの文化が混在しているという状況がある。どちらがリーダーシップをとるかはケースバイケースである。ただし，現在は，海外企業を主体に動かしているので，グローバルスタイルに近くなっている。会議は，結論ありきではなく，ブレインストーミング，ディスカッションを経て，コンセンサスを得た上で進めていくスタイルである。(A2.1)

外資系企業の回答者からは，「グローバルスタンダード」という言葉が出てくる。日系企業の場合は日本のやり方に合わせる傾向が強い。国の違いよりも企業文化の違いの方が大きいという声も複数ある。会議をどのように進めるかは，パワーバランス，そして第10章で示したように，会議のキーパーソンのコントロールの仕方（ファシリテーション）に大きく左右されるようである。また，事前の会議資料や議題の共有，会議の目標の明示，議事録やアクションアイテムの共有など，長年の経験を通じて共有されている進め方がある場合には，会議は円滑に進むようである。日本人の特徴としては，事前に準備した資料に基づいた話のみをするか，聞き手に回る傾向があり，双方向の話へと発展しづらい点があげられている。また，会議そのものの難しさよりも，法務関連の難しさや食事など会議以外の時間を共有する際に交わされる会話の難しさを指摘する声があった。一方，会議以外の時間を一緒に過ごすことで関係が深まり，信頼を得られるなど，人間関係の構築の大切さを指摘する回答も複数あった。

1.2.4 英語のレベル向上で解決する困難：英語力によって軽減する相対的困難と，英語力に関係のない絶対的困難が存在

英語によるビジネスミーティングにおいては，第9章で示したとおり，社内会議において，多くの回答者が「課題発掘/問題解決・調整」を困難と感じているとの結果が出た。しかし，一方で，この「課題発掘/問題解決・調整」について，困難をあまり感じない，全く感じないとの回答者は，3割を超えている。質問4では，この「課題発掘/問題解決・調整」について，困難を感じないグループ（A）と，困難を感じるグループ（B）に分けた上で，ビジネスミーティングの場面別，英語力別，スキル別，精神的・心理的要因別に困難をどのように感じているかを表11.2から表11.5のような一覧にして示した。以下の表中における，「○」は左の項目について「困難を感じない」，「難しい」は「困難を感じる」を意味している。

表11.2　ミーティングの場面別における絶対的困難と相対的困難

ミーティングの場面別	グループA	グループB	困難
文書などの配布資料を準備する	○	○	
スライドなど会議のプレゼン資料を準備する	○	○	
背景や状況，議題内容などを説明・報告する	○	難しい	
不明な点について事実確認をする	○	難しい	
説明や報告を聞き取る	○	難しい	相対的困難
解決策や対応策を示すなど，提案をする	○	難しい	
説明や提案を踏まえて意見交換をする	○	難しい	
不明な点の質疑に対して回答する	○	難しい	
判断や結論を下す	難しい	難しい	絶対的困難
論点を整理し，コンセンサスを得る	難しい	難しい	

※グループA：「課題発掘/問題解決・調整」について困難を感じないグループ
　グループB：「課題発掘/問題解決・調整」について困難を感じるグループ

表11.3　ミーティングの英語力別における絶対的困難と相対的困難

ミーティングの英語力別	グループA	グループB	困難
依頼したり敬意を示す際の丁寧な表現	○	難しい	
気軽に言葉を取り交わすインフォーマルな表現	○	難しい	相対的困難
会議や仕事内容に特別な言い回しや表現	○	難しい	
速いスピードの英語を次々理解するリスニング力	難しい	難しい	
専門語彙を含めた単語力	難しい	難しい	絶対的困難
雰囲気作りに役立つユーモアのある表現	難しい	難しい	
様々な発音の英語を聞き取る力	難しい	難しい	

※グループA：「課題発掘/問題解決・調整」について困難を感じないグループ
　グループB：「課題発掘/問題解決・調整」について困難を感じるグループ

第11章
研究の妥当性と困難の解決策

表11.4　ミーティングのスキル別における絶対的困難と相対的困難

ミーティングのスキル別	グループA	グループB	困難
喜怒哀楽を伝える	○	難しい	相対的困難
相手の信頼を得る	○	難しい	
発言を間違えずに理解する	○	難しい	
会議を手際よく進行する	○	難しい	
間違った英語で発言しない	○	難しい	
細部の説明を理解する	難しい	難しい	絶対的困難
端的な説明をする	難しい	難しい	
微妙なニュアンスを理解する	難しい	難しい	
細部の説明をする	難しい	難しい	
微妙なニュアンスを伝達する	難しい	難しい	

※グループA:「課題発掘/問題解決・調整」について困難を感じないグループ
　グループB:「課題発掘/問題解決・調整」について困難を感じるグループ

表11.5　ミーティングの精神的・心理的要因別における絶対的困難と相対的困難

ミーティングの精神的・心理的要因別	グループA	グループB	困難
集中力を持続する	○	難しい	相対的困難
会議の想定外の展開に慌てない	○	難しい	
気後れせず，積極的に発言する	難しい	難しい	絶対的困難
タイミングよく割り込むなどして発言する	難しい	難しい	
英語力に自信を持って躊躇せず発言する	難しい	難しい	

※グループA:「課題発掘/問題解決・調整」について困難を感じないグループ
　グループB:「課題発掘/問題解決・調整」について困難を感じるグループ

　これらの表によると，「判断や結論を下す」のような，いずれのグループにおいても困難を感じる絶対的な困難がある。また，「不明な点について事実確認をする」のように，「課題発掘/問題解決・調整」においては「困難を感じないグループ（A）」と，「困難を感じるグループ（B）」が存在し，相対的な困難がある。インタビューでは，この結果を示して，英語のレベルが向上することで英語によるビジネスミーティングの困難が軽減することはあるかを尋ねた。

●根拠のない発言，同じ話の繰り返しなどは，聞き流すことが必要になるが，重要情報とそうでない情報が並列で流れてくるので，峻別は難しい。喜怒哀楽を伝えることも難しい。マネージャークラスの場合，自分や会社のこと，日本文化のことなど，気の利いたことを言わなければならないというのもある。会議の中では，同じことを言い合うことで確認作業をしているし，議事録を作りながら，残った作業のフォローアップをして進めていく。ここで提示されているものは，データとしては良く，感覚的には同意することができる。英語力の向上に伴い，改善できるものは抽出できるような気がする。ただし，掲載の項目からもう一段階掘り下げたところは一捻りが必要だろう。（C1）

- 初めての単語や専門用語は非常に難しい。時間をかけることができる「準備」が困難ではないのはわかる。英語のレベルが上がることで困難が軽減するスキルはある。不明な点を確認することで円滑に進む。その方法としては，相手が説明したことをまとめた上で聞き返す，会議終了後にまとめたものをメールで送り，やり取りの中で修正をするなどがある。「躊躇せずに発言する」「タイミングよく割り込んで発言する」などは，練習が必要である。「コンセンサスを得る」「結論を下す」ことなどは，会議に参加する人の裁量や権限も関係している。(B2.1)

- データは感覚的には合っている。準備は基本的な知力があればできるが，質問の意図を的確に理解して，回答するというのは差が出る。また，本題からそれる話を上手くあしらう，質問の主旨が不明な時に相手が回答できるような聞き返しをする，本題に即した内容にはきちんと応えるなどができると会議は締まる。テクニカルターム，そして，速いスピードの英語を次から次と理解するのは今でも難しい。日本人は，インド人や中国人と異なり遠慮がちだが，会議をさえぎり，会議参加者の理解を促すための質問をすると会議が深まる。上達するためには，勉強した上で場数を踏むことが重要である。特に，聞き返し方は，知識を積み，意識的に使うことが重要である。このようなことができるようになるまでは，4年から5年の時間を要する。日本語でたとえ話ができても，それを英語にするには一段階上の英語力が必要になる。笑いは重要ではあるがそこまでできる日本人は少ない。(B2.1)

- 不明な点の事実確認，説明や報告の聞き取りは，場数で問題をなくすことができると考えている。ただし，言い回しを知らなければ，困難を感じるようになるだろう。専門用語は，業界によって違うため，自社開発技術を応用した場合，日本語であっても難しい。想定外のこととしては，会議の相手側の間で意見が分かれた場合が難しい。また，相手とどこまで話をするか事前の打ち合わせで決まっていることがほとんどであるが，それが決まっていないまま会議に臨んだ時も難しい。(B1)

「困難を感じないグループ（A）」と「困難を感じるグループ（B）」のいずれにとっても難しいものとして，「判断や結論を下す」「論点を整理し，コンセンサスを得る」，また，発言に関する心理的な要因など，英語力そのものとは違う要因が働いているものもある。その一方で，英語のレベルが向上することで，英語によるビジネスミーティングの困難が軽減するタスクがあることについてはおおむね同意を得ることができた。しかし，会議の事前準備に関しては，異論も出ている。事前準備は時間をかけることができるため，簡単なように思われるが，実際にはそうとも言えない。相手に伝わるような表現で議題や報告などをまとめて資料を準備する，相手との信頼関係を構築するなどは，できていないことがあるとの指摘である。

これ以外にも，表11.2から表11.5に示されたアンケート調査の結果に対して，付加的なコメントを得ることができた。特徴的なものとしては，会議中に相手の意図をいかに正確に汲み取り，その場で反応できるか，そしていかに本題に即した話へと持っていくかが会議の成否を決め，それができないと困難を感じてしまうという指摘である。インタビューの中で「確認」という言葉

が頻繁に出てきた。それはたとえば，会議の進行を止めて質問をする，会議の流れや議論の内容を確認するなどがある。確認するための言い回しを覚えていき，実際に意識して使うことが重要になる。いずれも，場数や経験，慣れが必要となってくるという見解である。

インタビューの質問5で「部署が現在のレベルから目標レベルに到達するには何が必要か」については，アンケート調査の自由回答項目である英語によるビジネスミーティングの困難に関する解決方法とその回答内容が重なるため，詳細は次節に譲ることとする。

2　困難の解決策

本章第2節では，インタビュー調査の質問項目でも取り上げたが，現在の所属部署の英語の平均レベルを目標レベルまでに上げる方法，困難に関して有効な解決策として，どのようなものが考えられるかについて，アンケートの自由回答を見ながら考察していく。

2.1　解決策に関する設問とカテゴリー分析

アンケート調査の最後の質問（Q21）は，困難の特定から一歩踏み込み，解決策について問うもので，「英語のビジネスコミュニケーション全般における課題・問題点，あるいは有効な解決策，ご意見などがあればご自由にお書きください」という設問だった。アンケートの全回答者909名のうち，約半数の450名から回答が寄せられており，回答者である管理職者には一定のノウハウやアイディアがある様子がわかる。回答にはいろいろなパタンが見られ，課題や問題点のみを書いたもの，課題を挙げながら解決策を示唆するもの，解決策のみ書いたもの，またそれ以外の体験談や個人的な悩みなどかなり自由な記述があった。その中から，ここでは解決策についての代表的な記述のみを取り上げることにした。

すべての回答を読み，キーワードを拾うと同時に，顕著なキーワードをリスト化した。その中から主だったものをカテゴリーとして選択し，そのカテゴリーに関する記述の数を数えていった。同じ記述にいくつかのポイントが存在する場合はそれぞれ別々に数えた。いずれのカテゴリーにも全く属さない内容の回答はカウントしていない。以下がカテゴリーの集計結果である。

表11.6　解決策カテゴリー別集計数

（複数回答）

スキルの習得・トレーニング	場慣れ・経験	文化理解	ストラテジー・ツールの使用	態度・意識
110名	101名	53名	40名	37名

事前準備・事後確認	人間関係の構築
36名	22名

集計の結果，最も言及が多かった解決策は，英語スキルや英語によるビジネスミーティングのスキルを磨く必要があるというものだ。2番目に多かった解決策は，場に慣れ，経験を積むしかないというもので，3番目は異文化を理解することが必要であるというものであった。その他，ビジネスミーティングにおいてストラテジーや特定のツールを使うこと，態度や意識を変える必要性，事前準備と事後の会議，そして，人間関係の構築と続いた。以下に実際の回答を抜粋しつつ，各項目の概要をまとめていく。

2.2　英語によるビジネスミーティングでの困難を解決する具体策

2.2.1　スキルの習得とトレーニング：まずはリスニング，次に企業としての取り組み

　ビジネスミーティングにおける問題の解決策として，最も多くの意見が出されたのがスキルの学習に関わるものであった。回答者450名のうち，110名と24.4％の人が意見を寄せている。全体としては，リスニング，スピーキング，ライティングについて触れる意見が多く見られた。しかし，このような英語スキルの習得以前の問題として，基本的なコミュニケーション能力を磨く必要性も指摘されている。この指摘の背景には，ビジネスの基本的なやり方，エチケットを理解し，ビジネスコミュニケーション能力が向上していかないと，語学力も伸びないという考え方がある。

(1) リスニング

　様々なスキル上の解決策が示されている中で言及が最も多かったのはリスニングに関してで，76名のうち20名を超える人が触れていた。これは第8章，そして，本章第1節のインタビューでも触れたように，実に8割の回答者がリスニングに関する困難を感じていたことと関係するだろう。

- リスニングのチカラをつけることが，肝要。(C2)
- 一口に英語と言っても，身に着けた場所や環境によって発音の仕方であったり言い回しは色々です。その全部を完璧に聴き理解するのは並大抵の英語力では難しいと思います。中でも日本人のリスニング力は，ライティング力等と比べて低い傾向があります。もっと小さいころから，教育現場で英語を話す機会を取り入れる事によって，誰でも主張の出来るグローバルな人間を作れると思います。(B2.1)
- 言語の問題に限定するとすれば，語彙とヒアリングに尽きる。話すことは片言で十分ビジネスはできるが，聞き取れなくては全くビジネスにならない。言語を超えたところではやはり，相互理解を如何に形成するかがポイント。(B2.1)
- リスニング力や語彙力が重要と考えています。特に，英語圏でない人の言葉は聞き取りづらい。(B1)

　ビジネスミーティングの相手が話していることを理解しなければ，コミュニケーションが成立

しないので，発言の意図するところを汲み取るレベルになるまでリスニング力を鍛える必要が繰り返されていた。これはインタビュー調査においても再三指摘されていたことである。また，速いスピードの英語に慣れるだけでなく，英語圏以外のアクセントのある英語にも慣れる必要があること，実際の会議中にわかったふりをせず，ゆっくり話すように協力を求めることなど，具体的な方法についても意見が述べられていた。

(2) スピーキング

スキル習得に関して，リスニングに次いで多い項目は，やはりスピーキングである。

- ミーティングで使う表現，割り込むときの言いまわしを学び，実際に使って練習したい。(C1)
- 読み書きや文法語彙の勉強は学校でたくさんしてきているが，自分の意見を伝えるためのプレゼン，作文の訓練が足りない。また英語で交渉するために必要ないろいろな場面での言い回し表現を正式に学ぶ場がないため，会議でもいい加減なレベルから進歩できない状況がずっと続いている。(B2.1)
- 社内会議では日本側組織の中でのコミュニケーション能力（主にベースとなる英語会話能力）にレベルの差が大きい。このため，議論されている問題に一番習熟している担当者が十分にコミュニケーションを取ることができず，効率的な会議ができないことがままある。業務に即した話題で基本的な英会話力の底上げを図っていく必要を強く感じる。(B1)

前提として，基本的な英会話能力を習得していないことは致命的であるという言及がある。さらに，ビジネスでは場面ごとに定型表現があるので，その表現を徹底的に学習，記憶しておくこと，簡潔な文を使った会話をすることを複数の回答者が提案している。また，プレゼンテーション，ディスカッション，ネゴシエーションと段階を踏んでスキルを身につけていくべきという意見もあった。説得力のある説明をするためにはロジックを駆使すること，対話していくためには即答を心がけること，不適切な発言を学習しておくこと，態度を和らげるためのユーモアやジョークを学ぶことなど，具体的な学習項目も挙げられていた。この中でも，特に，ロジカルな説明力を習得すべきとの意見が多く見られた。また，言葉の強弱，表情の工夫，ボディーランゲージを駆使したメリハリのある発言や態度を指摘するというかなり具体的な指摘もあった。リスニングとも関係するが，会議で聞き取れなかったこと，発言できなかったことについては，会議に参加しているネイティブの協力を得て，復習して，確実に覚えていくというアイディアも提示されていた。

(3) 語彙，ライティング，リーディング

リスニング，スピーキングに次いで言及が多かったスキルは語彙力についてである。基本語彙が使えていないとの指摘もあったが，基本的には専門用語の増強がリスニングやスピーキングに役立つとのことである。

- 文法は大切だが，それに捉われず積極的に会話に加わる姿勢。語彙力。（C1）
- 語彙力の強化に尽きるかと思います。（B2.1）
- 単語力の向上と，自分の言いたい事を述べる力の向上が必要不可欠と感じます。（B1）

　ライティングはスピーキングとの関連で重要視する声はあったが，具体的な提案については触れられていない。また，リーディングに関しては，英字新聞や専門誌を読むということが，ビジネスを知る，語彙を学ぶという関連で触れられていた。

- 英語の読み，聞き取りはある程度上達しているが，即座に英文を書く，すばやく発表する等の発信する技術は全員磨いてゆく必要がある。（B1）
- 英語力とは単に，ヒアリング能力や，語彙の多さだけでは無いと思います。テーマとなる内容に関して，自身がどれほどの見識を持って臨んでいるか，相手の背景をどれほど良く理解できるか等，日本語圏での会議以上に求められるように思えます。自身の業務の知識だけでなく，彼我の文化的・経済的背景を理解したうえでのコミュニケーションが重要だと思います。自らの教養を広め，深め，それを日常的な会話の中でどう表現すれば英語で伝えられるかといったことに日頃努めるようにしています。Natureや技術レビュー論文誌（ex. IEEE SPECTRUM）等に目を通すようにしています。（A2.2）
- 聞く・話す以前に，基本的な読み・書きの能力が非常に低い。基本的語彙も増やす必要があり，さらに簡単な英文メール程度は日常的に書いてやり取りできる程度の能力アップが必要。（A2.1）

（4）トレーニング

　スキルを習得していく上では日常的なトレーニングが必要となる。回答を見ていくと，日々のトレーニングの必要性は確かに述べられていたが，それは個々人の努力というよりも，企業内で行う研修，特に，仕事や会議の現場を前提とした，より実践的な訓練の必要性が指摘されている。企業による取り組みが必要との意見である。

- ケーススタディーによるインタラクティブな実践型トレーニングと，演習型の実地テストおよびその結果に基づいたサーティフィケーション。（B2.1）
- 当社は英語能力アップ強化メンバーを選出し，彼らのmotivationを上げるべくいろいろな方策をとっております。（B2.1）
- 部署によっては，Globalに（人種を問わず），Global協業経験の少ない参加者を募り，Team毎にTaskをAssignし，解決させるという，Jobに直結した育成を始めています。これに参加させている日本人社員や非英語圏の社員にとても有益，有効であると判断しています。（B1）
- 英語による会議でも「報告のみする場合」と「問題等を議論する場合」では，英会話の難しさが全然違います。discussionに必要な英語スキルは「経験」と「そのための訓練・研修」が

<u>必要</u>と考えます。(A2.2)

　トレーニング，訓練としての内容は，プレゼンテーション，意見陳述など話すことへの言及が多く，具体的には会議で使う英語表現を学ぶ，主張を明確に述べ，交渉する力を訓練する，ファシリテーションの仕方を習得するなどの必要性が指摘されていた。また，ビジネス文書を作る，作文をするなど，書くことの訓練についても触れられている。中には，上で引用したように，ケーススタディーをする，チーム毎にタスクを与えて解決するという，実践的なプログラム下でのトレーニングをしている企業，必要性を訴える企業があった。さらに一歩進んで，会議の終了後に「振り返りミーティング」を開催していくという案も提示されていた。このようなものがあれば第2章に問題提起している具体的な意味での有効な研修となりうるだろう。

2.2.2　場慣れと経験：心理的な障壁を乗り越えるため質の高い現場での経験が必要

　450名の回答のうち，22.4％に相当する101名から寄せられた回答は，経験を積み，場に慣れるという解決策であった。「習うより慣れろ」とは一般的に言われるが，この自由回答では，闇雲に英語によるビジネスミーティングを経験するということではなく，ある程度の方針が示されていたことに注目したい。

- やはり<u>経験，場数を踏むこと</u>ではないでしょうか。(C1)
- <u>場数を踏む。実際に海外に行く。</u>それに限る。めちゃくちゃでもいいのでとにかく話せば，外国人は話を聞いてくれることが多い。(B2.2)
- 英語を日常的に使う頻度が低すぎる。<u>制度として英語会議の回数を増やす，語学研修への派遣等を取り入れるべき。</u>(B1)
- 各人でスキルを上げる努力を継続してもらうことと，とにかく，<u>場慣れするための機会を数多く経験すること</u>だと考えます。2年少し前からグローバルプロジェクトに参加しており，当初は英語が苦手なメンバーのために通訳を入れることもありましたが，途中で一切使わない方針に変更しました。その方針変更に際して部下に対して「君たちの今置かれている状況は，泳げる，泳げないに関わらず海に落とされたのと同じ！　死にたくなければがむしゃらに泳げ！」と突き放したところ，最初は非常に反発していましたが，2年経過した今では非常に感謝されています。それぞれのレベルに応じて上達し，今では通訳を入れない会議が当然という状態になっており，非常に良い結果をもたらしています。(A2.2)

　慣れることが大切かについての理由は，日本人の場合は，スピーキングに関する経験が乏しいために，臆病になる，恐れる，苦手意識を持つなどの心理的な障壁があるとのことである。これは第10章第2節第3項で示したとおり，アンケート調査の全回答者の65％以上が心理的な困難を感じている要因である。場数を踏むことで，度胸を身につけ，恥ずかしがらずに発言する積極的姿勢が身につくと指摘されている。

- 一番の問題点は日本人が英語に苦手意識を持っている人が多いこと。→機会を重ねて慣れるしかない。(B2.2)
- 正しい英語を話さないと通じないのでは？と臆病になり，なかなか発言できない社員がいる。通じなければ，言い直せば良いとか，取り敢えず話し出してから言葉を考えながら話そうとか，そういう姿勢が取れない。普段から英語を話すことに慣れていないのが一番の原因と思う。(B1)

　心理的な重圧を軽減し，自信を持って参加するためには，バックグラウンド情報をあらかじめ収集しておく，想定問答を作成しておき，ある程度成り行きをイメージしておく，発表や報告する場合には，リハーサルを重ねるなど，周到な準備をする必要がある。また，会議そのものに入る前に，相手との人間関係を構築しておき，自分の英語力について相手にあらかじめ知ってもらうという解決策もあった。
　このように心理的な壁を乗り越えて英語を話す経験を重ねていくためには，単に英語を勉強する，試験対策をする，また事前準備をするだけでなく，On the Job Training: OJTの中で鍛えて行く大切さも指摘されている。

- 慣れがなにより重要で，単語力等の表現力の不足を，シチュエーション毎に慣れる事で，補うことができると思われる。(B2.2)
- 会議の議題設定や質疑応答を（当然のことながら英語で）十二分に行い，これによって同じ話題で英語に晒される回数を増やせば，繰り返しの効果により身につきやすい。(B2.1)
- 英語のビジネスコミュニケーション能力を高めるためには，オフサイトでの勉強は勿論重要ですが，それ以上に実際の現場での経験の蓄積が重要だと考えています。企業の立場としては，意識の高い，若い従業員に，質の高い経験の場をどれだけ提供できるかが，ポイントだと考えています。(B1)
- 多くの場数を踏むこと。ある程度の訓練は必要だが，OJTで業務の状況で細かくフォローする必要あり。(A2.2)

　会議には様々な場面があるので，場面ごとに会議の形式に慣れること，さらに，その場面でどのような単語や表現が使われているかを調べ，同じような話題を繰り返す中でマスターしていくことが重要になる。経験する会議はどれでも良い訳ではなく，難易度の高い会議や質の高い会議を体験できるように，上司が選択することの重要性も指摘されている。また，最近では，テレビ会議や電話会議など，対面形式ではない会議が増えているため，それぞれの形態に早く慣れるべきとの意見も見られた。
　全体としては，日本では英語を使う機会が少ないため，強制力を持たせる必要も示されている。泳げる，泳げないにかかわらず水中に落とすように，上司が部下に責任を持たせてプロジェクトを動かすように指示をする，というやり方も複数指摘されていた。また，社内文書を英語化する，

海外との人材交流を盛んにする，ネイティブなど英語の話せる人材を部署に配置する，セミナーや語学研修へ派遣する，海外に実際に行かせるなど，日常的に英語に触れる環境を整える必要も指摘されていた。

2.2.3　文化の違いの理解：文化背景，考え方に違いがあることを認識することから

文化の違いを理解する必要性について言及した回答者は53名と11.8％であった。第10章で述べたビジネスミーティングの困難に関する自由回答では，文化の違いへの言及が最も多かった。しかし，その解決策となると，言及している人の数は決して多くない。英語スキルに関しては困難が様々言及されているが，その解決策も先に見たように様々提示されていたのとは対照的である。文化の壁を乗り越えた上で会議を展開していくことがいかに難しいかを垣間見ることができる。

ただし，ここで寄せられている回答を見ていくと，有用なヒントが示されている。大前提となるのは，この文化の違いが存在することを認識することである。

- 異文化をより深く理解する事と，異文化人が抱く日本及び日本人に対するイメージをきちんと認識し，日本，日本人における真実との差異を理解しておくこと。(C1)
- 参加者は，日本人同士の会議と英語を使った外国人との会議は違うものだということを自覚する必要があると思う。経験の少ない人に対しては，会議における基本的なルールを教えればスキルの習得も容易になると思う。たとえば，うなずくのではなく賛成だと発言すること，わからなければ「もう一度説明してくれ」と頼んでも失礼にならないこと，まず自分の結論を述べてから「その理由は～」とつなげるとわかりやすいこと，相手に敬意を払う姿勢・真摯な態度を示すこと，日本と同じように会議が終わってからの個別・非公式な交渉もあり得ること，等を知っておけば戸惑うことは少なくなると思う。既に世の中にはそうした本も出ていると思うので，それらを活用した方がよい。(B2.1)
- 議論が行き詰った際のブレイクの方法，話題，表現が不足している。解決策はその国々の歴史，政治状況，文化についての知識を習得しておくこと。(B1)

具体的な違いとして列挙されていたものは，人種，民族性，歴史，宗教，政治的状況，社会環境，地域格差，慣習，風習，因習，仕事への価値観，ビジネススタイル，思考様式など多岐にわたっている。これほどの違いがあれば，同じ言葉を使用していても，受け止め方が人によって異なることも想像に難くない。丁寧表現を一つとっても，丁寧の度合いの受け止め方には感覚的に違っているとの指摘もある。

文化背景を理解するだけでなく，その違いに根ざした会議に臨む姿勢や進め方そのものに慣れ親しむことが大切になる。たとえば，会議の基本的な考え方として，Noという発言は，その人個人に対してではなく，意見そのものに対して向けられたものであることを理解すべきとの回答もある。具体的な指摘があったものを以下表11.7としてまとめた。この表から，基本的な考え方において，会議では様々な違いが起きていることがわかる。

表11.7　文化背景の違いから生じる会議の中での相違

日本	海外
コンセンサスを重視する	トップダウンを重視する
発言を控え，傾聴する	自分の存在をアピールし，声を発する
直接的な返答を避ける	ストレートな返答をする
状況を説明してから結論を述べる	結論を述べてからその理由を述べる
個人の責任の範囲が曖昧である	個人の責任の範囲が明確である

　会議を円滑に進めていくためには，会議の進め方や考え方が細かな点で異なることを前提として，繰り広げられる発言や，流れ，展開をすべて想定の範囲内に収める必要があるとのことである。そのためには時間をかけて相互理解を形成することが大切になる。理解の双方向性が担保されるには，発言の背景や根拠を十分に示し，こちら側の発言内容を理解してもらうことが必要となる。その説明には，日本や日本人に対して外国人がどのようなイメージを抱いているかをきちんと認識していること，個別の参加者が日本の文化習慣に対してどの程度理解しているのかをあらかじめ把握しておくことが大切だと指摘されている。

　回答の中には，欧米人の中にアジア人や日本人を見下すかのような優越感を感じさせる者がおり，これらが相互理解を阻む一因であるとし，この考え方や態度を欧米人が是正すべきとの意見があった。また，英語が基本言語として進行するビジネスにおいては，やはり欧米文化のほうが尊重されるとの指摘があった。その一方で，日本の意思決定の方法，横並び一線にしたがる傾向，異質なものを排除する文化など，日本人が是正すべき点も指摘されている。

- 双方からの歩み寄りができるならそれが理想的ではあるが，前述のとおり，<u>理解しようとせず，日本人を下に見る傾向があると思われる人たち</u>にそれを求めるのはまちがっている，あるいは賢くない。したがって，そのような際にどのように理解の譲歩を求めていけるか，に慣れて，すべての展開を想定内に持っていくことがより重要と考えます。(C1)
- ①日本の文化習慣に対する相手の理解度を，事前に把握できると，より好都合。②日本人同士の英語コンプレックスが，発言頻度を左右することがあり，学校教育の課題。③民族性・思考パタンの相違を，相互に配慮しながら話すことが有効。④<u>欧米人の，アジア人への優越意識は，大きな問題。彼らに解決してほしい。</u>(B2.1)
- グローバルマインド（英語以前の心構え）を持って特に外国人の相手方の個人の尊厳，identityの重視，或いは日本人自身も強い自己（主張）意識，identityをしっかりと持つこと，双方肝要かと考えます。(A2.1)

　このように双方に改善すべき点があるものの，海外の文化に迎合し，それを簡単に真似をすることの危険性も示されている。日本人は日本人としての自己意識，アイデンティティをしっかりと持ち，日本人らしく働くこと，日本企業としての独自性や強みをいかに残し，いかに織り込んでいるかを明確にすることが重要だと述べられている。すなわち，文化的な根幹部分において，

日本人がどのようなポジショニングで進めていくかを明確に打ち出したほうが、相手からの尊敬を受けられるという指摘である。

2.2.4 ストラテジーとツールの使用：具体的な小技が様々存在

実際の会議において、具体的にどのようなストラテジーを取ることが困難を解決するかについて8.9%ほどの回答があった。1つ1つが、非常に重要な指摘であるので、聞き取り、話し方、ファシリテーションに分類し、困難解決策のヒント集としてまとめてみた。まずは、聞き取りに関するストラテジーを下記表に示す。

表11.8 聞き取りのストラテジー

分かったふりをしない。
ゆっくり話してもらうようにお願いする。
分かりやすい表現を使うようにお願いする。
時間をかけて理解する。
分からないことはその場で何度でも聞きなおす。※日本人はしつこさが足りない。
真意や主題が何であるかを聞き出す努力をする。
国ごとに単語の解釈が違う場合があるのでニュアンスを確認する。
聞き取りづらいところは英語が堪能な人にサポートしてもらう。

これらのストラテジーを見ていると、時間をかけてでもいいので、単語のニュアンスにいたるまで、正確に理解するまで、粘り強く、相手から聞き出すことが重要だとわかる。どうしてもわからない場合には、英語が堪能な人に頼らざるを得ないが、そのことを面倒に思わないように心がける必要があるだろう。

次に、話し方のストラテジーのまとめを見てみよう。

表11.9 話し方のストラテジー

発言しなければ理解されない。
ネイティブのように話せないので、ノンネイティブとして臆せず話す。
大きな声で話す。
参加者が知っている標準的な単語を使用する。
単純で短いセンテンスで話す。
I think, I believe ばかり使うと、客観性に乏しいと誤解される。
否定疑問形に応える際には注意をする。
発音よりも、発言内容、論理を重視する。
自分の意見を明確にする。
相手が理解できるように、意図することや結論は簡潔に述べ、その上で、理由や原因、背景などを補足としての説明をする。

これらを簡潔にまとめると，ネイティブのようには話せないことを自覚して，相手にわかりやすい論理構成で，簡潔な表現を心がけることが重要ということになるだろう。これらのストラテジーからは，聞き取りの場合と同じで，相手が正確に理解できるまで，粘り強く，話を進めることが重要であることがわかる。

最後に，ファシリテーションに関わるストラテジーである。

表11.10　ファシリテーションのストラテジー

テーマ，数字，新出単語は，ホワイトボードに書くなどして，視覚情報を提示する。
発言が長くなったときには，一度切り，その内容を要約したり，確認したりする。
発言のない人に質問を振るなどする。
ユーモアなどを織り交ぜて進めると場は和むが，海外経験がない人がすると逆効果になる場合もある。
その場で出された話題は先方のペースで進むので，事前に定めた議題から逸脱しない。
議事録をその場で作成し，両者でサインする。

会議に参加する人の英語力はまちまちなので，そのギャップを埋めていくことがファシリテーションのポイントとなるということだろう。上記をまとめると，ファシリテーターは，視覚情報を示す，内容を確認する，発言の機会を与えるなど，理解しづらい部分，発言を躊躇しがちなところをサポートする役割，そして，議事内容を双方が納得いくところに導く役割があることがわかる。

2.2.5　会議に臨む態度と意識：会議に臨む心構え，誠意を示せば相互理解は大きく変わる

会議の際の意識の持ち方，態度に触れている回答者は，37名と8.2%ほど存在している。「メンタル面の改善が会話力改善の大きな解決策」という意見に代表されるように，気持ちの問題が大きな要因となっている様子がわかる。仕事に対して十分な自覚を持ち，会議に参加するときの心構えや姿勢が大事との指摘がある。

- ビジネスに必要なのは，英語力よりも，仕事を達成しようとする意欲や，仲間に元気になってもらうように働きかけのできる人間力や，思いやり，常識，気配りの方が重要。極端なことを言えば，英検2級の英語力があれば，それ以上は，その人の人間的魅力がビジネスコミュニケーションをも引っ張っていく原動力になると思う。(C2)
- 普段から活発に議論しあう場や多国籍・多文化での討論の場になれていないと人によっては遠慮がちになり，会議に参加しているという気持ちになれない点が課題だとおもいます。語学の問題と同時に会議に参加するときの心構えや姿勢もグローバルなビジネスコミュニケーションでは大事であると感じます。(B2.2)

実際の会議では，失敗を恐れず，恥ずかしがらず，という意見に見られるように，消極的姿勢

が問題との指摘があり，躊躇せずに，積極的に発言していくことがポイントとなる。躊躇せずに発言していくためのヒントとしては，発言する際の意識について触れている次のような回答がいくつかあった。

- 今のビジネスミーティングでは，WIN：WINの結論を望むようになっている。悪い傾向ではないが，こちら側のWINの為に大きな譲歩も必要となる。常にこちら側と相手の両方の勝ちポイントを頭で整理し，ミーティングの中で，相手が本当にWINだと思える話し方をしなければならない。議論の仕方で，正にも負にもなる。<u>有効な解決策は，常に誠実であるということ</u>。（C2）
- <u>相互が理解しようとする意図があれば，なんとか伝わると思います。</u>ただ，より詳細な内容が伝えられるように英語力をあげる必要性を感じています。（B2.1）
- 日本人で英語力に自信がない人は特に発言に躊躇する姿勢が多くみられる。<u>文法的に誤っていても一生懸命発言しようという姿勢が伝わりさえすれば</u>，ほとんどの人は理解しようと努力してくれるので，会議の質を上げるためには，参加者が積極的に発言することがまず必要だと思います。（B1）

相手に敬意を払いつつ，誠実に真摯に相手に伝えようとする気持ち，相互理解をしようという思いが重要とのことである。準備したものを一方的に話すのではなく，相手にわかってもらいたいとの気持ちで伝えていくということになる。部署の英語力をCEFR C2のレベルと評価している回答者は，この設問に「誠意」とだけ記載している。誠意は通じるということであろう。また，気を落ち着かせるためには，相手の話をよく聴いた上で，一呼吸おき，それから話をするくらいの気構えと対応が，結果的には良い結果につながるとの意見もあった。

2.2.6　事前の準備と事後の確認：焦点を絞ったアジェンダ，資料の準備，確認

会議の事前準備と事後の確認の必要性に触れている回答者は，36名と8.0％ほどであった。回答内容は，「周到な準備があれば，大抵の問題は解決できる」との意見に集約されているように，全体的に準備，根回しの重要性を強調する意見が多かった。

- <u>膝を突き合わせてのコミュニケーションの前に英語でのプレゼン資料等を事前に取り交わして共通の課題の共有を行っておくこと</u>と，TV会議等で顔を見てのコミュニケーションの場をたくさん持ってフランクな会話ができるような環境づくりを心掛けている。（B2.1）
- 資料・目的の共有と事前準備期間を与えて，<u>少なくとも概要は来る前に理解してもらうこと</u>。（B1）
- ネイティブではないので，<u>どんなに忙しくても会議の前にある程度何を話すかを決め，適切な表現を準備してから臨まないと</u>実のある会議にはならない。相手方が，日本人の話す英語がわからず，会議中，上の空で適当にあいづちをうっていることがよくある（そして最後に，

『今日の会議の課題を後でメールして』と言われ会議が終わる）。相手方が聞いてないという事実に気付ける余裕がほしいところだ。(A2.2)

　準備の内容としては，会議資料の準備，情報の共有化，会議出席の際の心構えにまとめることができる。順に見ていこう。
　会議資料の準備を進めていく際には，まず，メールなどを通じて関係者と十分にコミュニケーションを図ることがスタートとなる。そこでは，会議を開催する背景や状況を事前にリサーチし，相手と共有し，会議の目的を明確にしておく。その上で，最も指摘が多かったのは，アジェンダを絞り込むということである。細かなところでは，アジェンダだけではなく，仮説の明示，プロジェクトの際の危険度の警告，決定や決断のポイント，関連要素をあらかじめ示すべきとの意見があった。さらに，これらの資料を準備する際に，英語力の不足を補完する工夫として，図，グラフなどの視覚資料を用意し，数字や重要なポイントを文章化することが提案されている。また，会議での用語を統一するために，用語集や過去の議事録を参考として，文書化しておくという細かな工夫をしているところもある。準備された資料を会議前に事前に配布し，情報の共有化を図ることが重要になる。アジェンダと諸事項について事前にコンセンサスを得た状態で会議に臨み，会議のスムーズな運営や進展を図ることについても，事前にコンセンサスを得たほうが良いとの意見があった。また，会議の目的や状況に即して，会議出席の適任者を選択しておくという回答者もいた。

- ある程度会議の目的パタン別に展開を理解して臨むことが，円滑な会議運営につながると思う。(C2)
- ユーモアや時事トピックスを常に準備して，ミーティングに臨む必要性を感じています。(B2.2)
- 少しずつでも日頃の勉強が大事である。会議までにできる限りメールでコミュニケーションをとっておき，議題を絞ることが肝要である。聞き取れないことや理解できないところがあれば，躊躇せず，もう一度言ってくれとか，ゆっくりと話してほしいと，その場で明確に伝えることが大事である。また，相手の発言が長くなりかけたときも，躊躇せず一旦切って，相手にレビューすることが良い。会議後はなるべく早く議事メモを書いて相手に送り，お互い内容の確認を行うことが必要である。(B1)

　会議に出席する際の心構えとして，事前配布の資料を一通り理解しておくことが基本となるが，会議の目的に沿った議事進行パタンをある程度予測しておくべきとの意見があった。英語の不足を補うストラテジーとしては，単語の発音練習をしておく，議論する際に適切な表現を準備しておく，質問や意見が出たときの切り返しを考えておく，ユーモアや時事ネタも出せるようにしておく（ユーモアは誤解されることもあるので，避けるべきという意見も同時に見ることができた），相手と事前に仲良くなり，自分のコミュニケーションレベルを伝えておくといった細かな意見も

あった。そして，会議の終了後については，宿題事項の確認，議事録の共有の必要性が示されていた。

2.2.7　人間関係の構築：相手に関心を持ち，時間をかけて関係を築く

　会議を円滑に進める前提として，人間関係の構築の重要性については，4.9％しか回答がなかった。しかし，インタビューの結果などを踏まえると，組織全体を導く立場にあるシニア層やマネージメント層にとっては非常に重要だということも忘れてはならない。

- 日頃から仕事以外でコミュニケーションを図る事が大事と思う。所詮人間同士のやり取りである以上，気心が知れるのと知れないのでは大きな違いが仕事上でも出てくる。（B2.2）
- 英語だからというわけではなく，時間をかけて信頼を醸成するしかない。言語の問題ではなく，信頼関係の構築の問題である。（B1）
- お酒が入るとスムーズに言葉が紡ぎ出せるので，やはりアフター5でお互いをわかり合うことが大事。（A2.2）

　日頃から時間をかけて相手に気配りを見せ，信頼関係を構築しておくことが示されている。このように人間関係が構築されていれば，コミュニケーションはスムーズに進むので，言語の問題は，基礎レベルで十分という指摘もある。言語面よりも，人間関係の重要性は，以下の意見からも見ることができる。

- 入試やTOEICで英語得点力のみを重視しているので，優秀と思われる高得点獲得者でも会議ではほとんど使えない。強いのはやはり帰国子女や留学経験者だが，人間関係構築では問題も多い。（B2.1）

　日常的な人間関係の構築は，会議を円滑に進めるだけではなく，相手の真意を知る上で非常に重要である。

- 打合せ以外の場（食事，見学等）を大切にすること，非公式な会話から相手の真意を汲み取ったり，逆に相手にこちら側の事情を説明できる。（B1）

　また，多国籍のビジネスパーソンを交えた会議では，文化の違いが問題となる場合もあるということは第10章でも触れている。文化の違いを乗り越えるためのお互いの人間関係の構築は重要となる。

- 母国語が違うのであれば，多少のバリアは存在する。それが存在することを互いに承知し，相手と歩み寄ろうという対人能力を高めること。（B2.2）

- 英語運用力の向上はもとより，<u>相手方の母国語にも関心を持ち，やり取りが出来る様にする</u>のもお互いの人間関係などをスムーズにするため必要なことと思います。(B1)
- やはり国際ビジネスでは，<u>相手との信頼関係をより深めるため，各々の国のビジネス慣習のみでなく，その国の風習をも理解し，</u>それぞれの国で異なるイントネーションに対する慣れも重要となります。(B1)

相手の母語や風習などに興味関心を持ち，相手に歩み寄ろうという思いをベースにすることで対人関係が深まっていくというわけである。

2.2.8　インタビュー調査から得た解決策

インタビュー調査は，アンケート調査の結果を踏まえて実施されたため，第5章で見てきたように，所属部署の英語によるミーティングに参加する日本人が現在到達している平均的なレベルCEFR B1（標準的な言葉遣いではっきりとした発音であれば，定例の会議に参加することができるが，ディベートに参加するのは難しい）と，管理する立場から見て日本人社員にここ数年で到達してほしい現実的な到達目標レベルCEFR B2.2（活発な議論についていき，自分の考えや意見を正確に表現できる。また，複雑な筋立ての議論に対し，説得力をもって見解を提示し，対応できる）との間にはギャップがあることがわかっていた。そこで，質問としては，現在の部署の英語平均レベルから目標レベルに達するには何が必要かを尋ねた。以下は，本章第1節と同じくインタビュー概要からの抜粋である。

- ほとんどの場合，OJTで一度経験すると，問題は克服することができる。その最初の一歩を踏み出せるかが大事になる。国内向けの部署でも，OJTができない企業でも，座学，最低限のトレーニングを済ませた後に，一度海外に出さえすれば，プロフェッショナルなコアな部分があるので，できるようになる。(C1)
- 英会話の勉強ではなく，仕事の文章を読む，電話会議をするなど，仕事に即した勉強をすることで，学びのスピードは速くなる。高度な商品の取り扱いを英語で行うということがそもそも難しい。交渉の場面では，喧嘩にならないように配慮しながら進めるが，若い人の場合，その配慮を英語で行うことが難しいようで，できていないことがある。プロジェクトには，国内・海外の企業，弁護士，コンサルタントと様々な立場の人が関わるので，そのコミュニケーションの輪の中に入ることで，相手の反応を見ながら覚えていく。個人的には，弁護士の使う英語から学ぶことが多いにあった。また，単語3語から5語くらいで，簡潔に表現できることは大切。短くポイントを得た表現は相手に刺さるので，交渉力がついてくる。そこに，ユーモアを入れることができれば，硬い相手を柔らかくすることができる。(B2.2)
- 会議をしている時に，日本語で考えると時間がかかるし，表現がおかしくなる。稚拙であっても英語で考え，英語で表現した方が，スムーズな会話になると思う。勉強の仕方に関しては，机上の「お勉強」が多いので，ラジオ・テレビ・映画などを活用して表現力を身につけ

たほうが良い。最初の一歩として，TOEIC 700点を目標にしているが，海外のお客様との食事には社員を同行させ雰囲気を理解させるようにしている。ゆとりのある，遊びのある英語ができると，仕事の幅が広がる。大切なのは，お互いの信頼であり，それがなければ発展性はない。信頼を得るためには，食事をして，プライベートなことを話して，互いの距離を短くするプロセスを踏むことが必要である。これが希薄なので，コミュニケーションができなかったり，誤解を生んだりする。信頼関係を構築することの重要性は，国を越え，言葉を越えて言えることである。(B1)

- まずは，本人が必要性を認識しないとできない。やる気のある社員は，日本語を話せるネイティブとコミュニケーションをとっており，大きな差が生じている。無理矢理という意味では，給与に反映させるなど，強制力が必要かもしれない。TOEICであれば，イメージとしては，850点以上ないと議論に入れない。また，マネージメント層のように，海外での経験がないと難しい。英語ができないまま役職についても潰れる場合もあるし，英語ができて役職についてもコミュニケーションで問題を起こす場合がある。(A2.1)

インタビュー調査から得られる困難の解決法については，上記以外にも非常に重要な様々な提案があった。まずは，リスニングが「重要」「鍵」「必須」「大前提」との意見である。スピーキングは，端的な表現が交渉には有効で，洗練した表現，配慮の表現，簡潔な表現などは，覚えるしかない。企業の英語教育，派遣制度，現地採用など，様々な仕掛けを用意しても決め手に欠けるため，個人に必要性を認識してもらい，仕事に即した英語学習をすることが重要になってくる。プロフェッショナルとしてのコアを形成し，マネージメント層で活躍していくためには，海外経験が必要となってくる。文化の違いに関しては，相違を認めつつも，文化を乗り越えた共通の土壌で議論を進める必要性が指摘されていた。人間関係については，食事などを通じて相手との信頼関係を構築することで，ゆとりのある話し方ができるようになるとの指摘があった。インタビュー調査は非常に限られた時間の中で進められたが，英語によるビジネスミーティングの困難解決策に関しても，本章第1節と同様に，アンケート調査と合致する結果となった。

おわりに

アンケート調査からは，日本企業での英語によるビジネスミーティングについて調査時点での特徴的な結果として，1) ノンネイティブの参加割合が多い，2) リスニング関係が最も困難度が高い，3) 文化の違いが大きい，4) 英語力が向上することで困難度が軽減するスキルがあるの4点が判明していた。インタビュー調査の目的は，このアンケート調査の主な結果について，その信頼性と妥当性を検証することであった。インタビュー調査の全体的な傾向としては，上記4点の主な結果は実際の会議の様子を捉えているとする肯定的な意見を得ることができた。一方，アンケート調査結果に対する否定的な意見は，語彙に関する考え方など，かなり限定的，また局所的なものであった。

英語によるビジネスミーティングでの困難に対する解決策に関しては，アンケートの回答者の半数が回答を寄せ，インタビュー調査の結果と合致した意見が示されていた。重要だとされる点をまとめると，まずは，基本的な英語力，特に，リスニング力を前提として，日常的に会議に関連するスキルを磨いていくことであり，そのためには，仕事に即した，質の高い英語によるビジネスミーティングの経験を積むことである。そして，英語によるビジネスミーティングは，日本人の考え方や進め方とは違うものが存在することを認識し，事前準備の段階でアジェンダを絞り込み，情報を共有すること，英語力の不足を補うために視覚的資料を多用することである。実際の会議では，躊躇なく発言する心理的態度，相手を理解しようとする心構え，英語力が不足した参加者に配慮したファシリテーションが大切となる。会議全体を円滑に進めていくためには，会議の相手と日頃から意思疎通を図り，信頼関係を構築しておくことが鍵となる。

第12章
ESP研究上の意義と教育上の示唆

はじめに

　本章では，これまで扱ってきた本調査研究の意義をEnglish for Specific Purposes（ESP）の理論的枠組みから捉え，ビジネスパーソンが英語によるビジネスミーティングにおいて抱える問題について考察していく。特に，英語によるビジネスミーティングにおいて，何を言語的課題とし，何を言語的課題としないのかを切り分けることを狙いとする。そして，この考察結果を踏まえて，ビジネスの現場だけではなく，小学校から大学に至るまでの教育の現場にどのような教育的示唆があるのかを述べる。

1 ESP研究上の意義

1.1　ジャンルとしてのビジネスミーティング

　第1章の第2節で見たように，ビジネスミーティングをジャンルとして捉える場合，言語特徴（Form）は単独で存在するわけではなく，内容（Substance），社会への働きかけ（Action）が一体となってジャンルを形成している。

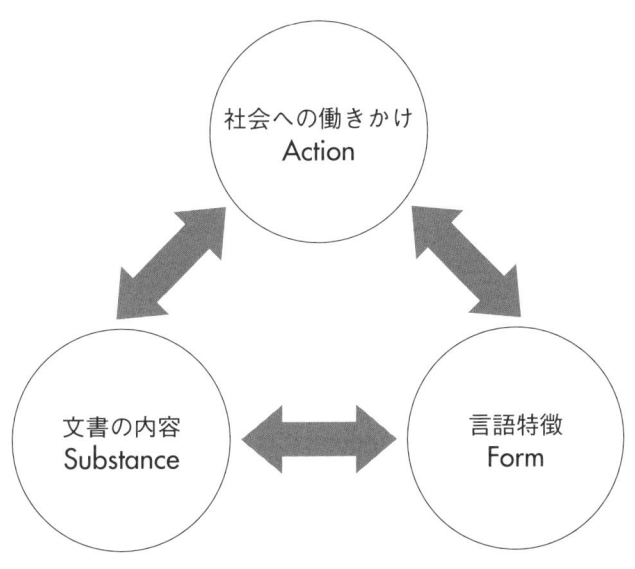

図12.1　ジャンルの3要素　（野口, 2006：255）

これを英語によるビジネスミーティングにあてはめるならば，会議はビジネス目的を達成するための働きかけ（Action）として行われ，会議の中で使用される英語は，事前資料，プレゼン，議論など内容物（Substance）があり，また，それらを参加者がそれぞれ事前資料，プレゼン，議論だと認識するには，明確な言語特徴（Form）が認められる必要がある。目的を達成するための働きかけ（Action）は，内容物（Substance）を明確な言語特徴（Form）で示すことにより，効率的かつ有効に行われる。これらが三位一体となって会議というジャンルを形作っている。

　本研究の予備調査の段階においてビジネスパーソンからは，「私たちは一連のビジネスの中でミーティングを開いているのであって，英語を使っているという意識はない。会議で様々な困難には遭遇するが，『英語による困難』と言われても，英語が原因なのかどうか分からない」とのコメントが出てきている。ビジネスパーソンにとっては，発音やスピードなど英語の問題として比較的切り分けしやすいスキルは別にして，会議をジャンルとして捉え，会議の中から英語だけを切り取り，問題として意識すること（genre awareness）は難しいようである。そこで本アンケート調査は，会議を1つのジャンルとして捉えた上で，ジャンルという応用言語学の用語をアンケート票で用いることはせず，ビジネスパーソンが会議の場面を想起しやすいように配慮し，可能な限り，会議を目的別に分け，さらに，会議の中で行われるタスクをベースに質問を組み立てた。

1.2　特定の状況的文脈に置かれているビジネスミーティング

　この研究で明らかにされたことは，第9章において詳述したように，英語によるビジネスミーティングの中で行われる様々なタスクと英語到達度指標であるCEFRとの間には，統計的に一定の相関関係があるということである。多くのビジネスパーソンが直観的にも経験的にも捉えているように，英語力はビジネスをする上での十分条件では決してない。しかし，ビジネスをグローバルに展開し，様々な国々のビジネスパーソンとコミュニケーションを図る上では，一定の英語力は必要条件である。実際，自由回答では「英語は要らない」とは述べられていない。「中学英語ができれば十分」という意見に示唆されているように，最低限の意思疎通を図るため一定のレベルで英語を使えるようになることは求められているのである。

　英語によるビジネスミーティングの困難を軽減するためには，闇雲に英語力全般を伸ばすのではなく，第11章で示したように，会議の現場に即した質の高い経験を踏むことが不可欠である。第1章で概観したESP研究の立場からすれば，ビジネスパーソンが属するディスコース・コミュニティにおいては，応用言語学でいうところのジャンルという概念をビジネスパーソンが明示的に理解しておらずとも，特定の状況的文脈，すなわちジャンルとして対応するためのストラテジーが必要になってくる。それ故，会議のための英語を学ぶには，会議というジャンルを踏まえた上で習得していくことが必要になる。回答者たちが指摘するように，一般的な英語を学ぶのではなく，会議に自分の身を置き，その中で使われている英語の特徴を捉えていくことが，ビジネスミーティングにおいて最低限必要な英語を学んでいく上でのポイントとなる。

1.3 専門的慣習に置かれているビジネスミーティング

　それでは，ビジネスミーティングを円滑に進めていくためには，どこまで幅広く，あるいは深く，英語を学んでいけばいいのだろうか。アンケート調査の結果によれば，第10章で示したように，会議の困難として文化の違いを指摘する回答が多かった。また，第11章の解決策では，この文化に関しては，まずは違いを認識することからスタートし，相手に理解を示すこと，日本人らしさを打ち出すことが重要であるとの意見が示されていた。寄せられた回答を1つ1つ読み解いていくと，異文化に対応するために苦労しているビジネスパーソンの様子が浮かび上がってくるが，その中で提案されている解決策についてはこれといった決定打となるような具体策は示されていない。それでは，なぜ，自由回答の中には，文化やそれに関連する言葉が出てきて，そこに対処する重要性が指摘されているのだろうか。それは，本調査研究で取り上げている，ビジネスミーティング自体が，幅広い文脈の中で存在していることと関係しているからだろう。しかし，ESP研究の立場からするならば，ジャンルとして会議を捉えるには，文脈に対応するストラテジーに加え，ジャンルを専門的慣習に関連付けるストラテジーの必要性を指摘したい。

　専門的慣習ということばをキーワードに，インタビュー調査に協力してくれた国際経験が豊かな回答者の声を振り返ると，ヒントが浮かび上がってくる。つまり，ビジネスミーティングは文化に根ざした対応ではなく，ロジック，会議の進め方に注力すべきであるとの指摘が複数あることがヒントとなる。特に，外資系企業の回答者や，日系企業の中でも全世界規模でプロジェクトを進行させている回答者の場合，「フォーマット」「暗黙のうちに了解されていること」など，文化を超えた世界共通のやり方に依拠して会議を進めていく様子を話していたことが大きなヒントである。パワーポイントのスライドのフォーマットだけでなく，アジェンダの立て方や議事録にいたるまで，全世界で使用されている指定フォーマットの順守という厳しい制約を設けている企業もある。すなわち，英語によるビジネスミーティングをスムーズに運営している企業の回答者からは，会議というジャンルにおいて使用される英語は，ビジネス上の専門的な慣習との関連でのみ追求すべきであって，いわゆる「文化」に深く立ち入らないような工夫がなされていることがわかる。換言すれば，文化に依拠した英語学習からは会議というジャンルにおいて使用される英語の習得への道は見えてこない。

1.4 ESP研究の枠組みで捉えたビジネスミーティング

　会議というジャンルでは，まず初めに，相手の話している内容を理解するための必要最低限のリスニング力，自分たちの意向を伝えるための必要最低限のスピーキング力が前提となる。その必要最低限の英語力を踏まえた上で，ビジネスミーティングという文脈の中に身を置き，必要な専門語彙や，確認やファシリテーションを行う時に必要不可欠な特定の表現を習得していく。ビジネスミーティングはパタンが1つだけ存在するわけではなく，話し相手が社内，提携，顧客と代わるにつれて，参加者の構成や背景も微妙に異なっていく。そのビジネスに携わる人々で構成されるディスコース・コミュニティでは，独自の会議の進め方を押し通すのではなく，そこで慣習とされているやり方を踏襲していくことが欠かせない。その様子は，第1章でESP研究の歴史

を解説する際に使用した図を利用するとわかりやすいだろう。

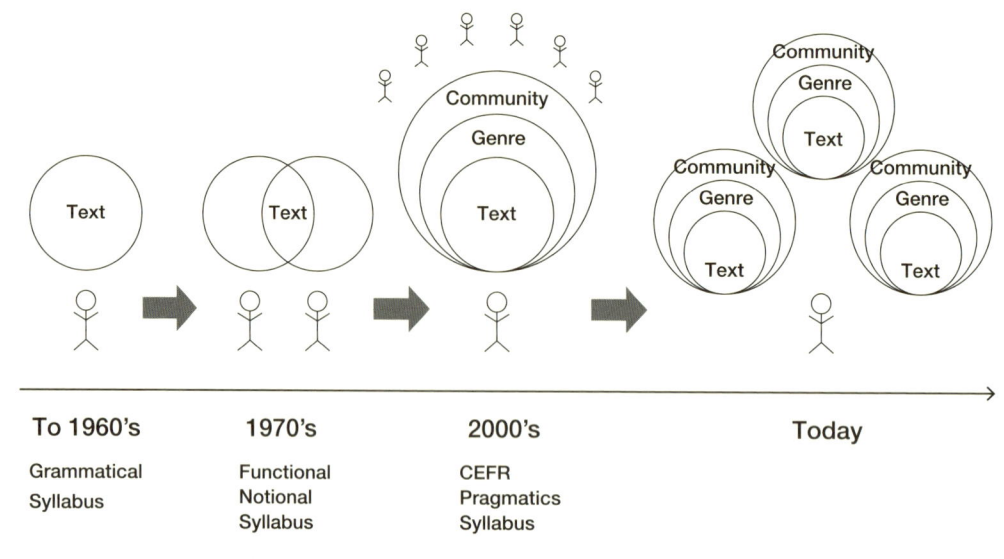

図12.2　シラバスの変遷

To 1960's　Grammatical Syllabus
1970's　Functional Notional Syllabus
2000's　CEFR Pragmatics Syllabus
Today

　図12.2で示したシラバスの変遷は，年代ごとに複雑さが増しているが，この順番は会議の準備から実際の会議，そして会議の相手先の多様性と類似性がある。
　まずはじめに，会議の困難を解決するためには，参加者の英語力を踏まえて，視覚情報を多用した資料の準備が必要となる（図12.2の1960's）。会議のために準備された資料，そして，アジェンダは，あらかじめメールなどを通じて事前に共有を図っておくことがポイントとなる（図12.2の1970's）。実際の会議の場面では，会議をジャンルとして捉えて，また，そのビジネスに携わるディスコース・コミュニティという特定の文脈の中で使われている特徴的な英語を使用して進めていくことになる。そこには，業界用語，相手に理解されやすい端的で効果的な表現，英語力が不足している参加者の理解を促すようなファシリテーションに有効な表現，アジェンダを消化して会議の目標を達成するためのまとめや意思決定に必要な表現などがあるだろう（図12.2の2000's）。そして，最後に，会議は特定のメンバーだけではなく，社内の枠を超えて，提携先，顧客との対応となり，そこでは，新たな文脈の中で会議が繰り広げられ，それぞれのコミュニティにおいて形成された会議の慣習に合わせた形で会議が進められていく（図12.2のToday）。
　英語によるビジネスミーティングで困難度が高い文化の違いというのは，上図の枠組みを超えた，さらに大きな社会的な文脈の中に置かれているが，その詳細は本章第2節において言及する。したがって，英語によるビジネスミーティングという枠組みを超えた言語的課題ということになる。たとえば，マネージメント層や経験豊かなビジネスパーソンから指摘されているのは，会議の外での交流を通して，参加者の英語力をあらかじめ理解してもらう，信頼関係を構築しておく，ということである。その交流の場が，会食などの場面であるならば，そこで時事問題，歴史，哲

学，文学，スポーツ，娯楽など，まさに文化と密接に関係した話題が飛び交うことになる。社交の場での英語ということで，会議とは全く異なるジャンルの英語力が要求されることになる。文化の違いには，歴史，法律，経済，社会状況，習慣，風習など，実に多岐にわたる要因があり，文化の違いを互いに乗り越えていくのは容易なことではない。会議そのものだけでなく，ビジネス全体を円滑に進めていくために信頼関係の醸成が必要となる。そのため，食事等の機会を活用したすり合わせの場面が必要となるのだろう。

2 段階的な英語習得

　前節では英語によるビジネスミーティングが置かれている状況をESP研究の立場から考察してみた。それでは，企業の現場で英語によるビジネスミーティングに参加しつつも，英語に不足を感じている場合には，どのような解決策があるだろうか。前節で示した図は左から右に進むにつれて，会議の関係者や参加者が増え，扱う言語内容も増え，考慮すべき文脈や状況，慣習も増え，事態が非常に複雑化していく様子を示している。文化の違いを超えた信頼関係を構築する場面は，複雑すぎて図には収まりきらないのが実情である。インタビュー調査からは，この図が示すビジネスミーティングの全体像が複雑化していく様子は，ビジネスパーソンのキャリアとも関連しているという新たな知見が得られた。

　すなわち，回答者の職位や経験年数によって，英語によるビジネスミーティングの困難を捉える視点が異なり，経験を積み，職位が上がるにつれ，困難の複雑さを捉える視点を身につけている。今回の調査結果からは，英語の異なる発音や速いスピードが困難であるという回答がある一方で，発音やスピードの問題ではなく，会議特有の言い回しをどれだけ知っているかであるという一見矛盾するような回答がある。また，会議の資料準備には困難を感じている人が少ないという意見がある一方で，会議の資料には手を加えなければ使えないレベルであるとの声もある。会議の外での人間関係が築かれていないとどんな会議も上手くいかないとの話もある。このような複雑かつ多岐にわたる回答を一面的に見るのではなく，段階的なものとして捉えると，課題を整理することができる。

　細かなキャリアパスは企業により異なるだろうが，便宜上，大まかに区分をすると，ジュニア，シニア，マネージメントという三層に分けることができる。会議における役割が各層で異なるため，求められる英語のスキルも異なってくる。さらに，今回の調査では，各層で求められている英語のレベルが，英語到達度の指標であるCEFRとも重なっていることもわかった。以下，各層で必要な英語力をまとめてみよう。

2.1　ジュニア層：最低限の英語をベースに周到な準備をして会議に臨む

　英語によるビジネスミーティングに参加して間もないジュニア層では，スピーキングはもちろんのこと，リスニングの問題が大きい。グローバル化が進み，ビジネスの相手として増えているノンネイティブの発音が聞き取りにくい，特にインドや中華系の話者の発音が難しい，速いスピー

ドや展開での英語についていけないなどの問題が起きている。経験者から，海外赴任してから数か月で慣れる，若い頃に慣れてしまったアクセントは気にならない，などの証言が寄せられているように，質の高い経験が最も必要とされる時期である。会議での発言を聞き取れないと，会議への参加自体が困難なので，リスニングが最初の難関と言えるだろう。これと並行して，あるいは，次のステップで起きる問題は，スピーキングである。事前に準備した以上に話を膨らませることができない，聞き手に回ってしまうなど，会議が一方通行に終わってしまう傾向が生じる。会議の中で理解したことをその場で十分に確認できるスピーキング力に欠けるため，会議終了後にほかの参加者に尋ねたり，議事録などで確認するという段階である。このような英語力はCEFRでは「基礎的段階の言語使用者（Basic User）（Aレベル）」に位置づけられる。

    A2.2：議論がゆっくりとはっきりなされれば，自分の専門分野に関連した公式の議論での話題の動き・変化をおおかた理解できる。直接自分に向けられた質問ならば，実際的問題についての関連情報をやり取りし，自分の意見を示すことができるが，自分の意見を述べる際には，人の助けを借り，必要に応じて鍵となるポイントを繰り返してもらわねばならない。

    A2.1：もし必要な場合に鍵となるポイントを繰り返してもらえるならば，公的な会合で直接自分に向けられた質問に対して自分の考えを言うことができる。

    ※A2.1よりA2.2が上級レベル

（吉島・大橋ほか（訳・編），2004: 82より引用）

　CEFR A2.1，A2.2のレベルでは，会議で交わされる英語のスピードについていけず，自分の意見を正確に伝えるために周囲の助けを必要とするだろう。また，ジュニア層の参加者は自分では準備ができていると思っているが，マネージメント層から見れば，実際にはまだまだ手を加える必要があるという意見もある。したがって，ジュニア層の参加者が英語によるビジネスミーティングを乗り切るためには，経験者の助言を踏まえて，あらゆる場面と展開を想定した周到な準備をすることと，会議参加者の中に英語に熟達した人をマネージメント層が配置し，適宜ジュニア層の参加者の手助けをするなどの工夫が必要となる。図12.3で示すように，ジュニア層では，会議の内容物をまずは自分でいかに理解し，いかに伝えるかが大きな課題となり，その次に，経験豊かな上司を初めとした関係者や会議参加者と情報を事前に共有し，状況や文脈に対応した準備をして，会議を円滑に進めていくことが課題になる。

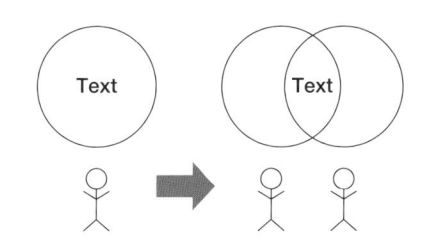

図 12.3　ジュニア層
現在の CEFR レベル A2.1 から A2.2（基礎的段階の言語使用者）　到達目標レベル B1

英語によるビジネスミーティングの参加者がこの基礎的段階の使用者であるジュニア層に留まってしまうと，事前に想定していた展開とは異なるものが出てきた場合には対応できず，様々な困難が生じることになるだろう。たとえば，後日，議事録を確認し，会議の内容を相手と共有する中で，想定外の事態に対応する必要が生じ，多くの時間を要することになるかもしれない。

本調査のすべての回答者が所属する部署の英語力の平均レベルは，この基礎的段階を超えた CEFR B1 レベルであった。これは「自立した言語使用者（Independent User）（Bレベル）」の最初の段階である。CEFR の記述を見てみよう。

> B1：もし対話相手が，非常に慣用句的な言葉遣いを避け，はっきりと発音してくれれば，自分の専門分野に関連した話の概略を理解できる。ディベートに参加するのは難しいが，視点ははっきりと示すことができる。標準的な言葉遣いではっきりとした発音であれば，事実に関した情報をやり取りしたり，指示を受けたり，実際的な問題の解決策を論じたりする，定例の公式の議論に参加することができる。
>
> （吉島・大橋ほか（訳・編），2004: 82 より引用）

CEFR が B1 レベルの場合，語彙や表現力，また聞き取りは完全とは言えないが，定例会議などの展開がシンプルな会議はこなすことができる英語力とされる。ジュニア層は，この B1 レベルに到達することが目標となるだろう。

2.2　シニア層：相手のビジネス状況や慣習に対応したファシリテーション

シニア層になると，場数を踏み，経験が増えたことで，英語での会議に慣れてくる。新しいことでなければ，相手の話すことは多少のアクセントがあったとしても理解することができ，自分の意向を伝えることができる。たとえわからないことがあったとしても，一端会議の進行を止めて，その場で内容を確認するための英語表現を習得しているので，困難とはならない。これは前節で示した CEFR の B1 レベルに達している英語力である。しかし，シニア層では，会議で果たす役割はこれだけには留まらず，事前準備ではカバーしきれない部分についても，会議の方向をその場で見定め，会議を動かしていくことが求められる。

インタビュー調査の結果によると，シニア層での課題は，よりテクニカルなものへと変化して

いる。たとえば，交渉に効果的な洗練された語彙，端的な表現，配慮の行き届いた言い回しをどのくらい知っているか，会議参加者の理解を促すような発言やファシリテーションができるか，共有された議題をどのようにまとめ上げていくのか，文化に根ざした会議の進行や話し方をいかにコントロールしていくのかなどである。このシニア層では，言語特徴（Form），内容（Substance），働きかけ（Action）が三位一体となった会議のジャンルを踏まえるだけでなく，図12.4に示したように，ディスコース・コミュニティが持つ様々な状況や背景を踏まえた上で，事態に対応していくストラテジーが必要になる。また，ビジネスミーティングの相手は「社内」だけでなく，「提携」や「顧客」などにも広がり，それぞれに対応していかなければならない。シニア層では，様々な状況や背景を理解した上で会議全体を動かしていくために，会議の場だけでなく，海外の仕事の現場を自ら経験し，相手の状況を正確に把握できる力を涵養しておくことも大切である。

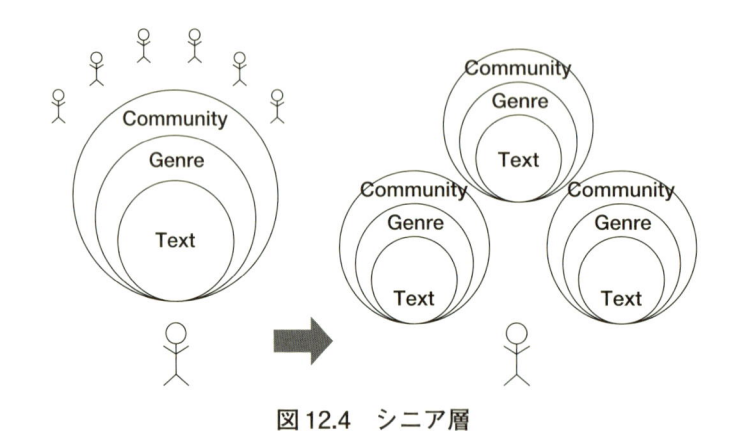

図12.4　シニア層
現在のCEFRレベルB1（自立した言語使用者）　到達目標レベルB2.1からB2.2

　本調査の回答者の部署の英語力の平均はCEFRのB1レベルであったが，回答者は現在の英語力が不十分であると感じ，目標はレベルを2段階上げたB2.2とする必要性を認識している。CEFR B2.1と合わせてCEFRの記述を見てみよう。

- B2.2：活発な議論についていき，支持側と反対側の論理を的確に把握できる。自分の考えや意見を正確に表現できる。また，複雑な筋立ての議論に対し，説得力をもって見解を提示し，対応できる。
- B2.1：日常・非日常的な公式の議論に積極的に参加できる。自分の専門分野に関連した事柄なら，議論を理解し，話し手が強調した点を詳しく理解できる。自分の意見を述べ，説明し，維持することができる。代案を評価し，仮説を立て，また他人が立てた仮説に対応できる。

※B2.1よりB2.2が上級レベル，下線部は著者追記

（吉島・大橋ほか（訳・編），2004: 82より引用）

CEFRのこの2つのレベルにおいては,「対応できる」というフレーズが使われているとおり,シニア層ではまさに,複雑な議論展開に対応していくことが求められる。

2.3　マネージメント層：英語力によらないストラテジー

マネージメント層になると,会議の相手とあらかじめいかに豊かな時間を共有し,信頼関係を構築できるかに焦点が当てられるようになる。食事をしながらの会話,文化や歴史を話題とした会話など,仕事とは離れたところでのスキルも要求される。海外経験も十分踏まえた,幅広い種類の高度な英語が要求されるようになる。また,マネージメント層には,部下をいかに指導していくかという課題がある。たとえば,会議の相手との食事に部下を伴って場慣れをさせる,部下が作成した会議資料に目を通して添削をするなど,スムーズな会議の運営のために,会議以外の場で細やかな配慮を行っている。図12.5で示すように,マネージメント層では,会議に参加する様々な文化背景を持つ人々への対応が求められるようになる。

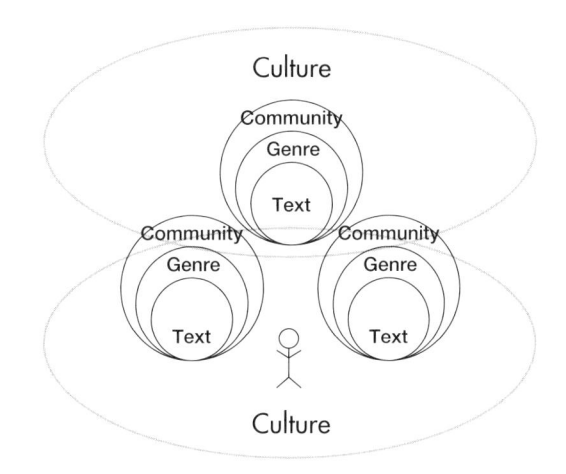

図12.5　マネージメント層
現在のCEFRレベルB（自立した言語使用者）　到達目標レベルC1からC2

マネージメント層が目標とするCEFRのレベルは「熟達した言語使用者（Proficient User）（Cレベル）」である。CEFR C1とC2の記述は以下のとおりである。

C2：複雑な論題についての議論で自己主張できる。母語話者と比べても引けをとらず,明確で説得力のある議論ができる。
C1：抽象的かつ複雑で身近でない話題でも,ディベートに容易についていくことができる。説得力をもって公式に主張を展開でき,質問やコメントに応じ,複雑な筋立ての対抗意見にも,流暢に自然に適切に応えることができる。
※C1よりC2が上級レベル

(吉島・大橋ほか（訳・編）, 2004: 82 より引用)

ここで使用しているCEFRはディスカッションに焦点を当てた指標である。マネージメント層がこれらの熟達した言語使用者のレベルにあるなら，理想的である。しかし，CEFR C1，C2レベルとは，上記の「母語話者と比べても引けをとらず」「流暢に自然に適切に」という表現からわかるとおり，ネイティブスピーカーのレベルで複雑な議論が行われたとしても，ニュアンスや細部までも十分に理解して対応するレベルとなる。このレベルでの英語力は，第11章で紹介したインタビュー調査の資料の中では絶対的に難しいスキルとして位置付けたものである。実際のところ，アンケート調査での909件の回答のうち，CEFR C2レベルの部署は23件（2.5％），CEFR C1レベルの部署は24件（2.6％）と限られており，熟達レベルにある部署は全体の約5％にすぎない。したがって，マネージメント層で英語力がCEFR C1やC2に達していない場合には，異なるストラテジーが必要となってくる。ネイティブスピーカーと伍してやっていくためには，会議の参加者の英語レベルを事前に相手に知っておいてもらい，必要があれば，熟達した言語使用者レベルの人材を活用するなどの対策が必要になってくる。会議以外で信頼関係を築くための交流の場は，このような理由があって，活用されているのである。

2.4 各層における役割と英語習得レベルのまとめ

これまで見てきたように，英語によるビジネスミーティングの参加者を，そのキャリアからジュニア層・シニア層・マネージメント層の三段階に大きく切り分け，各層における役割と英語習得レベルを表12.1にまとめた。

表12.1 各段階における役割と英語の習得レベル

層	ジュニア層 （会議へ参加する）	シニア層 （会議を動かす）	マネージメント層 （参加者を会議に巻き込む）
ジャンル	（Text の円が2つ、人物）	（Community/Genre/Text の入れ子円、複数人物）	（Culture/Community/Genre/Text の入れ子円、人物）
現状	基礎的段階の言語使用者 CEFR A2.1 から A2.2	自立した言語使用者 CEFR B1	自立した言語使用者 CEFR B （熟達した言語使用者 CEFR C1 から C2）
目標 （理想）	CEFR B1 が目標	CEFR B2.1 から B2.2 が目標	（CEFR C1 から C2 が理想）※異なるストラテジーで対応
内容	会議の経験，リスニング対応，意見を述べ，会議内容を確認できるスピーキング力，周到な準備	海外での経験，会議の文脈・状況や異なる慣習を踏まえたファシリテーション，議論の流れをコントロールする英語表現	会議の枠組みを超えたところでの交流，英語力が不足した会議参加者への配慮，信頼関係の構築

このように整理することで，本調査研究の回答者が，どの立場からどのような経験を踏まえて発言したかによって，回答が異なった様子を理解することができるだろう。会議の参加者が基礎的段階の言語使用者（CEFR Aレベル）であるならば，アジェンダを固定し，会議を想定の範囲内に収めること，専門用語を正確に把握することで齟齬を防止することなどが重要になってくる。自立した言語使用者（CEFR Bレベル）であれば，リスニングができなければビジネスにならない，ということになるだろう。また，このレベルにある人にとっての関心事は，会議において相手を動かすためにどのような表現が効果的であるか，また，英語力が不足した部下や，場合によっては，英語が不得手な上司が会議の内容を理解できるよう促した上で，会議をファシリテートしていくためにどのような質問や確認をすれば良いか，などとなる。マネージメント層になれば，熟達した言語使用者（CEFR Cレベル）を理想する場合もあれば，異なるストラテジーを使用しながら対応することが必要となる。たとえば，その役割として，会議そのものだけでなく，いかに信頼関係を構築するかなど，会議のスムーズな運営や展開の前提となるものが肝要になる。これは，マネージメント層が，会議の困難について尋ねられたときに，英語とは関係のない，まさに人間力とでもいうものが大切だと回答する根拠となるだろう。

　ここまで，本書では，ビジネスシーンに特化する形で研究・議論を進めてきたが，読者の中には教育に携わる方も多数いるだろう。次節では，本研究が持つ教育的示唆について簡単に触れてみたい。

3 教育上の示唆

　小学校から大学にいたるまでの英語教育において何をどのように教えるかというのは，常に様々な議論がある。中学生レベルの英語があれば，専門用語を学ぶだけで通じてしまうので，他には特に何も必要ないという意見から，歴史・文学・哲学を語れるような教養を示せる英語力が必要という意見まで，実に様々である。今回の調査結果においても，回答者の英語力がどのレベルにあるのか，どのような立場から発言するかによって，発言内容は随分と異なる。ここでは，調査結果を踏まえて，教育現場に取り込むことができるものがあるとしたらという限定的な意味合いで，本研究の示唆するところを語ることにする。具体的には，調査から示されたビジネスシーンの課題のうち，表12.2の4点に着目して，小・中・高・大で行われる日々の授業で取り組める効果的な工夫とその適用について具体的に考えてみる（詳細は『英語教育』2014年9月号第63巻第6号：38-39をご覧いただきたい）。

表 12.2　ビジネスシーンと教室での適用例

ビジネスシーンの課題	教室での適用
企業のグローバル化	地域社会のグローバル化見学
ELF 環境のアジア市場	様々な英語を交流の中で体験
議事・決定事項の正確な把握	疑問点を躊躇なくその場で解決
会議内容の迅速なまとめ	議論の内容をまとめ，発表

(『英語教育』2014年9月号：38より転載)

3.1　地域社会のグローバル化に目を留める

　英語学習は，学習時間を一定量確保しなければ習得と言えるレベルに到達しない。英語学習を継続的なものとするには，長期的な目標設定が重要である。学習者の動機づけを高めるために，今日，社会を取り巻く環境が急速に変わりつつあることを示し，英語がビジネスツールとして日常的に使われている様子を生徒・学生たちに伝えていきたい。そのためには，課外活動などの時間を利用して，グローバルに活躍する企業を訪問するのはどうだろうか。今では大企業に限らず，中小企業も海外に飛び出してビジネスを展開する時代である。身近で起きている地域社会のグローバル化の現状を知り，身近なビジネスパーソンが英語を使っていることを具体的に知ることが重要である。以前とは状況が異なり，もはや英語を使って仕事をすることが一握りの特別な人たちの話ではなくなった。「まさか自分が英語を使って仕事をするとは思っていなかった」ということは誰にでも起こりうるのである。長期的な視野に立ち，学校で学ぶ英語が将来的に重要になっていくことをかなり早い段階で伝えることが，学習の動機づけとなるだろう。

3.2　世界各国の人の交流で様々な発音，話し方があることに実際に触れる

　本調査では，英語のビジネスミーティングの参加者に，英語を母語としないノンネイティブが多くなっている現状が示された。実際，日本にとっての海外市場は，2005年から2006年を境に，北米を抜き，アジアが最大となった。アジア各国の工業団地に日本企業の工場が建設され，日本企業の看板を目にするようになった。そのアジアで話されている英語は，発音が特有であり，文法も規範文法から外れることが多い。アクセントの強い発音の英語はインターネットで簡単に入手することができる（たとえば，Speech Accent Archive, http://accent.gmu.edu/ がある）。何も言わずに音声だけを学生たちに聞かせると「外国語だと思った」と感想を漏らし，アジア各国で働くビジネスパーソンがまず耳で苦労する様子を体験することができる。学校教育では，音を聞くだけでなく，さらに，外国人と交流する場面で一工夫をしたい。交流の場には，英語のネイティブスピーカーだけでなく，ノンネイティブの留学生や社会人を招き，英語で対話をする機会を作りたい。彼らに母語の影響を受けた英語を使って故郷の様子や研究や仕事について話してもらい，生徒・学生たちに様々な英語を実体験させる。ネイティブのような発音で流暢に話すことだけが英語の使い手ではない。交流の場では，ゲストが一方的に話すだけではなく，質疑応答の場面を設け，生徒や学生たちに自分たちの英語の発音が思ったよりも通じないことも経験させたい。気

後れすることなく，恥ずかしがらずに，英語をどんどん使い，伝え合う努力を重ねることが重要であることを教えたい。

3.3 わからないことをすぐに確認する

ビジネスではスピードが大事と言われる。迅速かつ確実に仕事を進めるためにビジネスパーソンが日常的に実行しているのが「確認」作業である。日本人が外国語である英語で仕事をする際，「確認」は一層重要となる。場合によっては，日本語でも難しい内容を英語で扱わなければならないこともある。インタビューの回答者からは，わからないことが発生した時点で，その都度，疑問を解消していくことが誤解や行き違いを防止する上で欠かせないとの指摘を受けている。こうした「確認」のための質問は，学校教育の現場でも日常的に扱うことができる。"Can you say that again?"のような平易な質問からスタートし，自分の理解した内容を相手に伝えるという確認方法まで，段階的にレベルアップしたい。また，ビジネス現場を想定すれば，自分自身が理解していても，仲間が理解していないことがある。それを踏まえて，仲間の理解を促すような，重要なポイントを共有できるような質問をすることも可能だろう。わからないことがあったらその都度，教師や仲間に確認する習慣づけから始め，グループ学習で，自分のためだけでなく，仲間の理解を促すための質問ができるまで学習を進めたい。

3.4 議論の内容をまとめる

ビジネスミーティングでは，アジェンダに沿って議論をいかに手際よくまとめていくかが大切である。英語が熟達レベルに達していない場合は，会議の後に議事録をまとめ，メールを使って確認を行うようである。齟齬が発生することを考えるならば，会議の終盤に議事録を作成するか，会議内容のまとめをする方が得策だろう。教室では，テーマに沿ったグループ学習で，単に対話させるだけでなく，その内容を簡単にまとめる時間，まとめたものを発表する時間，クラス全体でシェアする時間を設けたい。簡単なテーマでも，全体を把握し，抽象化し，それを短時間でまとめるのは難しく，個々の事象を理解したり，確認したりすることとは大きく異なるスキルが要求される。

4 結論：本研究の残された課題と展望

本研究は，ビジネスミーティングという定義することさえ難解なジャンルを扱い，ビジネスミーティングの中にどのような困難があるかを探ろうとした基礎的研究の第一歩である。第11章では，ビジネスパーソンが提示する会議の困難についての解決法を整理してまとめたが，実際の解決に向けた検証はされていない。本書で扱っているデータ，分析はさらなる実証的な研究を積み重ねていくことが必要だろう。以上の研究上の限界を踏まえて，ご高覧いただきたい。

本研究では，グローバル化の影響で，英語によるビジネスミーティングにノンネイティブが予想以上に参加しており，アクセントに特徴がある人や，まくしたてる人がいるという状況が会議

で頻発し，リスニングの困難が際立っていることを明らかにした。このような状況で，様々な発音やスピードに対応していくために，海外勤務を経験し，現地の英語に浸るのが近道と考えているビジネスパーソンも多い。しかし，そのような経験が不可能な場合，応用言語学の立場からは，いかに効率よくトレーニングし，リスニングの課題に対応させていくかという研究が不可欠である。

また，ビジネスミーティングにおける困難は英語が上達することで軽減することを示したが，タスクによっては，英語力に関係のない絶対的な困難が存在することも明らかにした。インタビューの回答の中には，今回のアンケート票で使用したタスクはまだまだ表層的であり，もう一段階踏み込んだ調査が必要との指摘もあった。英語によるビジネスミーティングの困難を病巣とたとえるなら，その特効薬の開発には，実証的な研究が欠かせない。

調査結果から，比較的困難度が低かった会議の準備に関しても，マネージメント層からはまだまだ不十分との指摘があった。どのような準備をどの程度まで行うのが良いのかはまだ十分にはわかっていない。グローバル企業で使用を義務付けているフォーマットがどのようなものかの事例も十分には集められていない。

ビジネスミーティングを円滑に進めるには，文化に立ち入ることの危険を指摘する経験豊富なマネージメント層からの回答もあった。これはESP研究の視点で捉えても非常に納得のできる指摘である。しかし，ビジネスミーティングの専門的慣習などは文化にも関係し，どうやって線引きをしていくのかも問題として残る。

第2章で触れたようにグローバル人材の育成は，企業はもちろんのこと，各省庁も真剣に取り組んでいるところである。英語によるビジネスミーティングという切り口で研究を進めてきたが，グローバル人材育成という大きな枠組みの中で，また，それを実現するための企業の研修という枠組みの中で，英語にどれほどの時間を割いて，どのようなスキルやタスクを優先させて事の解決に当たるかは，本研究ではあまり触れることができなかった。また，本研究では取り上げることのできなかった異文化理解，異文化コミュニケーションの問題も未解決のままである。前述のように，文化の問題を持ち込むことは事態を複雑化させる危険性があるが，この会議というジャンルは独立して存在するわけではなく，企業文化，国や民族が持つ文化との接点がある。グローバル人材育成のための企業研修や，異文化コミュニケーションは，いずれも独立した分野として成立しているほど非常に幅広い課題であり，本研究によって導き出された知見との整合性を取るなどといった，さらなる研究へと発展させる可能性がある。

この書籍の最後に際して，これまで扱ってきた本調査研究の意義をEnglish for Specific Purposes（ESP）の理論的枠組みから捉え，ビジネスパーソンが英語によるビジネスミーティングにおいて抱える問題について考察した。特に，英語によるビジネスミーティングにおいて，何を言語的課題とし，何をしないのかを切り分けた。その上で，本研究を踏まえて，ビジネスの現場だけではなく，小学校から大学までの教育現場にどのような教育的示唆があるのかを述べた。

ESPの研究の歴史を振り返ると，その研究はテキストそのものからディスコース・コミュニティへと対象範囲を広げてきた。本研究では，ビジネスミーティングに焦点を当てたが，そこで明ら

第12章 ESP研究上の意義と教育上の示唆

かになった様子は，まさにESP研究の研究対象の幅の広がりと呼応するものであった。回答者が示した困難は，個別のスキルから，精神的・心理的な要因，文化的な要因と多岐にわたり，信頼関係の構築のような人間力によるものまでに及んだ。これらの調査結果の中からESPの教育と研究の範囲にとどめるためには，あるマネージメント層に属するビジネスパーソンが指摘するように，文化という多岐にわたる課題にはむやみに立ち入らないことも1つの方法である。

また，本研究では，英語到達度の指標であるCEFRを1つの軸としてビジネスミーティングの状況を考察してきたが，CEFRのレベル（CEFR A → CEFR B → CEFR C）の違いと，ビジネスパーソンのキャリアパス（ジュニア層 → シニア層 → マネージメント層）が相似していることを指摘した。CEFRの各レベルで取り組むべき言語的課題が異なるのと同様に，キャリアパスごとに課題とすべきことも異なっていた。

本研究では，英語によるビジネスミーティングの全体像を把握することを目標としたため，まだ掘り下げていかなければならない課題も見えてきた。その一方で，現在行われている英語教育の現場でも，生徒や学生の英語学習の動機付けを図るようなメニューをさりげなく取り込んでいくことが可能であることを示唆したが，いかがであっただろうか。

付章　『企業が求める英語力』(「小池科研」)の概要

はじめに

　本章では，日本人のビジネスパーソンが国際競争，国際協力で十分に活躍するために英語のコミュニケーション能力はどの程度必要であり，それに対して現実はどうなっているのかという問題意識を起点に，2年半を費やして完成させたアンケート調査結果を一冊の本としてまとめた『企業が求める英語力』の概要に，新たにEnglish as a Lingua Franca: ELFの視点を入れ報告する。本論は平成16年度～平成19年度科学研究費補助金研究（基盤研究A）「第二言語習得研究を基盤とする小，中，高，大の連携をはかる英語教育の先導的基礎研究（研究課題番号 16202010）（研究代表者慶應義塾大学・明海大学名誉教授小池生夫）」（以下，「小池科研」）の一部である。財団法人国際ビジネスコミュニケーション協会（当時）を共同研究者として迎え総有効回答数7,354名を得るというグローバルビジネスの現場で働く人々への実態調査としては，わが国ではおそらく初めての大規模調査であるために，English as a Lingua Francaの視点からもビジネスパーソンの仕事での英語使用の実態及び意識の状況がわかるという点で意義がある。調査自体は，彼らのコミュニケーション上の問題点を整理し，日本人の英語コミュニケーション能力の到達する目標を提示することを目標としたが，本章では，回答者の属性などの調査結果を報告する。さらに，日本人のビジネスパーソンが国際交渉を第一線で行うのに必要な英語力の指標ならびに，彼らが直面するコミュニケーション上の問題点，特に難しいものと易しいものへの対処能力の違いに焦点を絞り，これに加え，今回は特にELFの視点も入れてまとめておく。

1　問題の所在

　情報社会の革命的変化によるグローバル化が叫ばれて久しいが，日本では，経済のグローバル化のみが強調され，その基盤となるコミュニケーション能力の養成に対する強化策は非常に弱い。日本人の国際対応能力の根幹をなす外国語，特に英語のコミュニケーション能力は一般には満足する状態にないと，小池（2008）はTOEFL（Test of English as a Foreign Language）スコアを国別に比較をしながら報告している。小池（2008）によれば，中国，韓国，台湾といった近隣諸国・地域と日本の1992年～1994年と2003年～2004年の10年間をおいての平均スコアは，中国はPBT（Test of English as a Foreign Language-Paper based Test）で549点から555点（CBT（Test of English as a Foreign Language-Computer based Test）で213点）で6点上昇，台湾は506点から532点

（CBTで203点）で26点上昇，韓国は506点から543点（CBTで213点）で37点上昇しているのに対し，日本は439点から437点（CBTで190点）と2点下降している。もちろんTOEFL自体，北米の大学・大学院で勉強，学習するための英語での学術レベルの能力を見るものであるため，この点数だけで国際コミュニケーション能力と結びつけるのには異論があるかもしれない。しかし，そのことを踏まえた上で，指標の一部として利用することは有意義であろう。小池（2008）は，こうした近隣諸国・地域では英語教育を国家戦略の重要項目として，大規模予算を投入しながら，その強化を図り，確実にその成果をあげており，一方，日本は外国語教育の国家政策が明確でないまま今日に至っており，この数字を無視し続けていくと，日本人は国際コミュニケーションの世界から取り残されると警告を発している。

　そうした危機感から，「小池科研」は以下のように考えこの研究を始めるに至った。「日本人はグローバル社会でどのくらいの英語能力を養成するべきか，またどのくらいの人数がどのくらいのレベルに達する必要があるのか」といった具体的な到達目標を明示する必要があり，その際には日本国内だけで通じるものよりも国際的な基準として通用するものの方がよい。その1つの可能性として，Council of Europeが開発し，EUが政策決定してEU諸国を中心に採用されるようになったCEFRに注目したのである。

　先述のTOEFLの国際比較で見たように，日本人の英語のコミュニケーション能力はTOEFLという限られたテストにおいてという条件をつけてではあるが，必ずしも高いレベルにあるとはいえず，大幅に引き上げる必要があると思われるが，実際に，英語を中心とした言語コミュニケーションの面で国際競争に耐えることができるビジネスパーソンを養成するのには，日本人全体を対象にした場合，今後ますます増加するであろうELFコミュニケーションに必要とされる能力も考慮に入れつつ，どの程度のレベルの人をどのくらい作り出す必要があるのであろうか。もちろん，この場合に何を基準に判断するのか，そしてどのような英語力を必要としているのかをきちんと把握する必要があるのはいうまでもない。その回答を得，さらに指針を出すために，国際交渉を実際に行っているビジネスパーソン7,354人を対象とした「小池科研」の調査結果を紹介していくこととする。

2 「小池科研」研究の調査概要

　調査の概要は以下のとおりである。

2.1 調査目的

　調査目的は以下の4項目である。
1) CEFRに適応する英語コミュニケーション能力の具体的指標を設定する。
2) 英語コミュニケーション能力の最高到達目標を具体的に明示する。
3) その最高到達目標に到達するために，上のレベルから逆推量して，学校各段階で目標を設定して基礎研究とする。

4) 国際ビジネスパーソンの英語力と意識を調査することにより基準作成の参考資料を提示する。

2.2 調査方法など
調査方法などの概要は以下のとおりである。

表1　調査概要

調査方法	記述方式とインターネットリサーチ併用
調査対象	海外勤務経験者（短期間の出張も含める）
調査協力者	7,354人（TOEIC (Test of English for International Communication) スコア申告者6,651人）
調査協力組織体（当時）	文部科学省初等中等教育局国際教育課；財団法人国際ビジネスコミュニケーション協会；財団法人海外子女教育振興財団；財団法人社会経済性生産本部；財団法人日本英語検定協会；三井物産株式会社
調査項目	13の大項目と58の下位項目

調査組織は「小池科研」自身は，研究代表者の小池生夫他，研究分担者が22名，研究協力者が2名というのが全体の陣容である。その中で本「企業が求める英語力調査」は寺内一，小池生夫，松井順子，三好重仁，高田智子の5名が担当した。

3 分析結果

3.1 回答者の特徴
本アンケートは総計7,354名の国際業務に従事中，あるいはその経験があるビジネスパーソンの回答協力を得て分析している。回答者の属性などの特徴を概略する。

1) 「性別」では男性58.1%，女性41.9%，「年齢」は20歳代から60歳代で，最も多いのは，30歳代の46.4%，その前後の20歳代が21.9%，40歳代が24.2%と20%台で続く。これらの層で約9割を占めている。文字どおり海外との交渉実務の中核である。
2) 「学歴」は大学学部卒が圧倒的に多く65.1%，つづいて大学院修士課程修了者が17.0%であり，教育程度は我が国での標準を上回ると察せられる。
3) 「所属企業」は，東証一部上場民間企業が32.0%，その他の民間企業が54.0%，その他14.0%である。東証一部上場民間企業よりもそれ以外の企業が非常に多く，日本企業の国際ビジネスは一部の有名企業ばかりでなく，中小企業にまで広範囲に及んでいると思われる。
4) 「職種」内訳では，技術21.5%，販売14.3%，研究・開発14.0%，経営企画6.3%，その他23.8%などが目立つ。
5) 「業種」では，一般に使用されている業種別一覧の27業種中，サービス15.6%，情報通信12.3%，電気機器9.4%，化学・薬品8.6%の順に多く，「その他」企業14.6%に27種の種類分けに入らない企業が結構多い。旅行業，ホテル，航空関係がサービスを指すとするなら，女性が多いのは，この分野である。それに対して情報通信は男性が比較的多い。

6)「役職」としては，一般職員が52.7%と圧倒的に多く，専門職，課長などは1割程度の回答者，系統としては，日本系企業が70.4%と外資系を圧倒しているのが特徴である。

7)「海外出張」については，「経験がある」が52.1%，「経験がない」が47.8%で，「経験がある」が4.3ポイント上回った。その際の期間については，「1週間未満」が最大で44.1%である。つづいて，「2週間〜3週間未満」が35.5%である。前者は島国日本から出張して帰国する時間を入れると，現地での会議は3日程度であろう。海外出張の頻度については，「1年に1〜5回」86.9%で圧倒的に多い。平均して，「2〜3か月に1回の割合」であろう。

8)「海外駐在」は「海外駐在の経験がある人」は20.0%に過ぎず，ない人が79.9%と圧倒的に多い。滞在期間は，延べ滞在期間で「1年以上〜3年未満」が33.0%で最大である。ついで「3年以上〜5年未満」が19.3%である。「10年以上」も6.8%いる。「海外駐在経験がある」と答えた1,473人の滞在国は44カ国に及び，駐在経験者数がもっとも多い国はアメリカで延べ95人。次に多いのはイギリスで延べ27人であり，これらの国はいわゆる英語の使用からいうとInner Circleと呼ばれる（Kachru 1985; 1992）国である。これに6位のオーストラリアの延べ15人を入れるとこのInner Circleの国だけで137人となる。これは海外駐在経験者のうちの9.3%となる。次に，Outer Circleの国であるシンガポールは4位で延べ20人であり，中国延べ21人，ドイツ延べ15人，インドネシア延べ11人とExpanding Circleに入る国では計47人である。この結果によるとまだInner Circleの駐在経験者が圧倒的に多いが，ここ数年の経済状況を判断すると，この数字はさらに多くなっていることが考えられる。駐在経験者数が少ないのは，南アメリカ，ロシア，韓国，欧州の一部，アフリカ，中東であるが，これについても上記と同等のことがいえるであろう。

9)職務上のコミュニケーションの形態

表2は，職務上必要な英語コミュニケーションの形態が主にどのようなものかを示したものである。まず，「聞く・話す」技能では，電話71.3%，会議63.4%，交渉49.9%，プレゼンテーション43.7%などである。また「読む」作業では，Eメール90.8%，ビジネスレター61.0%，報告書52.6%，ファックス45.4%，仕様書44.5%の順である。「書く」技能では，Eメール90.7%，ビジネスレター47.0%，報告書41.2%，ファックス37.6%などの順で必要度が高い。「読む」と「書く」はその1位から4位までが同じであり，「Eメール」が「読む」「書く」両方で非常に利用されていることがわかる。

表2　職務上必要となるコミュニケーションの形態の上位5位までの比較

(単位 %)

	1位	2位	3位	4位	5位
聞く・話す	電話 71.3	会議 63.4	交渉 49.9	プレゼン 43.7	パーティー 27.3
読む	Eメール 90.8	ビジネスレター 61.0	報告書 52.6	ファックス 45.4	仕様書 44.5
書く	Eメール 90.7	ビジネスレター 47.0	報告書 41.2	ファックス 37.6	企画書 21.3

なお，電話などの会議や，報告書をEメールで書くなどタイプと手段が入っているが，この調査を行った時には区別をあえてしなかった。

10) 回答者が最後に受けたTOEICのスコア

「最後に受けたTOEICのスコア」はTOEICを運営している国際ビジネスコミュニケーション協会に協力依頼したおかげで7,354名のうち6,651名の回答結果が得られた（表3参照）。

表3 最後に受けたTOEICのスコア

	合計	400点以上	450点以上	500点以上	550点以上	600点以上	650点以上
【総数】	7,354	325	327	433	560	618	700
【%】	100.0	4.4	4.4	5.9	7.6	8.4	9.5
	700点以上	750点以上	800点以上	850点以上	900点以上	無回答	
【総数】	763	786	726	659	754	703	
【%】	10.4	10.7	9.9	9.0	10.3	9.6	

上記結果によると「600点以上700点未満」が17.9%，「700点以上800点未満」が21.1%，「800点以上900点未満」が18.8%，「900点以上」が10.3%である。これを合計すると一般企業で必要といわれる最低600点以上の取得者は回答者の約7割であり，700点以上が5割，800点以上が3割という英語コミュニケーション能力の高い母集団である。

3.2 国際ビジネスパーソンに求められる英語力分析結果

3.2.1 理想と現実の英語力のギャップ

a) 有効パーセント

日本人ビジネスパーソンの英語力の実態を把握するために，回答者が最後に受けた英語テスト（TOEIC，TOEFL-PBT，TOEFL-CBT，実用英語技能検定）のスコアあるいは取得級を質問した。

次に，各スコアまたは級を取得した人数が，そのテストを受験した人数に占める割合を「有効パーセント」として比較することにした。何故なら，全回答者のうちTOEICを受けたことがある人は90.4%（6,651人）であるが，TOEFL-PBTでは8.5%（628人），TOEFL-CBTになるとさらに少ない4.8%（355人）であることが判明した。そこで全回答者数から受験していない数を引いた「受験したことのある」数を分母とした「有効パーセント」を使用することとする。

b) TOEICスコアから見た現実と理想の開き

アンケート結果に基づいた日本人ビジネスパーソンの「現実の英語力」と，「国際交渉を第一線で行うのに必要だと思う理想の英語力」の差を有効回答者が一番多いTOEICを例にして比較する。この比較に際して，a)の「有効パーセント」を上のスコアまたは上の級から足していった「累積パーセント」を利用する。なお，本章で扱う数字は小数点第2位以下を四捨五入したものである。

表4 TOEICスコアの現実と理想のギャップ

(単位%)

TOEICスコア（点）	現実（N=6,651）有効	現実 累積	理想（N=7,294）有効	理想 累積
900以上	11.3	11.3	25.7	25.7
850以上〜900未満	9.9	21.2	19.0	44.7
800以上〜850未満	10.9	32.2	24.0	68.7
750以上〜800未満	11.8	44.0	11.5	80.1
700以上〜850未満	11.5	55.5	10.2	90.4
650以上〜700未満	10.5	66.0	3.3	93.7
600以上〜650未満	9.3	75.3	4.1	97.8
550以上〜600未満	8.4	83.7	0.8	98.6
500以上〜550未満	6.5	90.2	0.8	99.4
450以上〜500未満	4.9	95.1	0.1	99.5
400以上〜450未満	4.9	100.0	0.5	100.0
有効合計	100.0	—	100.0	—

　現実のTOEICスコアの「850以上〜900未満」の累積パーセントは「900以上」の11.3%と「850以上〜900未満」の9.9%を足したもので，21.2%となっており，TOEIC受験者の上位20%前後が850点以上を取得していることになる。同様に現実のスコアを見ると700点以上が全回答者の55.5%，550点以上が83.7%となっていることがわかる。

　一方，理想のTOEICスコアとなると現実よりも非常に高くなり，全体の約7割近い人が800点以上必要だと感じていることが判明した。累積パーセントを辿っていくと25.7%が900点以上必要と考えている。全回答者のうち68.7%が800点以上，80.1%が750点以上が国際交渉をするのに必要最低限のレベルだという。上述の現実のスコアと比較すると差は明らかである。

　同様の手法を用いてTOEIC，TOEFL-PBT，TOEFL-CBT，実用英語技能検定，CEFRの5つのカテゴリーで国際交渉をするのに必要な英語力と現実の英語テストから見た英語力との差を一覧表で示したのが表5である。本調査では，便宜上，回答者の「上位0〜20%前後」「上位0〜60%前後」「上位0〜90%前後」の3段階に分けて提示した。またCEFRは既存のテストではないので，理想とする英語力のみの調査結果となっている。

『企業が求める英語力』(「小池科研」)の概要

表5　国際交渉をするのに理想の英語力と現実の英語力の差

回答者の割合		TOEIC	TOEFL-PBT	TOEFL-CBT	実用英語技能検定	CEFR
0～20%前後	理想	900～ 25.7%	650～ 15.7%	280～ 17.7%	1級～ —	C2～ 17.4%
	現実	850～ 21.2%	600～ 23.1%	250～ 29.3%	準1級～ 25.7%	
0～60%前後	理想	800～ 68.7%	600～ 53.8%	250～ 60.7%	1級～ 36.2%	C1～ 41.3%
	現実	700～ 55.5%	550～ 51.3%	213～ 65.4%	2級～ 69.0%	
0～90%前後	理想	750～ 80.1%	550～ 82.8%	213～ 88.1%	準1級～ 83.6%	B2～ 89.0%
	現実	550～ 83.7%	500～ 82.8%	173～ 90.7%	準2級～ 74.7%	

　なお各テストは性格や目的が異なっており、比較できるものではなく、例えばTOEIC 900点がTOEFL-CBT 650点、CEFR C2レベルをあらわしたものではない。

　表5でも明らかなように、国際交渉をするのに必要だとビジネスパーソンが考えている英語力と、英語力諸テストから見た現実の英語力との差は大きい。「上位0～20%前後」では両者の差はそれほど大きくないがCEFRで理想とされるのがC2という回答になっている。このC2は単に母語話者であるというレベルではなく、まさしくプロフェッショナルとして位置づけられるので相当に高いレベルを要求されていることがわかる（矢野2008; Yano 2009も参照）。

　「上位0～60%前後」のレベルでは、TOEICの両者の差が100点、TOEFL-PBTで50点、TOEFL-CBTで37点となるなど、差が歴然としている。実用英語技能検定では理想が1級、現実が2級と間に準1級があり、級が2つ飛んでいる。CEFRでも現実のデータはないものの、理想とされるC1であることを考慮すると、ここに現実に達している人は非常に少ないと考えるのが無難であろう。

　最後の「上位0～90%前後」のレベルを比較すると、TOEICではその差はさらに大きくなり200点、TOEFL-PBTで50点、TOEFL-CBTで40点、実用英語技能検定では2つの級の差がある。CEFRではB2が理想であるという。

　ビジネスパーソンが国際交渉をする上で必要と考えている理想と現実の英語力との間にこうした大きな差が存在することが明らかになった。

3.2.2　職務上の簡単な内容と複雑な内容を取り扱う英語の4技能の分析結果

　国際交渉で、自分の英語能力がどの程度通じると判断しているのか、日常会話でなく、自分の専門分野における簡単な内容または高度かつ複雑な内容に対してどの程度4技能を発揮できているか、また4技能間に技能差があるかを分析した結果を比較してみる（表6参照）。ここでの「複雑」と「簡単」という内容の定義はCEFRにもあるように抽象的な表現のままとなっており、具

体的な判断を示すものではない。

表6 簡単な内容と複雑な内容を理解・発表できる力

(単位%)

N=7,354 人数の割合	理解度	90%以上	70～80%	50～60%	30～40%	20%以下	無回答
聞く	簡単	42.7	30.6	15.2	6.8	4.6	0.1
	複雑	11.0	27.4	26.2	17.0	18.4	0.1
話す	簡単	36.9	26.1	17.6	10.6	8.7	0.1
	複雑	8.0	21.7	23.5	17.9	28.7	0.1
読む	簡単	64.0	21.7	7.8	3.6	3.1	0.1
	複雑	18.9	33.2	23.9	12.7	11.3	0.1
書く	簡単	40.7	24.3	16.2	10.0	8.7	0.1
	複雑	8.6	22.0	24.2	17.8	27.3	0.1

　まず，表6が示す「受信型スキル」に分類される「聞く」力を検証する。簡単な内容を聞いて理解する能力の場合，「90％以上」理解する能力を持った人たちは全回答者の42.7％である。また「70～80％」の理解力があるとする人は30.6％，合計73.3％となる。それに対して，複雑，かつ高度な内容を聞いて「90％以上」理解できる人は11.0％に過ぎず，「70～80％」理解できる人は27.4％であり，合計38.4％となる。高度な内容になると，簡単な場合に比べてリスニングに自信を持つ人の割合が半減する。

　同じ聞く力で，「70～80％」の理解については，簡単な内容では30.6％，複雑な内容では27.4％の人たちであるから，「70～80％」の程度なら両方とも3割の人たちが理解可能であり，ほとんど差がないことを意味している。それに対し，「90％以上」の理解については，簡単な内容では42.7％の人たちが可能なのに，複雑な内容であると，その約4分の1の11.0％の人たちに減ってしまう。結論として，たとえ英語のリスニング能力がトップ級の人たちでも，高度，微妙，複雑な内容を聞く能力が真に深く備わっている人はかなり少ないということを示唆している。

　次に同じ「受信型スキル」力を見てみる。簡単な内容を「90％以上」読んで理解できる人は64.0％，「70～80％」理解できるのは21.7％で，両方を合わせたすなわち「70％以上」理解できると回答したのは85.7％である。同じ観点から見ると複雑な内容を「90％以上」理解できるのは18.9％に落ち込み，「70～80％」が33.2％であり，両方の（70％以上理解できる）回答者は52.1％となっている。複雑なものになるとかなりリーディング能力が下がることがわかる。

　では，「話す・書く」といった「発信型スキル」ではどうなっているのであろうか。まずは「話す」力である。簡単なことなら「90％以上」発表できるのは36.9％，これに対し，高度で複雑な内容まで自分の意見を「90％以上」発表できるのはわずか8.0％になってしまう。

　「書く」力でも話す力と似たような現象が起きている。簡単な内容であれば，「90％以上」対応できる人は40.7％，「70～80％」で24.3％，両方を合わせた「70％以上」簡単なものならスムーズに書くことができるのは65.0％である。しかし，これが高度で複雑，緻密なものになると「90％以上」できるのは8.6％と極端に落ち込んでしまい，「70～80％」を見ても22.0％で，両方を合わ

せても約3割に過ぎない。「聞く」力（38.4%）以上に，この「書く」力の習得がビジネスパーソンにとって非常に困難であることをあらわしている。

以上の結果から，日本人ビジネスパーソンが職業上のコミュニケーション能力をどのように自己評価しているかをまとめてみよう。簡単な内容を読む能力は要求されるレベルにほぼ達しているが，その他の能力は目標に届かず，内容が複雑・高度になるとその読む力でも低くなり，それ以外の力はさらに低くなってしまう。特に，複雑，かつ高度の英語能力を「90%以上」発揮できる人を理想の形とすると，その人の割合は読む力で比較的高く18.9%であるが，それ以外の技能については10%前後であり，回答者の10人に1人の割合となる。この人数を増やしていくためにはどうすればよいのかを真剣に考える必要があるのではないだろうか。

3.2.3 外国人との職務上のコミュニケーションの問題点

国際業務に携わるビジネスパーソンは，英語によるコミュニケーションで支障が起きたり，思うように議論ができないなどの不安感・不満感をいだく経験を多くすると一般的に言われるが，はたして実態はどうなのかを調査した結果を報告する。「あなたは外国人との職務上の議論で次のような経験がありますか。平均すると10回中何回くらいになるかを選択してください」という設問に対し，選択肢は「9回以上」「7〜8回」「5〜6回」「3〜4回」「2回以下」を選んでもらった。

表7　相手との交渉においてストレスを感じる人の割合
（単位%）

N=7,354	9回以上	7〜8回	5〜6回	3〜4回	2回以下	無回答
1　英語力不足	14.8	12.1	18.6	22.1	32.1	0.3
2　聞き役	20.3	17.7	20.0	19.0	22.6	0.4
3　反論できない	24.2	18.8	17.4	17.3	22.0	0.4
4　タイミング	18.2	14.1	17.0	17.4	32.8	0.5
5　相手の信頼	22.5	17.0	18.0	17.1	25.0	0.4

議論をわかりやすくするために各項目を，5〜6回以上をまとめたところで捉えてみる。さらに，特に特徴がある場合にはそれぞれの回数を見てみることにする。

「1　英語力不足で討論についていくのが精一杯で積極的に貢献できない（英語力不足）」のが10回中5回以上を合計すると45.5%，つまり2人に1人が悩んでいることがわかる。次の，「2　聞き役になってしまい，話の筋道が相手のペースになってしまう（聞き役）」うち5回以上の人は58.0%すなわち約6割近い人がこの状態であることを示している。ビジネスパーソンが一般の英語力よりもこのことに悩みを抱えていることがわかる。「3　日常会話ではなく議論になると反論できないし，自分の論も進められない（反論できない）」のは，5回以上が60.4%であり，9回以上が24.2%にも達していることからビジネスパーソンが問題視していることがわかる。「4　別の外国人に意見を言われてしまい，タイミングを逸して不利な立場になる（タイミング）」のが5回以上と問題を感じているのは49.3%で半分である。最後の「5　議論中に話す内容の広さと深さが乏しいために，相手の信頼を得られたか不安になる（相手の信頼）」のが5回以上というのが57.5%

に達している。

次に，5回よりもさらに多い「7回以上」不安に感じるというのを見てみると，約4割が不安を覚えていることがわかる。

ビジネスパーソンが相手と取引をする上で，とかく積極的な外国人に先を越され，交渉事で引けをとり，マイナスの影響を被るというのは，上記の結果が示すように，いわゆる言語能力（linguistic competence）だけでなく，それ以上に，話者交替のシステムやポライトネスの概念を含む語用論的能力，異文化コミュニケーションに関わる価値観の違いなどとも関連した社会言語学的な要素や各専門領域と関連する English for Specific Purposes: ESP の知識など，が大きく関わっている可能性がある。

これらの量的な結果が示していることを，実際のビジネス現場でのコミュニケーションを録画・録音し，それらを会話分析的手法など用いながら，質的に詳細に分析していく必要がある。実際に，あるグローバル企業のELF環境でのテレビ会議の場を見せていただきその質的研究もスタートしたところである。こうした研究を積み重ねることにより，グローバル社会，国際競争社会にたくましく生きて，人類に貢献する人材を養成することにつながっていくかもしれない。さらに，言語教育の中で今まで比較的軽視されていた要素が国際コミュニケーションの中でいかに大切であり，これをカリキュラム等に取り入れていくことも必要なのではないだろうか。

3.2.4　国際ビジネスに必要な能力

ビジネスでは英語による交渉能力，説得力が必要であるが，他にも大きな問題が顕在化している。表8をご覧いただきたい。

表8　英語力に加えて国際ビジネスに必要な他の能力

（単位%）

N=7,354	非常に必要	やや必要	どちらともいえない	やや不必要	全然不必要	無回答
プレゼンテーション能力	42.0	43.1	10.1	3.1	1.5	0.2
経済力や政治事情把握力	24.1	47.7	20.2	6.0	1.8	0.2
交渉後の分析能力	36.5	46.7	12.9	2.4	1.3	0.2
臨機応変な判断力	51.0	39.2	7.5	1.2	0.9	0.2
交渉者としての信頼力	45.0	40.3	11.5	1.9	1.0	0.2

表8のそれぞれの能力が「非常に必要」と「やや必要」を合わせると，いずれの項目も70%から90%以上までの驚異的な数字を示している。特に，「臨機応変な判断力」90.2%，「交渉者としての信頼力」85.3%の両者はビジネスを成立するのには非常に重要であるという指摘は注目しなくてはならない。そして，コミュニケーションと直接関係がある「プレゼンテーション能力」は85.1%と，プレゼンテーションというのがそのビジネスの目的を達成するために重要であることを示している。また，「交渉後の分析能力」は83.2%にも及んでおり，非常に高いというのも，ビジネスにおいて，ただ単に英語で交渉ができるだけではなく，英語による分析能力も，きちんと

した成果をあげるという目的を達成するために不可欠な要素であることを物語っていると思われる。

いずれにせよ、7,354名のアンケートで、回答が80％を超えるような数字が出ることは珍しく、それだけ、ビジネスパーソンが交渉において共通に苦労しており、表8で指摘された能力は、どうしても必要であると考えている問題なのである。個人レベルではなく組織として、つまり、学校教育レベルで是非とも養成しなければならないことを訴える数字である。これは、今回は紙面の都合で紹介できなかった個人の自由記述意見でも多く指摘されているところである。こうした表8の能力は英語コミュニケーションの能力不足からくる自信のなさに関係しているかもしれず、今までの学校教育の結果といえるものかもしれない。

おわりに

本章ではグローバル時代にふさわしい国際ビジネスパーソンに求められる英語力とその内容に焦点を当ててELFの視点も取り入れながら分析を重ねてきた。ここで、先述の分析結果とELF科研への足掛かりとして以下のアプローチを提言したい。

提言1　ELF環境におけるビジネスの場の把握

ELF環境にあるビジネスの場とはどのようなものがあるのかを詳細に調査する必要がある。グローバル企業とひと口で言うのは簡単であるが、ELFの研究対象になりうる組織を絞り込まなければならない。

提言2　質的な分析の必要性

実際のビジネス現場で行われているELFコミュニケーションを、その背景にある目的をきちんとビジネスパーソンに確認した後に、会話分析的な手法で質的分析し、実態を把握する。

今後、以上2点に特に注目をしながら、実際のビジネスの場におけるELFコミュニケーションの実態を解明していく必要があろう。

なお、本付章は寺内一（2012）「企業が求める英語力―ELF研究への足がかりとして」（*WASEDA Working papers in ELF, Vol.1.* 42-57）の内容の一部を加筆修正したものである。

参考文献・引用文献

(2015.1.25現在)

Bachman, L. F. (1991). What does language testing have to offer? *TESOL Quarterly, 25*(4), 671–704.

Barbara, M. L., Celani, A. A., Collins, H., & Scott, M. (1996). A survey of communication patterns in the Brazilian business context. *English for Specific Purposes, 15*(1), 57–71.

Bargiela-Chiappini, F., & Harris, S. J. (1997). *Managing language: The discourse of corporate meetings*. Amsterdam: John Benjamins.

Bargiela-Chiappini, F., Nickerson, C., & Planken, B. (2007). *Business discourse*. Basingstoke: Palgrave Macmillan.

Basturkmen, H. (2003). Specificity and ESP course design. *RELC Journal, 34*(1), 48–63.

Basturkmen, H. (2006). *Ideas and options in English for specific purposes*. Mahwah, NJ: Lawrence Erlbaum.

Bhatia, V. K. (2002). Applied genre analysis: A multi-perspective model. *Ibérica, 4*, 3–19.

Bhatia, V. K. (2004). *Worlds of written discourse: A genre-based view*. London: Continuum.

Bhatia, V. K. (2012). Critical reflections on genre analysis. *Ibérica, 24*, 17–28.

Bhatia, V. K., & Bremner, S. (2012). English for business communication. *Language Teaching, 45*(4), 410–445.

Bilbow, G. (2002). Commissive speech act use in intercultural business meetings. *International Review of Applied Linguistics in Language Teaching, 40*(4), 287–303.

Bloor, M. (2000).（寺内一（訳））「世界のESP」．深山晶子（編）『ESPの理論と実践：これで日本の英語教育が変わる』東京：三修社．33–38.

Boden, D. (1994). *The business of talk: Organizations in action*. London: Polity Press.

Charles, M. (1996). Business negotiations: Interdependence between discourse and the business relationship. *English for Specific Purposes, 15*(1), 19–36.

中小企業庁 (2012)『中小企業白書2012年版〜試練を乗り越えて前進する中小企業〜』
http://www.chusho.meti.go.jp/pamflet/hakusyo/H24/H24/index.html

Cohen, J. (1992). A power primer. *Psychological Bulletin, 112*, 155–159.

Council of Europe. (2001). *Common European framework of reference for languages: Learning, teaching, assessment*. Cambridge: Cambridge University Press.

Dörnyei, Z. (2010). *Questionnaires in second language research: Construction, administration, and processing* (2nd ed.). New York: Routledge.

Douglas, D. (2000). *Assessing language for specific purposes*. Cambridge: Cambridge University Press.

Du-Babcock, B., & Babcock, R. D. (2007). Genre patterns in language-based communication zones. *Journal of Business Communication, 44*(4), 340–373.

Dudley-Evans, T., & St John, M. J. (1996). Report on business English: A review of research and published teaching materials. *TOEIC® Research Report no.2*. Princeton, NJ: The Chauncey Group International. http://www.ets.org/Media/Research/pdf/TOEIC-RR-02.pdf

Dudley-Evans, T., & St John, M. J. (1998). *Developments in English for specific purposes*. Cambridge: Cambridge University Press.

Ehrenreich, S. (2010). English as a business lingua franca in a German multinational corporation: Meeting the challenge. *Journal of Business Communication, 47*(4), 408–431.

Fredriksson, R., Barner-Rasmussen, W., & Piekkari, R. (2006). The multinational corporation as a multilingual organization: The notion of a common corporate language. *Corporate Communications, 11*(4), 406–423.

福井希一・野口ジュディー・渡辺紀子 (編著) (2009)『ESP的バイリンガルを目指して――大学英語教育の再定義』大阪: 大阪大学出版会.

Hagen, S. (Ed.). (1999). *Business communication across borders: A study of language use and practice in European companies*. London: Languages National Training Organisation.

Halliday, M. A. K., McIntosh, A., & Strevens, P. (1964). *The linguistic sciences and language teaching*. Oxford: Oxford University Press.

Handford, M. (2010). *The language of business meetings*. Cambridge: Cambridge University Press.

樋口耕一 (2004)「テキスト型データの計量的分析―2つのアプローチの峻別と統合―」『理論と方法』(数理社会学会) *19*(1), 101–115.

樋口耕一 (2014)『社会調査のための計量テキスト分析―内容分析の継承と発展を目指して―』京都: ナカニシヤ出版.

Howatt, A. P. R., & Widdowson, H. G. (2004). *A history of English language teaching* (2nd ed.). Oxford: Oxford University Press.

Hutchinson, T., & Waters, A. (1987). *English for specific purposes: A learning-centered approach*. Cambridge: Cambridge University Press.

Hyland, K. (2002). Specificity revisited: How far should we go now? *English for Specific Purposes, 21*(4), 385–395.

日向清人 (2008)「実社会が求める英語力のレベルはどの程度か」『日向清人のビジネス英語雑記帳』http://eng.alc.co.jp/newsbiz/hinata/2007/r/post-449html

一般財団法人 国際ビジネスコミュニケーション協会 (2011)『TOEIC大学就職課調査・上場企業における活用実態調査』.

一般財団法人 国際ビジネスコミュニケーション協会 (2014)『人材育成における英語に関する調査』.

Jenkins, J. (2000). *The phonology of English as an international language*. Oxford: Oxford University Press.

Jenkins, J. (2007). *English as a lingua franca: Attitudes and identity*. Oxford: Oxford University Press.

株式会社矢野経済研究所 (2014)『企業向け研修サービス市場の実態と展望 2014』

http://www.yano.co.jp/market_reports/C56107500

Kachru, B. B. (1985). Standards, codification and sociolinguistic realism: The English language in the outer circle. In R. Quirk & H. G. Widdowson (Eds.), *English in the world: Teaching and learning the language and literatures* (11–30). Cambridge: Cambridge University Press.

Kachru, B. B. (Ed.) (1992). *The other tongue: English across cultures* (2nd ed.). Urbana and Chicago: University of Illinois Press.

Kankaanranta, A., & Louhiala-Salminen, L. (2013). "What language does global business speak?" – The concept and development of BELF, *Ibérica, 26*, 17–34.

Kankaanranta, A., & Planken, B. (2010). BELF competence as business knowledge of internationally operating business professionals. *Journal of Business Communication, 47*(4), 380–407.

経済産業省 (2010)『報告書 ～産学官でグローバル人材の育成を～』
http://www.meti.go.jp/policy/economy/jinzai/san_gaku_ps/2010globalhoukokusho.pdf

経済産業省 (2012)『通商白書2012』http://www.meti.go.jp/report/tsuhaku2012/

Khoo, R. (Ed.). (1994). *LSP: Problems and prospects*. Singapore: SEAMEO Regional Language Centre.

小池生夫 (2008)「世界水準を見据えた英語教育―国家的な危機に対応する小池科研の研究成果と提言―」『英語展望』14–17.

小池生夫・寺内一・髙田智子 (2008)「企業が求める英語力調査報告書」小池生夫・投野由紀夫（編）『第二言語習得研究を基盤とする小，中，高，大の連携をはかる英語教育の先導的基礎研究』(平成16年度～平成19年度科学研究費補助金(基盤研究(A)，課題研究番号 16202010)). 東京：タナカ企画.

小池生夫 (監修)・寺内一 (編著)・高田智子・松井順子・財団法人 国際ビジネスコミュニケーション協会 (2010)『企業が求める英語力』東京：朝日出版社.

Lackstorm, E., Selinker, L. & Trimble, L. P. (1972). Grammar and technical English. *English Teaching Forum, 10*(5).Reprinted in Swales, J. (1985). Episodes in ESP. Oxford: Pergamon.

London Chamber of Commerce and Industry Examinations Board. (1972). *The non-specialist use of foreign languages in industry and commerce*. Sidcup: London Chamber of Commerce and Industry Examinations Board.

Long, M. (Ed.). (2005). *Second language needs analysis*. Cambridge: Cambridge University Press.

Louhiala-Salminen, L., Charles, M., & Kankaanranta, A. (2005). English as a lingua franca in Nordic corporate mergers: Two case companies. *English for Specific Purposes, 24*(4), 401–421.

Louhiala-Salminen, L., & Kankaanranta, A. (2011). Professional communication in a global business context: The notion of global communicative competence. *IEEE Transactions on Professional Communication, 54*(3), 244–262.

三木谷浩史 (2012a)「英語化の次なる戦略」『DIAMONDハーバード・ビジネス・レビュー』10月号，40–42.

三木谷浩史 (2012b)『たかが英語!』東京：講談社.

三浦省五 (監修)・前田啓朗・山森光陽 (編著)・磯田貴道・廣森友人 (2004)『英語教師のための教育データ分析入門 —— 授業が変わるテスト・評価・研究』東京: 大修館書店.

深山晶子 (編) (2000)『ESPの理論と実践 —— これで日本の英語教育が変わる』東京: 三修社.

文部科学省 (2011)『産学官によるグローバル人材の育成のための戦略』
http://www.mext.go.jp/component/a_menu/education/detail/__icsFiles/afieldfile/2011/06/01/1301460_1.pdf

文部科学省 (2013)『グローバル化に対応した英語教育改革実施計画』
http://www.mext.go.jp/a_menu/kokusai/gaikokugo/__icsFiles/afieldfile/2014/01/31/1343704_01.pdf

文部科学省 (2014)『スーパーグローバル大学創成支援 事業概要』
http://www.mext.go.jp/b_menu/houdou/26/09/__icsFiles/afieldfile/2014/09/26/1352218_01.pdf

Munby, J. (1978). *Communicative syllabus design*. Cambridge: Cambridge University Press.

内閣府 (2012)『グローバル人材育成戦略』
http://www.kantei.go.jp/jp/singi/global/1206011matome.pdf

Nickerson, C. (2005). English as a lingua franca in international business contexts. *English for Specific Purposes, 24*(4), 367–380.

日本経済団体連合会 (2013)『世界を舞台に活躍できる人づくりのために—グローバル人材の育成に向けたフォローアップ提言—』https://www.keidanren.or.jp/policy/2013/059_honbun.pdf

日本経済団体連合会 (2014)『次代を担う人材育成に向けて 求められる教育改革』
https://www.keidanren.or.jp/policy/2014/033_honbun.pdf

野口ジュディー (2006)「ESPとジャンル分析」鈴木良次 (編)『言語科学の百科事典』東京: 丸善. 254–255.

O'Sullivan, B. (2012). Assessment issues in languages for specific purposes. *The Modern Language Journal, 96*, 71–88.

西條剛央 (2007)『ライブ講義・質的研究とは何か SCQRMベーシック編 —— 研究の着想からデータ収集，分析，モデル構築まで』東京: 新曜社.

セダール・ニーリー (2012)「英語公用語化は必要か」『DIAMOND ハーバード・ビジネス・レビュー』10月号, 26–37.

Seidlhofer, B. (2004). Research perspectives on teaching English as a lingua franca. *Annual Review of Applied Linguistics, 24*, 209–239.

Seidlhofer, B. (2011). *Understanding English as a lingua franca*. Oxford: Oxford University Press.

Sewell, A. (2012). English as a lingua franca: Ontology and ideology. *ELT Journal, 67*(1), 3–10.

総務省 (2006)『平成18年事業所・企業統計調査』
http://www.stat.go.jp/data/jigyou/2006/index.htm

総務省 (2009)『平成21年経済センサス —— 基礎調査』

http://www.stat.go.jp/data/e-census/2009/index.htm

St John, M. J. (1996). Business is booming: Business English in the 1990s. *English for Specific Purposes, 15*(1), 3–18.

須藤康介・古市憲寿・本田由紀 (2012)『文系でも分かる統計分析』東京: 朝日新聞出版.

鈴木淳子 (2011)『質問紙デザインの技法』京都: ナカニシヤ出版.

Swales, J. M. (1990). *Genre analysis: English in academic and research settings*. Cambridge: Cambridge University Press.

寺内一 (2005)『ビジネス系大学の英語教育イノベーション —— ESPの視点から』東京: 白桃書房.

寺内一 (編) (2008)『企業が求める英語力調査報告書』東京: 東京大和印刷.

寺内一 (2009)「日本人ビジネスパーソンの英語力実態調査報告—国際ビジネスに必要とされる英語力とは—」慶應義塾大学『法学研究』第82巻第1号, 877–900.

寺内一 (2011)「日本の英語教育はCEFRをどのように受け止めるべきか」『英語教育』2011年9月号. 第60巻, 第6号, 10–12.

寺内一 (2012)「企業が求める英語力 —— ELF研究への足がかりとして」*WASEDA Working Papers in ELF*, Volume 1, 42–57.

寺内一・荻野稚佳子・加藤晴子・川成美香 (2008)「第10回明海大学大学院応用言語学セミナーシンポジウム－日本の外国語教育における学習スタンダードのあり方をめぐって」明海大学大学院応用言語学研究科紀要『応用言語学研究』No.10. 67–84.

寺内一・山内ひさ子・野口ジュディー・笹島茂 (編) (2010)『21世紀のESP —— 新しいESP理論の構築と実践』(英語教育学体系第4巻) 東京: 大修館書店.

投野由紀夫 (編) (2013)『CAN-DOリスト作成・活用 英語到達度指標CEFR-Jガイドブック』東京: 大修館書店.

東洋経済新報社 (編) (2012)『週刊東洋経済. 臨時増刊, 海外進出企業総覧. 会社別編』東京: 東洋経済新報社.

東洋経済新報社 (編) (2012)『週刊東洋経済. 臨時増刊, 海外進出企業総覧. 国別編』東京: 東洋経済新報社.

Trompenaars, F., & Hampden-Turner, C. (1998). *Riding the waves of culture*. New York: McGraw-Hill.

Tsuji, K., & Tsuji, S. (2012). Assessing the need for English at manufacturing companies in Japan. *The JACET international convention proceedings—The JACET 51st international convention*. Tokyo: The Japan Association of College English Teachers. 401-406.

van Ek, J. A., & Alexander, L. G. (1975). *Threshold Level English*. Oxford: Pergamon Press on behalf of the Council of Europe.

van Ek, J. A., & Trim, J. M. (1991). *Threshold 1990*. Cambridge: Cambridge University Press.

Wilkins, D. A. (1976). *Notional syllabuses*. Oxford: Oxford University Press.

矢野安剛 (2008)「国際語としての英語—過去・現在・未来」村田久美子・原田哲男（編著）『コミュニケーション能力育成再考：ヘンリー・ウイドウソンと日本の応用言語学・言語教育』東

京：ひつじ書房．205–227.
Yano, Y. (2009) The future of English: Beyond the Kachruvian three circle model? In Murata, K. & Jenkins, J. (Eds.). *Global Englishes in Asian contexts: Current and future debates* (208–225). Basingstoke, Hampshire: Palgrave Macmillan.
吉島茂 (2007)「ヨーロッパの外国語教育を支える考え方」『英語展望』No. 114, 49-54.
吉島茂・大橋理枝 (他) (訳・編) (2004)『外国語教育 II ── 外国語の学習，教授，評価のためのヨーロッパ共通参照枠』東京：朝日出版社．

付録 A 本調査項目と回答結果

A.1 本アンケート調査質問票のQ1～Q19における単純集計結果

Q1 あなたの業務上での英語使用歴はおおよそ合計で何年になりますか。
（回答は1つ，✓をお願いします）

- ☐ 5年未満
- ☐ 5年以上 ― 10年未満
- ☐ 10年以上 ― 15年未満
- ☐ 15年以上 ― 20年未満
- ☐ 20年以上 ― 25年未満
- ☐ 25年以上 ― 30年未満
- ☐ 30年以上

▼グラフQ1　英語使用歴

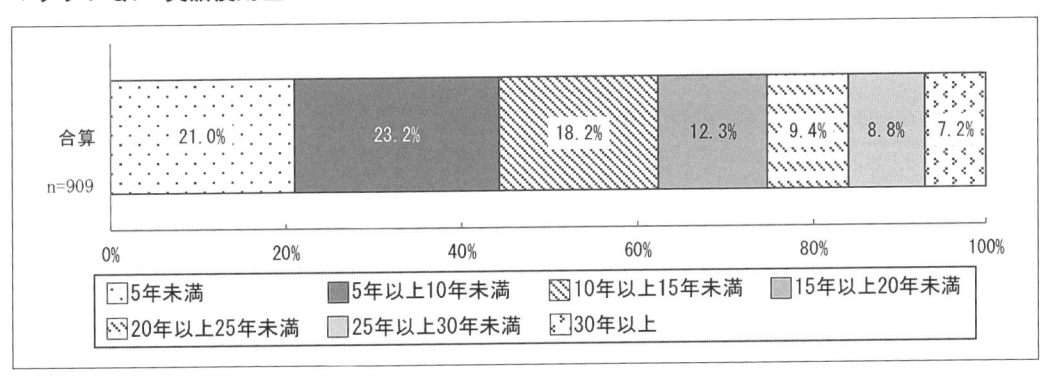

合算 n=909: 5年未満 21.0% ／ 5年以上10年未満 23.2% ／ 10年以上15年未満 18.2% ／ 15年以上20年未満 12.3% ／ 20年以上25年未満 9.4% ／ 25年以上30年未満 8.8% ／ 30年以上 7.2%

▼表Q1　英語使用歴

	合計	5年未満	5年以上10年未満	10年以上15年未満	15年以上20年未満	20年以上25年未満	25年以上30年未満	30年以上
度数	909	191	211	165	112	85	80	65
%	100.0	21.0	23.2	18.2	12.3	9.4	8.8	7.2

Q2 あなたの海外での業務経験（駐在・短期滞在・出張等含む）はおおよそ合計で何年になりますか。（回答は半角数字で入力）

_____ 年

▼グラフQ2　海外業務経験年数

合算 n=909：1年未満 36.5% ／ 1年以上3年未満 28.2% ／ 3年以上5年未満 10.1% ／ 5年以上10年未満 13.8% ／ 10年以上 11.4%

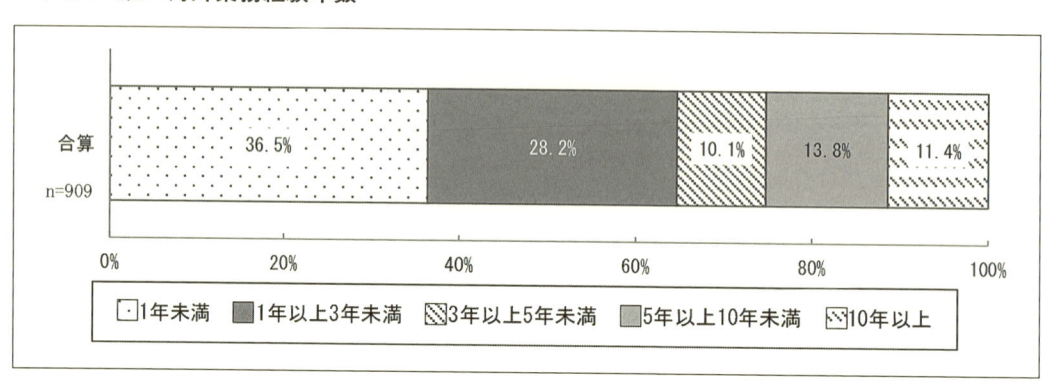

▼表Q2　海外業務経験年数

	合計	1年未満	1年以上3年未満	3年以上5年未満	5年以上10年未満	10年以上
度数	909	332	256	92	125	104
%	100.0	36.5	28.2	10.1	13.8	11.4

所属部署の様子についてお答えください

Q3 あなたが所属する部署の業務分野は以下のどちらですか。
　　　（回答は1つ，✓をお願いします。）

- ☐ 経理・財務
- ☐ 総務
- ☐ 人事・教育
- ☐ 経営企画
- ☐ 広報
- ☐ 法務・知財
- ☐ IT・システム
- ☐ 営業・販売
- ☐ マーケティング
- ☐ 製造
- ☐ 資材・調達・物流
- ☐ 商品企画
- ☐ 技術・設計
- ☐ 研究開発
- ☐ その他（　　　　　）

▼グラフ Q3　業務分野

合算 n=909: 経理・財務 4.8%, 総務 2.1%, 人事・教育 9.8%, 経営企画 5.8%, 広報 1.0%, 法務・知財 2.0%, IT・システム 10.2%, 営業・販売 15.1%, マーケティング 5.0%, 製造 2.5%, 資材・調達・物流 4.7%, 商品企画 2.9%, 技術・設計 12.7%, 研究開発 11.3%, その他 10.1%

凡例:
- 経理・財務
- 総務
- 人事・教育
- 経営企画
- 広報
- 法務・知財
- IT・システム
- 営業・販売
- マーケティング
- 製造
- 資材・調達・物流
- 商品企画
- 技術・設計
- 研究開発
- その他

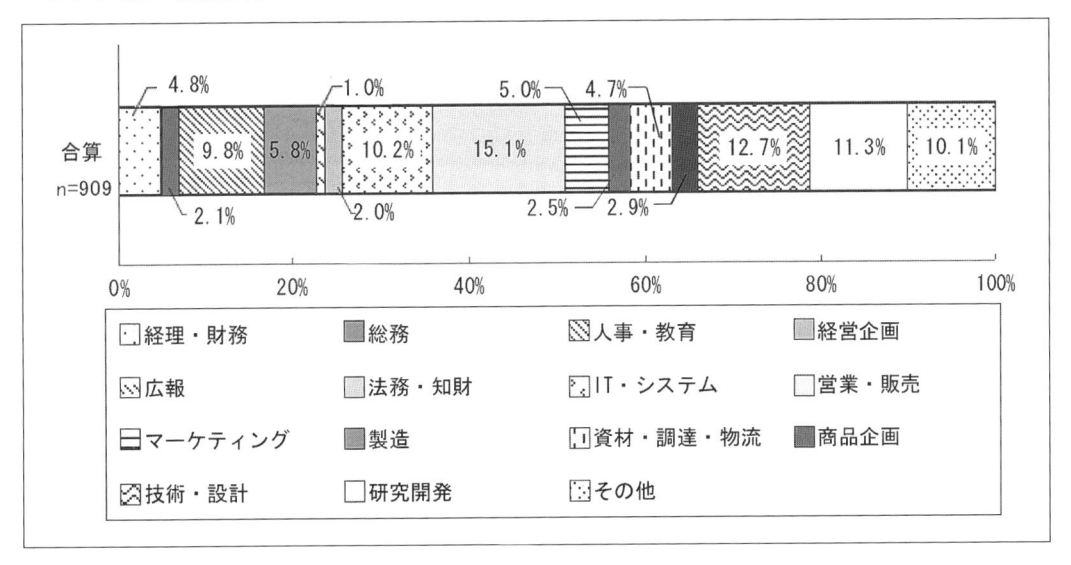

▼表 Q3　業務分野

	合計	経理・財務	総務	人事・教育	経営企画	広報	法務・知財	IT・システム	営業・販売	マーケティング	製造	資材・調達・物流	商品企画	技術・設計	研究開発	その他
度数	909	44	19	89	53	9	18	93	137	45	23	43	26	115	103	92
%	100.0	4.8	2.1	9.8	5.8	1.0	2.0	10.2	15.1	5.0	2.5	4.7	2.9	12.7	11.3	10.1

Q4 あなたが所属する部署の正社員（外国人や海外在籍者も含む）の構成人数についてお答えください。

「部署」については，課長職・主任等の方は課，部長職（副含む）の方は部，事業部長職（副含む）の方は事業部としてご回答ください。（回答は半角数字で入力・概数でも可）

管理職　　　　　　　　　＿＿＿＿＿＿　人
管理職以外（正社員のみ）　＿＿＿＿＿＿　人

■管理職の人数
▼グラフQ4.1　管理職の人数

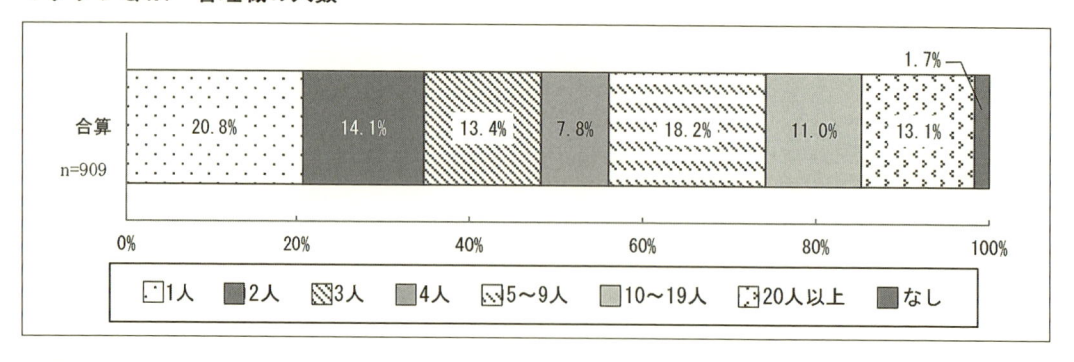

合算 n=909: 1人 20.8% / 2人 14.1% / 3人 13.4% / 4人 7.8% / 5～9人 18.2% / 10～19人 11.0% / 20人以上 13.1% / なし 1.7%

▼表Q4.1　管理職の人数

	合計	1人	2人	3人	4人	5～9人	10～19人	20人以上	なし
度数	909	189	128	122	71	165	100	119	15
%	100.0	20.8	14.1	13.4	7.8	18.2	11.0	13.1	1.7

■管理職以外の人数
▼グラフQ4.2　管理職以外の人数（正社員のみ）

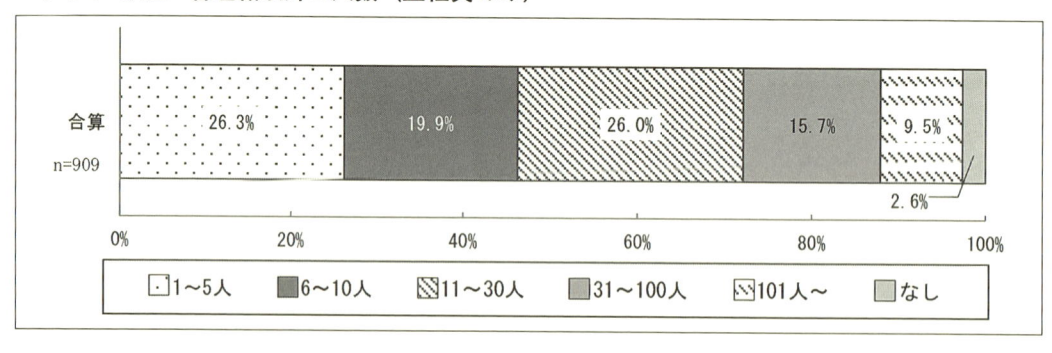

合算 n=909: 1～5人 26.3% / 6～10人 19.9% / 11～30人 26.0% / 31～100人 15.7% / 101人～ 9.5% / なし 2.6%

▼表Q4.2　管理職以外の人数（正社員のみ）

	合計	1～5人	6～10人	11～30人	31～100人	101人～	なし
度数	909	239	181	236	143	86	24
%	100.0	26.3	19.9	26.0	15.7	9.5	2.6

Q5 あなたが所属する部署の正社員（管理職及び非管理職）で，業務上英語を使用する人の人数をご記入ください。（回答は半角数字で入力・概数でも可）

部署の英語使用者数 ＿＿＿＿＿＿＿ 人

付録A

本調査項目と回答結果

▼グラフQ5　英語使用者数

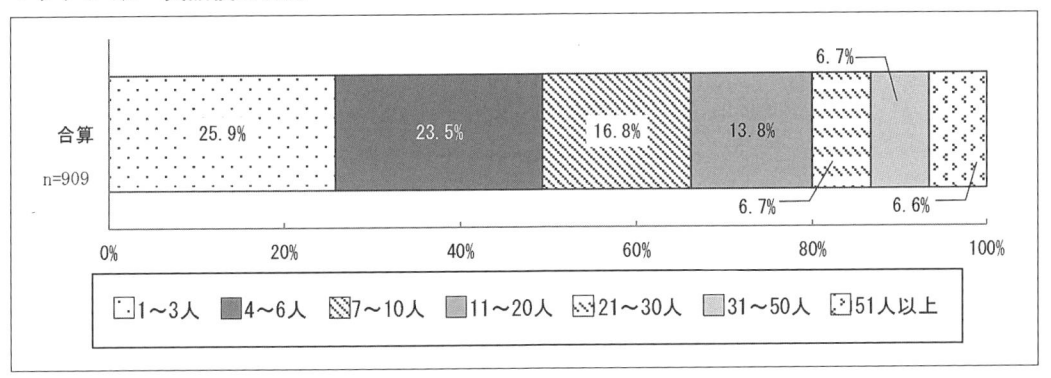

| 合算 n=909 | 1〜3人 25.9% | 4〜6人 23.5% | 7〜10人 16.8% | 11〜20人 13.8% | 21〜30人 6.7% | 31〜50人 6.7% | 51人以上 6.6% |

▼表Q5　英語使用者数

	合計	1〜3人	4〜6人	7〜10人	11〜20人	21〜30人	31〜50人	51人以上
度数	909	235	214	153	125	61	61	60
%	100.0	25.9	23.5	16.8	13.8	6.7	6.7	6.6

Q6 あなたが所属する部署の仕事量全体を100%とした場合，英語を使用する仕事は何%くらいですか。おおよその割合でお答えください。（回答は半角数字で入力・概数でも可）

部署で英語を使用する仕事量　_____%

▼グラフQ6　英語使用の仕事率

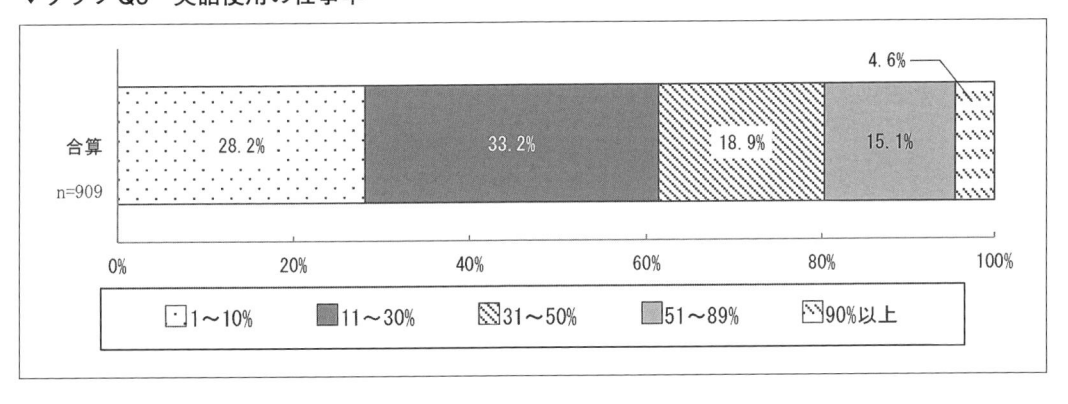

| 合算 n=909 | 1〜10% 28.2% | 11〜30% 33.2% | 31〜50% 18.9% | 51〜89% 15.1% | 90%以上 4.6% |

▼表Q6　英語使用の仕事率

	合計	1〜10%	11〜30%	31〜50%	51〜89%	90%以上
度数	909	256	302	172	137	42
%	100.0	28.2	33.2	18.9	15.1	4.6

所属部署で行われる英語によるミーティングの全体の様子についてお答えください

以下の表は，ビジネス場面でのコミュニケーション能力を示す国際標準規格としてヨーロッパで用いられているものです。

Q7 所属部署の英語によるミーティングに参加する日本人が現在到達している平均的なレベルを1つ選んでください。（回答はタテの列ごとに1つずつ）

Q8 管理する立場から見て，日本人社員にここ数年で到達してほしい，現実的な到達目標レベルを1つ選んでください。（回答はタテの列ごとに1つずつ）

レベル	コミュニケーション能力	Q7 平均レベル	Q8 到達目標
C2	複雑な論題についての議論で自己主張できる。母語話者と比べても引けをとらず，明確で説得力のある議論ができる。	☐	☐
C1	抽象的かつ複雑で身近でない話題でも，ディベートに容易についていくことができる。 説得力をもって公式に主張を展開でき，質問やコメントに応じ，複雑な筋立ての対抗意見にも，流暢に自然に適切に応えることができる。	☐	☐
B2.2	活発な議論についていき，支持側と反対側の論理を的確に把握できる。 自分の考えや意見を正確に表現できる。また，複雑な筋立ての議論に対し，説得力をもって見解を提示し，対応できる。	☐	☐
B2.1	日常・非日常的な公式の議論に積極的に参加できる。 自分の専門分野に関連した事柄なら，議論を理解し，話し手が強調した点を詳しく理解できる。 自分の意見を述べ，説明し，維持することができる。代案を評価し，仮説を立て，また他人が立てた仮説に対応できる。	☐	☐
B1	もし対話相手が，非常に慣用句的な言葉遣いを避け，はっきりと発音してくれれば，自分の専門分野に関連した話の概略を理解できる。 ディベートに参加するのは難しいが，視点ははっきりと示すことができる。 標準的な言葉遣いではっきりとした発音であれば，事実に関した情報をやり取りしたり，指示を受けたり，実際的な問題の解決策を論じたりする，定例の公式の議論に参加することができる。	☐	☐
A2.2	議論がゆっくりとはっきりなされれば，自分の専門分野に関連した公式の議論での話題の動き・変化をおおかた理解できる。直接自分に向けられた質問ならば，実際的問題についての関連情報をやり取りし，自分の意見を示すことができるが，自分の意見を述べる際には，人の助けを借り，必要に応じて鍵となるポイントを繰り返してもらわねばならない。	☐	☐
A2.1	もし必要な場合に鍵となるポイントを繰り返してもらえるならば，公的な会合で直接自分に向けられた質問に対して自分の考えを言うことができる。	☐	☐

▼グラフ Q7　CEFR Level 平均

合算
n=909

C2	C1	B2.2	B2.1	B1	A2.2	A2.1
2.5%	2.6%	8.6%	20.7%	33.7%	19.8%	12.1%

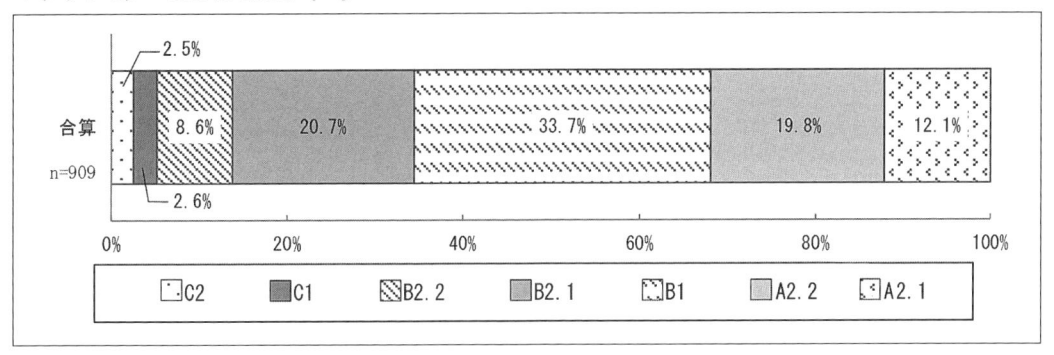

▼表 Q7　CEFR Level 平均

	合計	C2	C1	B2.2	B2.1	B1	A2.2	A2.1
度数	909	23	24	78	188	306	180	110
%	100.0	2.5	2.6	8.6	20.7	33.7	19.8	12.1

▼グラフ Q8　CEFR Level 目標

合算
n=909

C2	C1	B2.2	B2.1	B1	A2.2	A2.1
12.7%	20.4%	33.6%	22.3%	7.4%	2.3%	1.4%

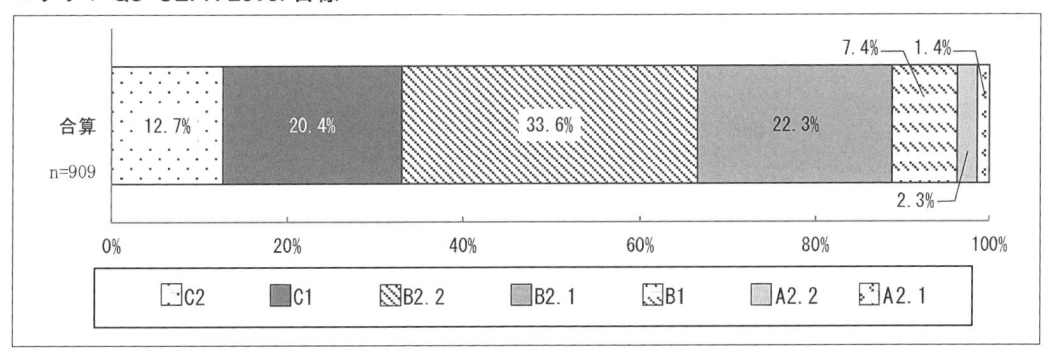

▼表 Q8　CEFR Level 目標

	合計	C2	C1	B2.2	B2.1	B1	A2.2	A2.1
度数	909	115	185	305	203	67	21	13
%	100.0	12.7	20.4	33.6	22.3	7.4	2.3	1.4

英語によるミーティングの全体の様子

Q9 貴部署では英語によるビジネスミーティングがありますか。全体の会議数を100％とした場合，英語によるビジネスミーティングは何％くらいですか。

　　　英語によるビジネスミーティング _____ ％

▼グラフQ9　英語によるビジネスミーティング開催率

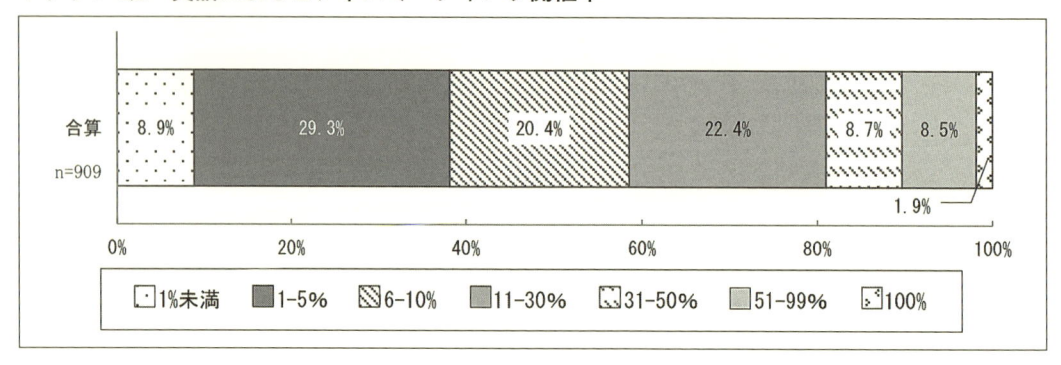

合算 n=909： 1%未満 8.9% ／ 1-5% 29.3% ／ 6-10% 20.4% ／ 11-30% 22.4% ／ 31-50% 8.7% ／ 51-99% 8.5% ／ 100% 1.9%

▼表Q9　英語によるビジネスミーティング開催率

	合計	1%未満	1〜5%	6〜10%	11〜30%	31〜50%	51〜99%	100%
度数	909	81	266	185	204	79	77	17
%	100.0	8.9	29.3	20.4	22.4	8.7	8.5	1.9

Q10 貴部署では，以下のような英語によるビジネスミーティングがありますか。相手別にお答えください。

相手	ある	頻度	ない
社内メンバーもしくはグループ会社（Internal）とのビジネスミーティング	☐	年／月／週　　回	☐
提携関係にあるパートナー会社（Contracted partners）とのビジネスミーティング	☐	年／月／週　　回	☐
顧客（External）とのビジネスミーティング	☐	年／月／週　　回	☐

■会議の相手：社内

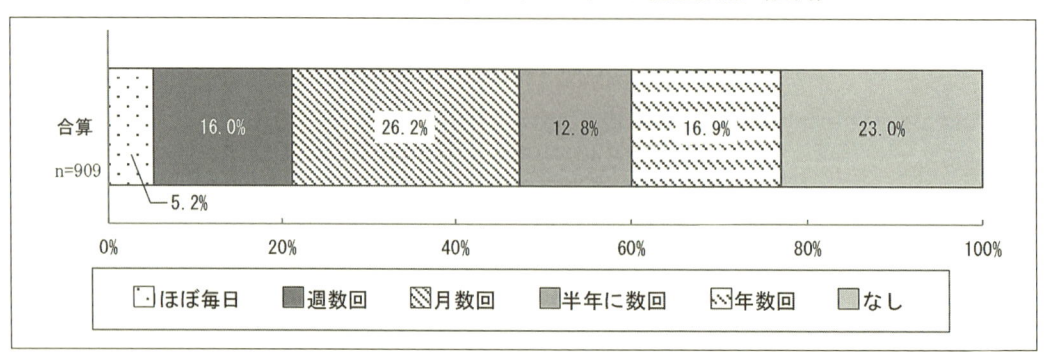

▼グラフQ10.1　相手別の英語によるビジネスミーティング開催頻度（社内）

合算 n=909： ほぼ毎日 5.2% ／ 週数回 16.0% ／ 月数回 26.2% ／ 半年に数回 12.8% ／ 年数回 16.9% ／ なし 23.0%

▼表Q10.1　相手別の英語によるビジネスミーティング開催頻度（社内）

	合計	ほぼ毎日	週数回	月数回	半年に数回	年数回	なし
度数	909	47	145	238	116	154	209
%	100.0	5.2	16.0	26.2	12.8	16.9	23.0

■会議の相手：提携

▼グラフQ10.2　相手別の英語によるビジネスミーティング開催頻度（提携）

合算 n=909　1.2%　5.6%　17.3%　13.9%　22.4%　39.6%

凡例：ほぼ毎日／週数回／月数回／半年に数回／年数回／なし

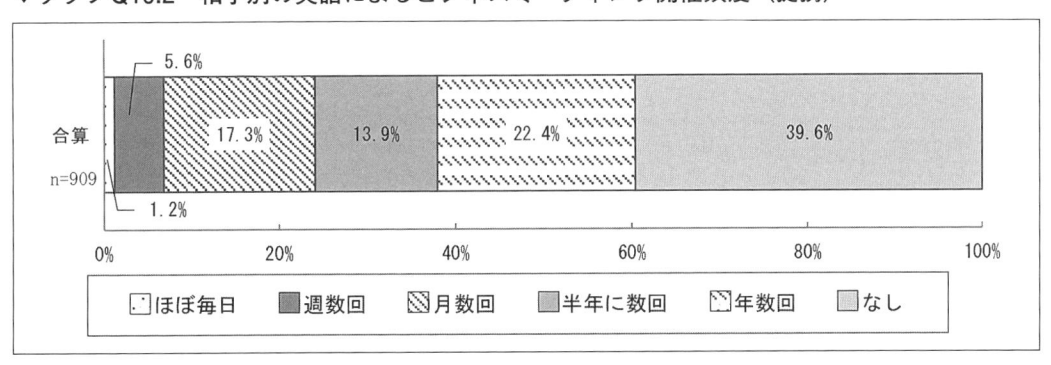

▼表Q10.2　相手別の英語によるビジネスミーティング開催頻度（提携）

	合計	ほぼ毎日	週数回	月数回	半年に数回	年数回	なし
度数	909	11	51	157	126	204	360
%	100.0	1.2	5.6	17.3	13.9	22.4	39.6

■会議の相手：顧客

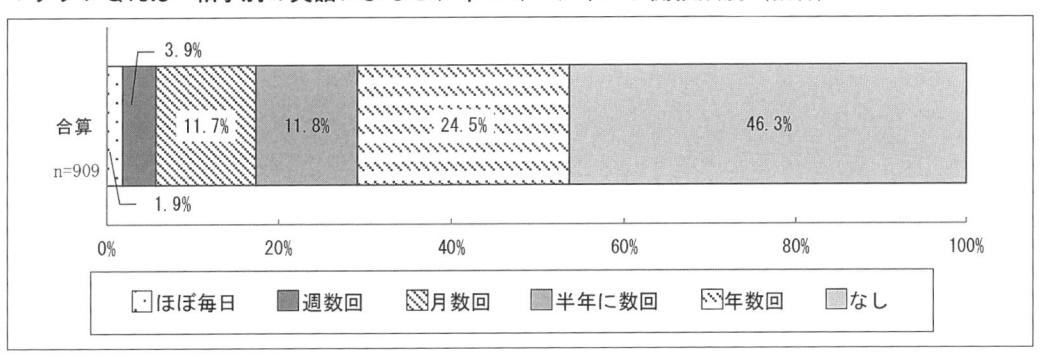

▼グラフQ10.3　相手別の英語によるビジネスミーティング開催頻度（顧客）

合算 n=909　1.9%　3.9%　11.7%　11.8%　24.5%　46.3%

凡例：ほぼ毎日／週数回／月数回／半年に数回／年数回／なし

▼表Q10.3　相手別の英語によるビジネスミーティング開催頻度（顧客）

	合計	ほぼ毎日	週数回	月数回	半年に数回	年数回	なし
度数	909	17	35	106	107	223	421
%	100.0	1.9	3.9	11.7	11.8	24.5	46.3

Q11 英語によるビジネスミーティングの**参加人数**は通常何人くらいですか。
（各相手に関して，それぞれ回答は1つ，✓をお願いします）

> ※典型的な会議の様子を相手別に思い浮かべてお答えください。
> ※今回は管理職の方に部署全体のビジネスミーティングについて回答いただくため，2人（1対1）の会議は除外します。

相手＼人数	3－5人	6－10人	11人以上
社内（Internal）	☐	☐	☐
提携（Contracted partners）	☐	☐	☐
顧客（External）	☐	☐	☐

■会議の相手：社内

▼グラフ Q11.1　相手別の英語によるビジネスミーティング参加人数（社内）

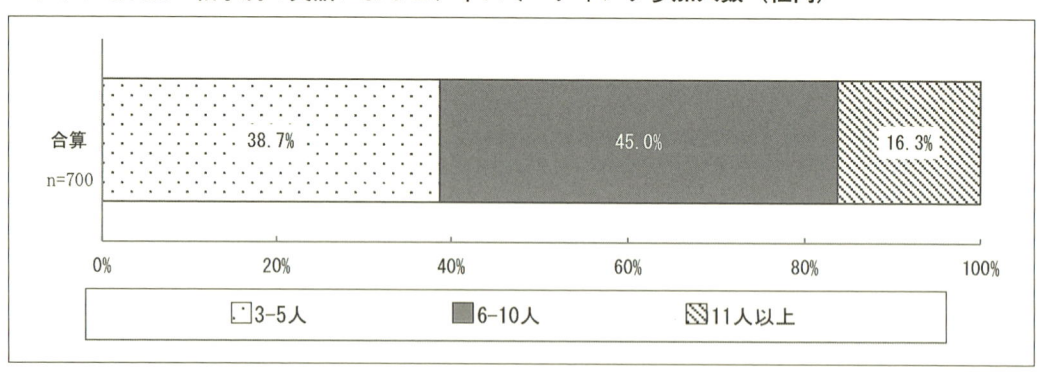

合算 n=700: 3-5人 38.7%　6-10人 45.0%　11人以上 16.3%

▼表 Q11.1　相手別の英語によるビジネスミーティング参加人数（社内）

	合計	3〜5人	6〜10人	11人以上
度数	700	271	315	114
％	100.0	38.7	45.0	16.3

付録A

本調査項目と回答結果

■会議の相手：提携

▼グラフ Q11.2　相手別の英語によるビジネスミーティング参加人数（提携）

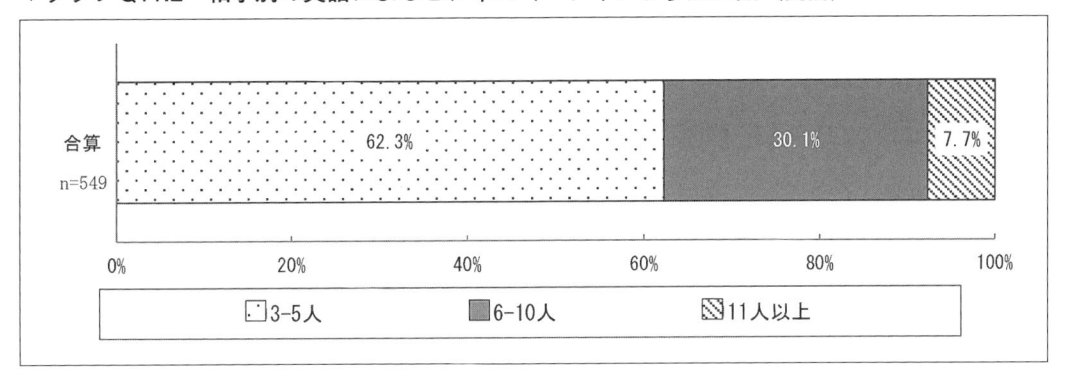

合算 n=549： 3-5人 62.3%／6-10人 30.1%／11人以上 7.7%

▼表 Q11.2　相手別の英語によるビジネスミーティング参加人数（提携）

	合計	3～5人	6～10人	11人以上
度数	549	342	165	42
%	100.0	62.3	30.1	7.7

■会議の相手：顧客

▼グラフ Q11.3　相手別の英語によるビジネスミーティング参加人数（顧客）

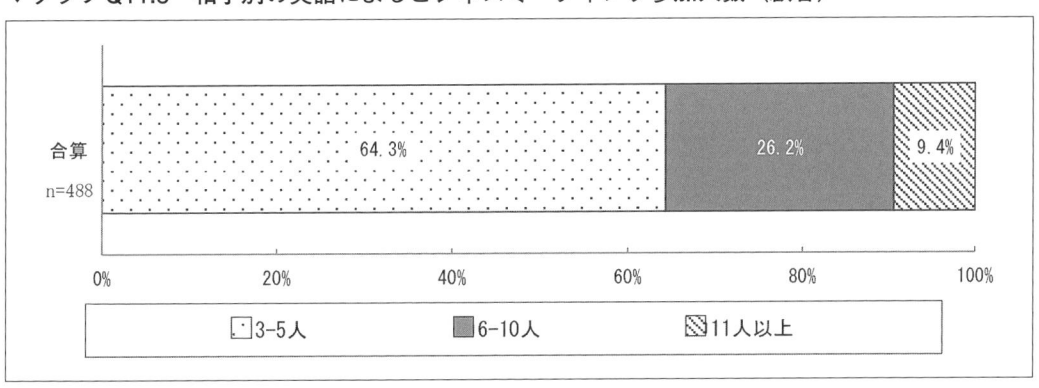

合算 n=488： 3-5人 64.3%／6-10人 26.2%／11人以上 9.4%

▼表 Q11.3　相手別の英語によるビジネスミーティング参加人数（顧客）

	合計	3～5人	6～10人	11人以上
度数	488	314	128	46
%	100.0	64.3	26.2	9.4

Q12 英語によるビジネスミーティングは通常どのような形態で実施しますか。（複数回答可）

形態＼相手	対面	テレビ・ネット（音声と映像）	電話（音声のみ）	その他（　　　）
社内（Internal）	☐	☐	☐	
提携（Contracted partners）	☐	☐	☐	
顧客（External）	☐	☐	☐	

■会議の相手：社内

▼グラフQ12.1　相手別の英語によるビジネスミーティング実施形態（社内）

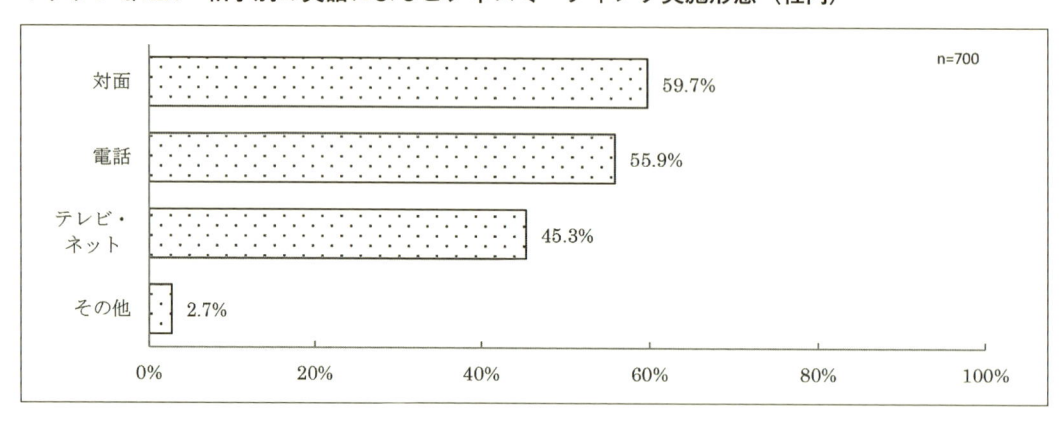

- 対面　59.7%
- 電話　55.9%
- テレビ・ネット　45.3%
- その他　2.7%

n=700

▼表Q12.1　相手別の英語によるビジネスミーティング実施形態（社内）

	合計	対面	電話	テレビ・ネット	その他
度数	700	418	391	317	19
％	―	59.7	55.9	45.3	2.7

付録A
本調査項目と回答結果

■**会議の相手：提携**

▼グラフQ12.2　相手別の英語によるビジネスミーティング実施形態（提携）

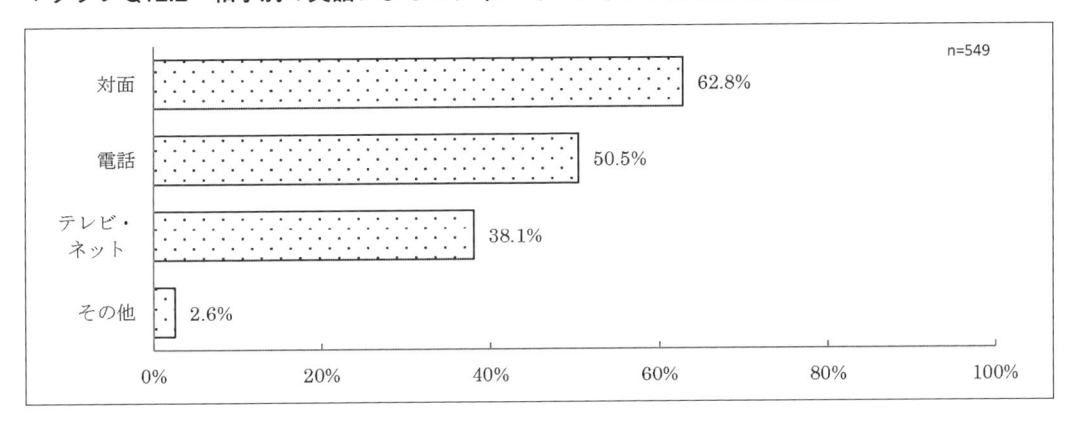

n=549
- 対面：62.8%
- 電話：50.5%
- テレビ・ネット：38.1%
- その他：2.6%

▼表Q12.2　相手別の英語によるビジネスミーティング実施形態（提携）

	合計	対面	電話	テレビ・ネット	その他
度数	549	345	277	209	14
%	—	62.8	50.5	38.1	2.6

■**会議の相手：顧客**

▼グラフQ12.3　相手別の英語によるビジネスミーティング実施形態（顧客）

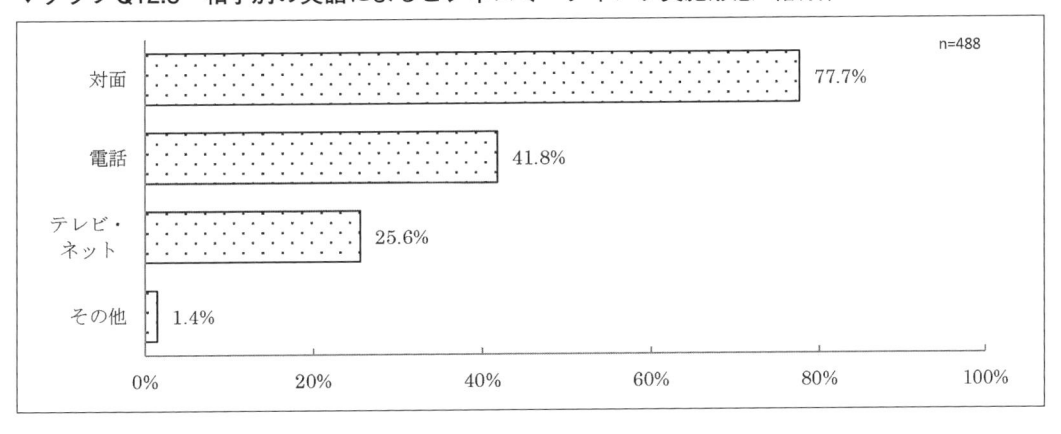

n=488
- 対面：77.7%
- 電話：41.8%
- テレビ・ネット：25.6%
- その他：1.4%

▼表Q12.3　相手別の英語によるビジネスミーティング実施形態（顧客）

	合計	対面	電話	テレビ・ネット	その他
度数	488	379	204	125	7
%	—	77.7	41.8	25.6	1.4

Q13 ビジネスミーティング参加者の**言語的バックグラウンド**についてお答えください。地図に示された色＊を参考に，その色の国の出身者の数をお答えください。
（半角数字で入力・概数でも可）

※典型的な会議の様子を相手別に思い浮かべてお答えください。

ミーティング参加者の母語	日本語	英語 （同等の英語力の バイリンガル含む） ＜英語圏出身者＞	英語 （同等の英語力の バイリンガル含む） ＜英語公用語圏 出身者＞	日本語・英語圏 以外の言語
社内（Internal）	人	人	人	人
提携（Contracted partners）	人	人	人	人
顧客（External）	人	人	人	人

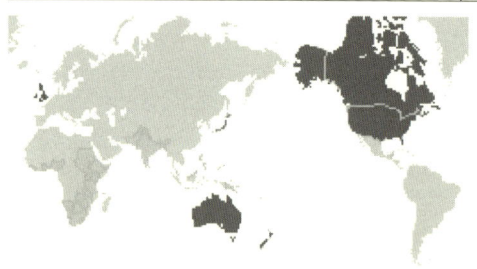

＊実際のアンケート画面はカラーで作成し，上記表と地図が色分けされている。

■**会議の相手：社内**

▼グラフQ13.1　相手別の英語によるビジネスミーティング参加者の言語的バックグラウンド（社内）

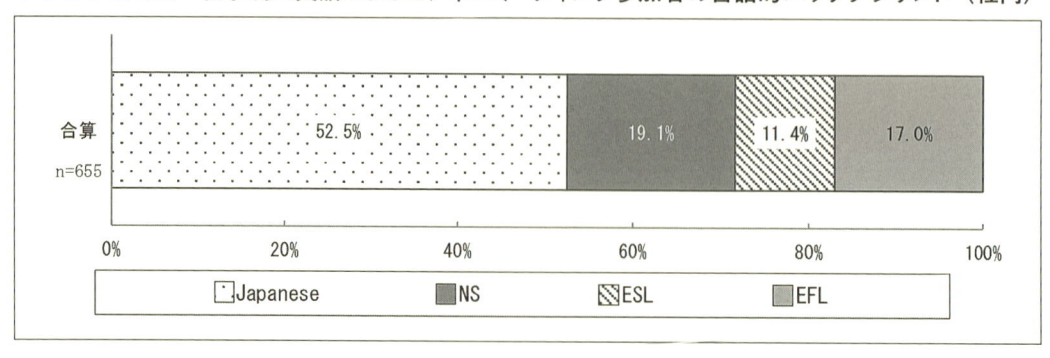

合算　n=655：Japanese 52.5%　NS 19.1%　ESL 11.4%　EFL 17.0%

▼表Q13.1　相手別の英語によるビジネスミーティング参加者の言語的バックグラウンド（社内）

	合計	Japanese	NS	ESL	EFL
平均（人）	12.2	6.4	2.3	1.4	2.1
％	100.0	52.5	19.1	11.4	17.0

■会議の相手：提携
▼グラフQ13.2　相手別の英語によるビジネスミーティング参加者の言語的バックグラウンド（提携）

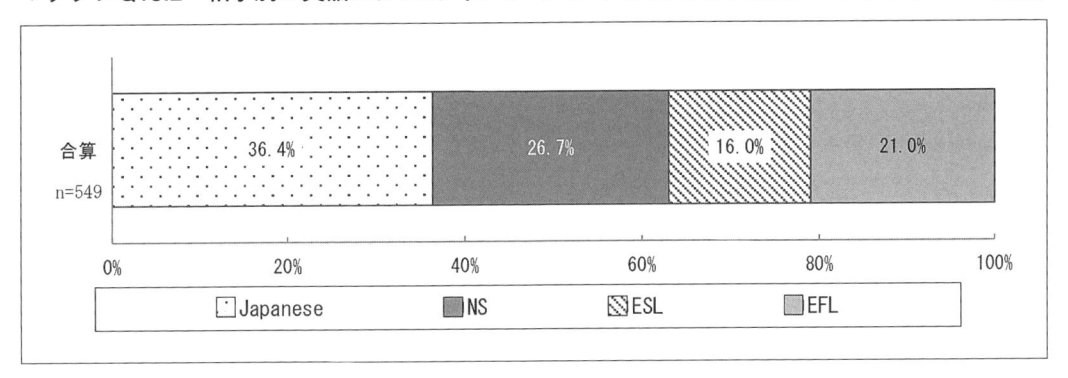

合算 n=549: Japanese 36.4%, NS 26.7%, ESL 16.0%, EFL 21.0%

▼表Q13.2　相手別の英語によるビジネスミーティング参加者の言語的バックグラウンド（提携）

	合計	Japanese	NS	ESL	EFL
平均（人）	8.1	2.9	2.2	1.3	1.7
％	100.0	36.4	26.7	16.0	21.0

■会議の相手：顧客
▼グラフQ13.3　相手別の英語によるビジネスミーティング参加者の言語的バックグラウンド（顧客）

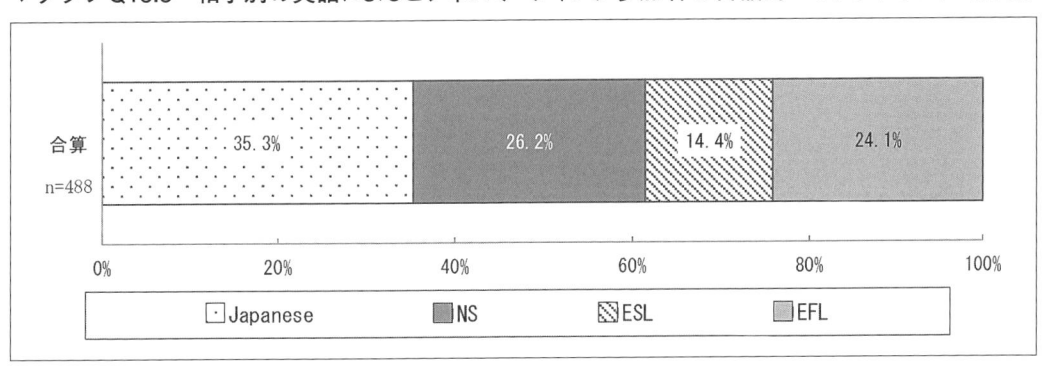

合算 n=488: Japanese 35.3%, NS 26.2%, ESL 14.4%, EFL 24.1%

▼表Q13.3　相手別の英語によるビジネスミーティング参加者の言語的バックグラウンド（顧客）

	合計	Japanese	NS	ESL	EFL
平均（人）	8.9	3.1	2.3	1.3	2.1
％	100.0	35.3	26.2	14.4	24.1

Q14 英語によるビジネスミーティングのうち，相手別に見た場合どのような目的がありますか。以下の中からお選びください。（回答は横の行ごとに複数回答可）

	経緯説明・確認 Reviewing	計画・立案 Planning	情報／助言の交換・授受 Giving and receiving information	課題発掘／問題解決・調整 Task-/problem-oriented	商品やサービスの販売／購入／販促 Buying/selling/promoting a product	交渉 Negotiating
社内 （Internal）	☐	☐	☐	☐	☐	☐
提携 （Contracted partners）	☐	☐	☐	☐	☐	☐
顧客 （External）	☐	☐	☐	☐	☐	☐

※日本語によるビジネスミーティングでは起きないが，英語によるビジネスミーティングのみに起きる状況についてお答えください。
※管理者の立場から見た，部署の日本人参加者の様子について回答してください。

■会議の相手：社内

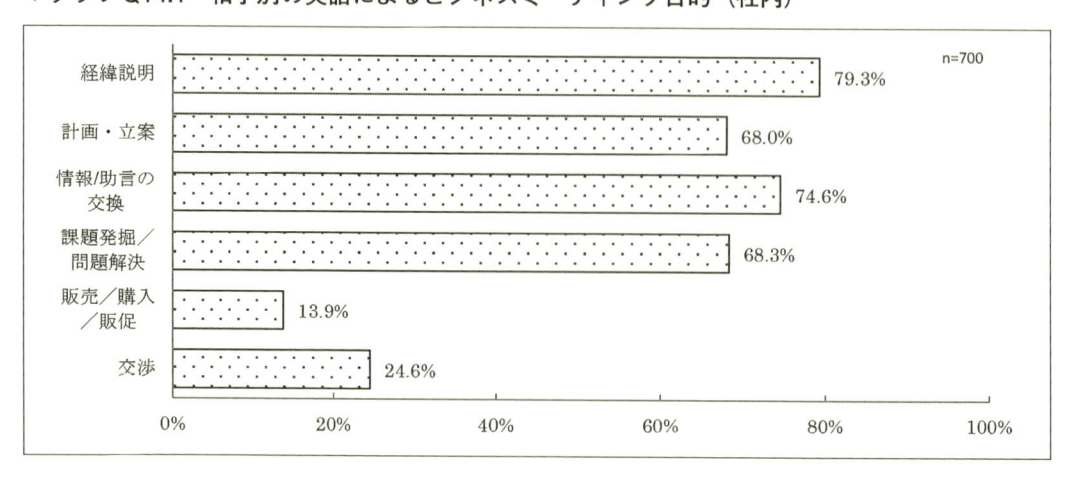

▼グラフQ14.1 相手別の英語によるビジネスミーティング目的（社内）

項目	割合
経緯説明	79.3%
計画・立案	68.0%
情報/助言の交換	74.6%
課題発掘／問題解決	68.3%
販売／購入／販促	13.9%
交渉	24.6%

n=700

▼表Q14.1　相手別の英語によるビジネスミーティング目的（社内）

	%分母※	経緯説明	計画・立案	情報/助言の交換	課題発掘／問題解決	販売／購入／販促	交渉
度数	700	555	476	522	478	97	172
%	—	79.3	68.0	74.6	68.3	13.9	24.6

※%分母はQ10で相手別の会議が「ある」と回答した度数で，目的別の%は各目的の度数を%母数で除した割合

■会議の相手：提携

▼グラフQ14.2　相手別の英語によるビジネスミーティング目的（提携）

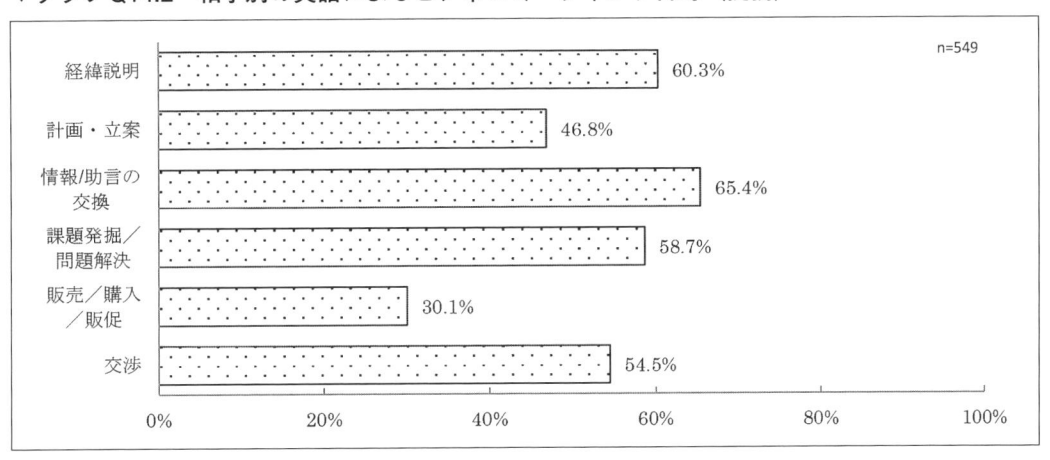

項目	%
経緯説明	60.3%
計画・立案	46.8%
情報/助言の交換	65.4%
課題発掘／問題解決	58.7%
販売／購入／販促	30.1%
交渉	54.5%

n=549

▼表Q14.2　相手別の英語によるビジネスミーティング目的（提携）

	%分母※	経緯説明	計画・立案	情報/助言の交換	課題発掘／問題解決	販売／購入／販促	交渉
度数	549	331	257	359	322	165	299
%	—	60.3	46.8	65.4	58.7	30.1	54.5

※%分母はQ10で相手別の会議が「ある」と回答した度数で，目的別の%は各目的の度数を%母数で除した割合

■会議の相手：顧客

▼グラフQ14.3 相手別の英語によるビジネスミーティング目的（顧客）

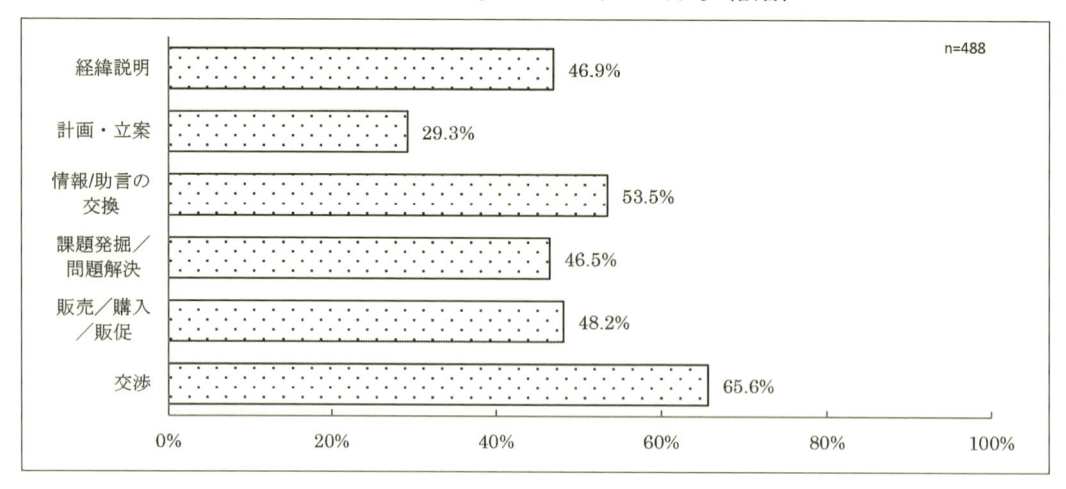

項目	%
経緯説明	46.9%
計画・立案	29.3%
情報/助言の交換	53.5%
課題発掘／問題解決	46.5%
販売／購入／販促	48.2%
交渉	65.6%

n=488

表Q14.3 相手別の英語によるビジネスミーティング目的（顧客）

	%分母※	経緯説明	計画・立案	情報/助言の交換	課題発掘／問題解決	販売／購入／販促	交渉
度数	488	229	143	261	227	235	320
%	—	46.9	29.3	53.5	46.5	48.2	65.6

※%分母はQ10で相手別の会議が「ある」と回答した度数で，目的別の%は各目的の度数を%母数で除した割合

Q15 英語によるビジネスミーティングにおいて，スムーズな運営や展開が難しいと感じることがありますか。以下の中から当てはまるものをミーティングの目的と相手別にお答えください。
（回答は横の行ごとに1つ，✓をお願いします）

1. 経緯説明・確認　Reviewing

困難を	全く感じない	あまり感じない	感じる	非常に感じる	該当しない
社内（Internal）	☐	☐	☐	☐	☐
提携（Contracted partners）	☐	☐	☐	☐	☐
顧客（External）	☐	☐	☐	☐	☐

2. 計画・立案　Planning

困難を	全く感じない	あまり感じない	感じる	非常に感じる	該当しない
社内（Internal）	☐	☐	☐	☐	☐
提携（Contracted partners）	☐	☐	☐	☐	☐
顧客（External）	☐	☐	☐	☐	☐

3. 情報/助言の交換・授受　Giving and receiving information

困難を	全く感じない	あまり感じない	感じる	非常に感じる	該当しない
社内（Internal）	☐	☐	☐	☐	☐
提携（Contracted partners）	☐	☐	☐	☐	☐
顧客（External）	☐	☐	☐	☐	☐

4. 課題発掘/問題解決・調整　Task-/problem-oriented

困難を	全く感じない	あまり感じない	感じる	非常に感じる	該当しない
社内（Internal）	☐	☐	☐	☐	☐
提携（Contracted partners）	☐	☐	☐	☐	☐
顧客（External）	☐	☐	☐	☐	☐

5. 商品やサービスの販売/購入/販促　Buying/selling/promoting a product

困難を	全く感じない	あまり感じない	感じる	非常に感じる	該当しない
社内（Internal）	☐	☐	☐	☐	☐
提携（Contracted partners）	☐	☐	☐	☐	☐
顧客（External）	☐	☐	☐	☐	☐

6. 交渉　Negotiating

困難を	全く感じない	あまり感じない	感じる	非常に感じる	該当しない
社内（Internal）	☐	☐	☐	☐	☐
提携（Contracted partners）	☐	☐	☐	☐	☐
顧客（External）	☐	☐	☐	☐	☐

※日本語によるビジネスミーティングでは起きないが，英語によるビジネスミーティングのみに起きる状況についてお答えください。
※管理者の立場から見た，部署の日本人参加者全体の様子について回答してください。

■会議の相手：社内

▼グラフQ15.1　相手別の英語によるビジネスミーティング目的別困難の度合い（社内）

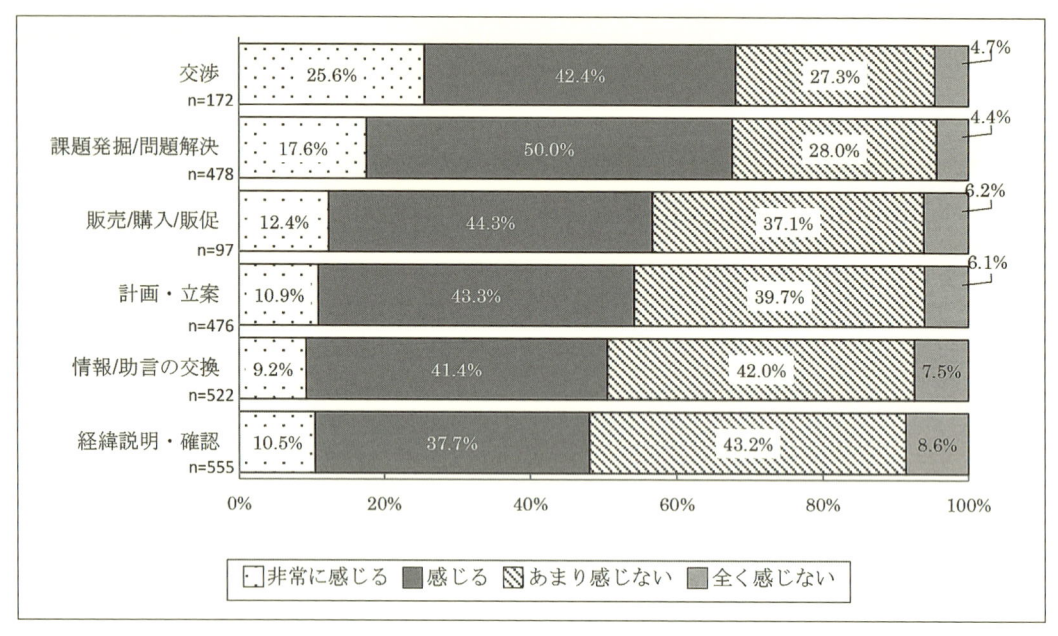

目的	非常に感じる	感じる	あまり感じない	全く感じない
交渉　n=172	25.6%	42.4%	27.3%	4.7%
課題発掘/問題解決　n=478	17.6%	50.0%	28.0%	4.4%
販売/購入/販促　n=97	12.4%	44.3%	37.1%	6.2%
計画・立案　n=476	10.9%	43.3%	39.7%	6.1%
情報/助言の交換　n=522	9.2%	41.4%	42.0%	7.5%
経緯説明・確認　n=555	10.5%	37.7%	43.2%	8.6%

（項目の並び順：「非常に感じる」と「感じる」の割合の合計が多い順）

▼表Q15.1　相手別の英語によるビジネスミーティング目的別困難の度合い（社内）

目的		合計	非常に感じる	感じる	あまり感じない	全く感じない
交渉	度数	172	44	73	47	8
	%	100.0	25.6	42.4	27.3	4.7
課題発掘／問題解決・調整	度数	478	84	239	134	21
	%	100.0	17.6	50.0	28.0	4.4
商品やサービスの販売／購入／販促	度数	97	12	43	36	6
	%	100.0	12.4	44.3	37.1	6.2
計画・立案	度数	476	52	206	189	29
	%	100.0	10.9	43.3	39.7	6.1
情報／助言の交換・授受	度数	522	48	216	219	39
	%	100.0	9.2	41.4	42.0	7.5
経緯説明・確認	度数	555	58	209	240	48
	%	100.0	10.5	37.7	43.2	8.6

（項目の並び順：「非常に感じる」と「感じる」の割合の合計が多い順）

付録A

本調査項目と回答結果

■**会議の相手：提携**

▼グラフQ15.2　相手別の英語によるビジネスミーティング目的別困難の度合い（提携）

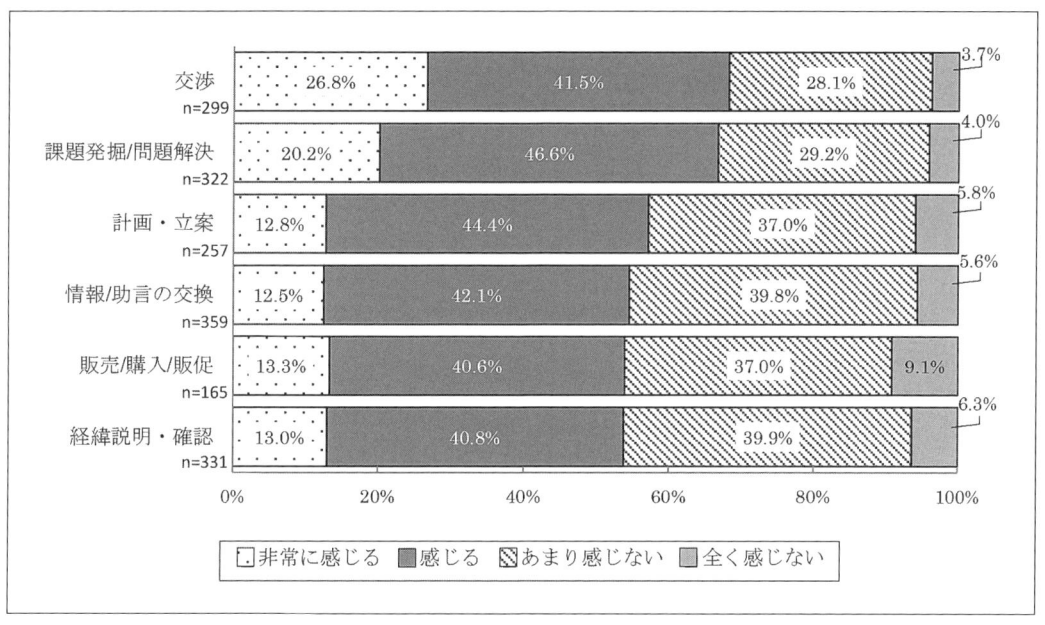

目的	非常に感じる	感じる	あまり感じない	全く感じない
交渉 (n=299)	26.8%	41.5%	28.1%	3.7%
課題発掘/問題解決 (n=322)	20.2%	46.6%	29.2%	4.0%
計画・立案 (n=257)	12.8%	44.4%	37.0%	5.8%
情報/助言の交換 (n=359)	12.5%	42.1%	39.8%	5.6%
販売/購入/販促 (n=165)	13.3%	40.6%	37.0%	9.1%
経緯説明・確認 (n=331)	13.0%	40.8%	39.9%	6.3%

（項目の並び順：「非常に感じる」と「感じる」の割合の合計が多い順）

▼表Q15.2　相手別の英語によるビジネスミーティング目的別困難の度合い（提携）

目的		合計	非常に感じる	感じる	あまり感じない	全く感じない
交渉	度数	299	80	124	84	11
	%	100.0	26.8	41.5	28.1	3.7
課題発掘／問題解決・調整	度数	322	65	150	94	13
	%	100.0	20.2	46.6	29.2	4.0
計画・立案	度数	257	33	114	95	15
	%	100.0	12.8	44.4	37.0	5.8
情報／助言の交換・授受	度数	359	45	151	143	20
	%	100.0	12.5	42.1	39.8	5.6
商品やサービスの販売／購入／販促	度数	165	22	67	61	15
	%	100.0	13.3	40.6	37.0	9.1
経緯説明・確認	度数	331	43	135	132	21
	%	100.0	13.0	40.8	39.9	6.3

（項目の並び順：「非常に感じる」と「感じる」の割合の合計が多い順）

■会議の相手：顧客

▼グラフQ15.3　相手別の英語によるビジネスミーティング目的別困難の度合い（顧客）

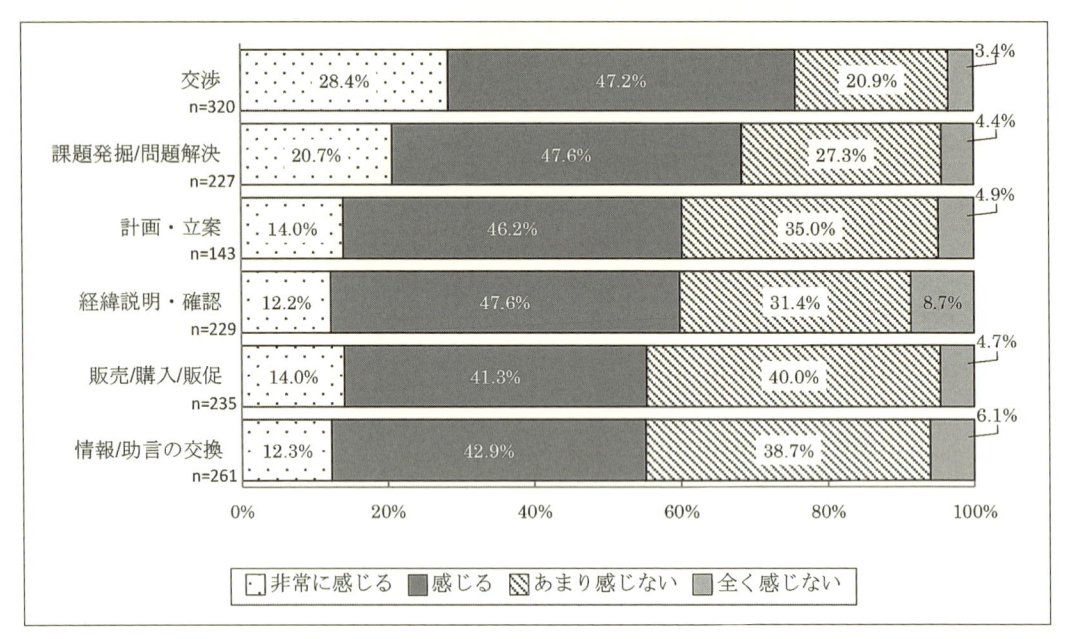

目的	非常に感じる	感じる	あまり感じない	全く感じない
交渉 n=320	28.4%	47.2%	20.9%	3.4%
課題発掘/問題解決 n=227	20.7%	47.6%	27.3%	4.4%
計画・立案 n=143	14.0%	46.2%	35.0%	4.9%
経緯説明・確認 n=229	12.2%	47.6%	31.4%	8.7%
販売/購入/販促 n=235	14.0%	41.3%	40.0%	4.7%
情報/助言の交換 n=261	12.3%	42.9%	38.7%	6.1%

（項目の並び順：「非常に感じる」と「感じる」の割合の合計が多い順）

▼表Q15.3　相手別の英語によるビジネスミーティング目的別困難の度合い（顧客）

目的		合計	非常に感じる	感じる	あまり感じない	全く感じない
交渉	度数	320	91	151	67	11
	%	100.0	28.4	47.2	20.9	3.4
課題発掘／問題解決・調整	度数	227	47	108	62	10
	%	100.0	20.7	47.6	27.3	4.4
計画・立案	度数	143	20	66	50	7
	%	100.0	14.0	46.2	35.0	4.9
経緯説明・確認	度数	229	28	109	72	20
	%	100.0	12.2	47.6	31.4	8.7
商品やサービスの販売／購入／販促	度数	235	33	97	94	11
	%	100.0	14.0	41.3	40.0	4.7
情報／助言の交換・授受	度数	261	32	112	101	16
	%	100.0	12.3	42.9	38.7	6.1

（項目の並び順：「非常に感じる」と「感じる」の割合の合計が多い順）

付録A

本調査項目と回答結果

Q16 ビジネスミーティングの「準備」から「結論を下す」までに遭遇する様々な場面で<u>スムーズな運営や展開が難しいか</u>を回答してください。

（各項目に関して，それぞれ回答は1つ，✓をお願いします）

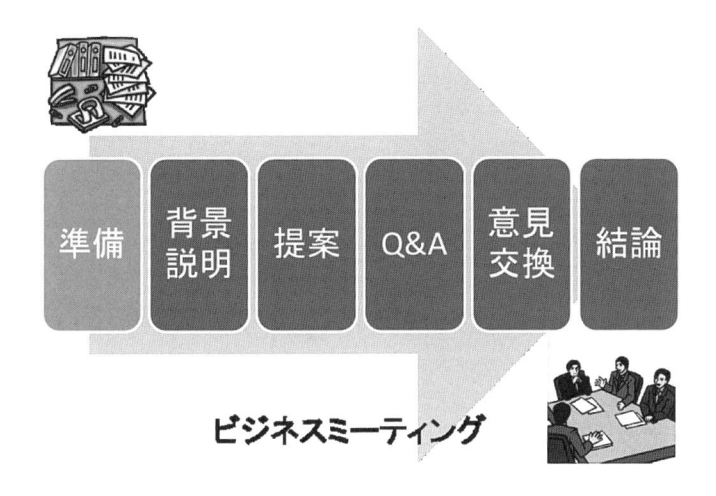

準備 → 背景説明 → 提案 → Q&A → 意見交換 → 結論

ビジネスミーティング

1. スライドなど会議のプレゼン資料を準備する

難しい	ある程度難しい	あまり難しくない	難しくない
☐	☐	☐	☐

2. 文書などの配布資料を準備する

難しい	ある程度難しい	あまり難しくない	難しくない
☐	☐	☐	☐

3. 背景や状況，議題内容などを説明・報告する

難しい	ある程度難しい	あまり難しくない	難しくない
☐	☐	☐	☐

4. 説明や報告を聞き取る

難しい	ある程度難しい	あまり難しくない	難しくない
☐	☐	☐	☐

5. 解決策や対応策を示すなど，提案をする

難しい	ある程度難しい	あまり難しくない	難しくない
☐	☐	☐	☐

6. 不明な点について事実確認をする

難しい	ある程度難しい	あまり難しくない	難しくない
☐	☐	☐	☐

7. 不明な点の質疑に対して回答する

難しい	ある程度難しい	あまり難しくない	難しくない
☐	☐	☐	☐

8. 説明や提案を踏まえて意見交換をする

難しい	ある程度難しい	あまり難しくない	難しくない
☐	☐	☐	☐

9. 論点を整理し，コンセンサスを得る

難しい	ある程度難しい	あまり難しくない	難しくない
☐	☐	☐	☐

10. 判断や結論を下す

難しい	ある程度難しい	あまり難しくない	難しくない
☐	☐	☐	☐

※日本語によるビジネスミーティングでは起きないが，英語によるビジネスミーティングのみに起きる状況についてお答えください。
※管理者の立場から見た，部署の日本人参加者全体の様子について回答してください。

付録A

本調査項目と回答結果

▼グラフQ16　英語によるビジネスミーティング場面別困難の度合い

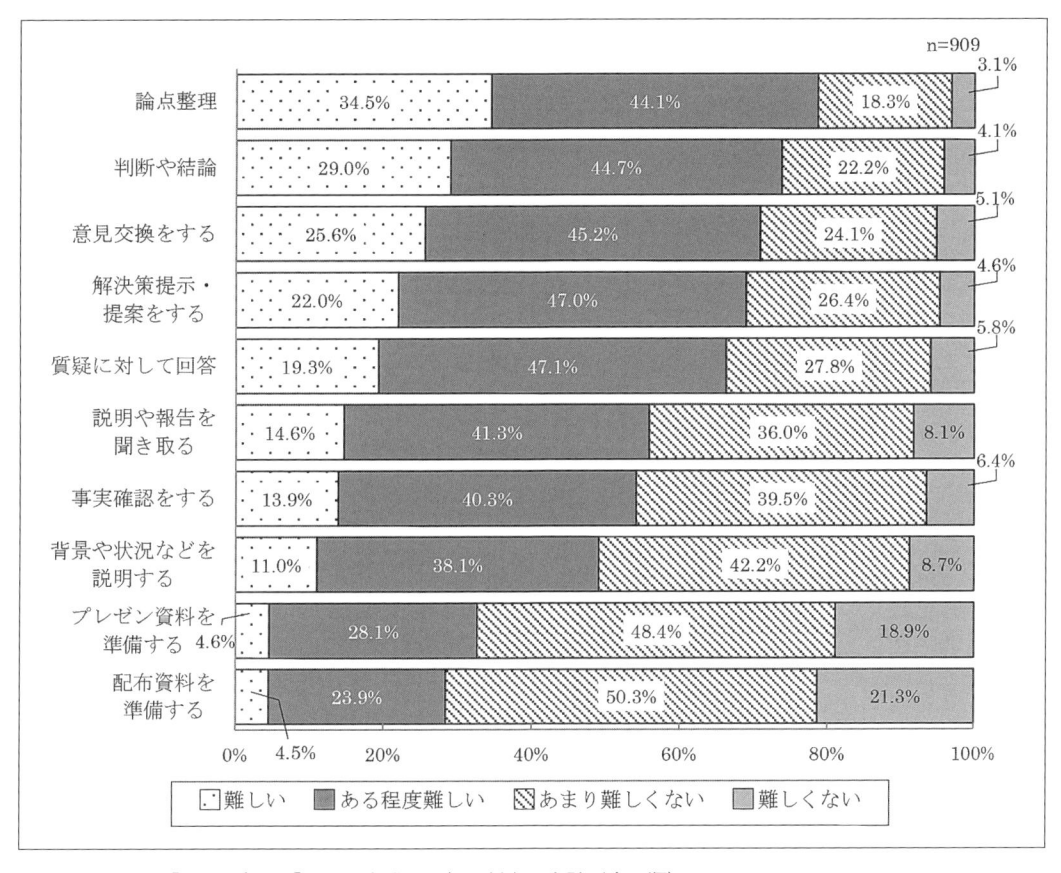

n=909

項目	難しい	ある程度難しい	あまり難しくない	難しくない
論点整理	34.5%	44.1%	18.3%	3.1%
判断や結論	29.0%	44.7%	22.2%	4.1%
意見交換をする	25.6%	45.2%	24.1%	5.1%
解決策提示・提案をする	22.0%	47.0%	26.4%	4.6%
質疑に対して回答	19.3%	47.1%	27.8%	5.8%
説明や報告を聞き取る	14.6%	41.3%	36.0%	8.1%
事実確認をする	13.9%	40.3%	39.5%	6.4%
背景や状況などを説明する	11.0%	38.1%	42.2%	8.7%
プレゼン資料を準備する	4.6%	28.1%	48.4%	18.9%
配布資料を準備する	4.5%	23.9%	50.3%	21.3%

（項目の並び順：「難しい」と「ある程度難しい」の割合の合計が多い順）

▼表Q16　英語によるビジネスミーティング場面別困難の度合い

場面		合計	難しい	ある程度難しい	あまり難しくない	難しくない
論点を整理し，コンセンサスを得る	度数	909	314	401	166	28
	%	100.0	34.5	44.1	18.3	3.1
判断や結論を下す	度数	909	264	406	202	37
	%	100.0	29.0	44.7	22.2	4.1
説明や提案を踏まえて意見交換をする	度数	909	233	411	219	46
	%	100.0	25.6	45.2	24.1	5.1
解決策や対応策を示すなど，提案をする	度数	909	200	427	240	42
	%	100.0	22.0	47.0	26.4	4.6
不明な点の質疑に対して回答する	度数	909	175	428	253	53
	%	100.0	19.3	47.1	27.8	5.8
説明や報告を聞き取る	度数	909	133	375	327	74
	%	100.0	14.6	41.3	36.0	8.1
不明な点について事実確認をする	度数	909	126	366	359	58
	%	100.0	13.9	40.3	39.5	6.4
背景や状況，議題内容などを説明・報告する	度数	909	100	346	384	79
	%	100.0	11.0	38.1	42.2	8.7
スライドなど会議のプレゼン資料を準備する	度数	909	42	255	440	172
	%	100.0	4.6	28.1	48.4	18.9
文書などの配布資料を準備する	度数	909	41	217	457	194
	%	100.0	4.5	23.9	50.3	21.3

（項目の並び順：「難しい」と「ある程度難しい」の割合の合計が多い順）

Q17 ビジネスミーティングでスムーズな運営や展開が難しい場面で，スピーキング力，リスニング力，会議力や人間関係について<u>どのようなことが起きていますか</u>。

（各項目に関して，それぞれ回答は1つ，✓をお願いします）

付録A

本調査項目と回答結果

1. 間違った英語で発言している

あてはまる	ある程度あてはまる	あまりあてはまらない	あてはまらない
☐	☐	☐	☐

2. 発言を間違って理解している

あてはまる	ある程度あてはまる	あまりあてはまらない	あてはまらない
☐	☐	☐	☐

3. 細部の説明をしていない

あてはまる	ある程度あてはまる	あまりあてはまらない	あてはまらない
☐	☐	☐	☐

4. 細部の説明を理解していない

あてはまる	ある程度あてはまる	あまりあてはまらない	あてはまらない
☐	☐	☐	☐

5. 微妙なニュアンスを伝えていない

あてはまる	ある程度あてはまる	あまりあてはまらない	あてはまらない
☐	☐	☐	☐

6. 微妙なニュアンスを理解していない

あてはまる	ある程度あてはまる	あまりあてはまらない	あてはまらない
☐	☐	☐	☐

7. 端的な説明をしていない

あてはまる	ある程度あてはまる	あまりあてはまらない	あてはまらない
☐	☐	☐	☐

8. 喜怒哀楽を伝えていない

あてはまる	ある程度あてはまる	あまりあてはまらない	あてはまらない
☐	☐	☐	☐

9. 会議を手際よく進行させていない

あてはまる	ある程度あてはまる	あまりあてはまらない	あてはまらない
☐	☐	☐	☐

10. 相手の信頼を得られていない

あてはまる	ある程度あてはまる	あまりあてはまらない	あてはまらない
☐	☐	☐	☐

> ※日本語によるビジネスミーティングでは起きないが，英語によるビジネスミーティングのみに起きる状況についてお答えください。
> ※管理者の立場から見た，部署の日本人参加者の様子について回答してください。

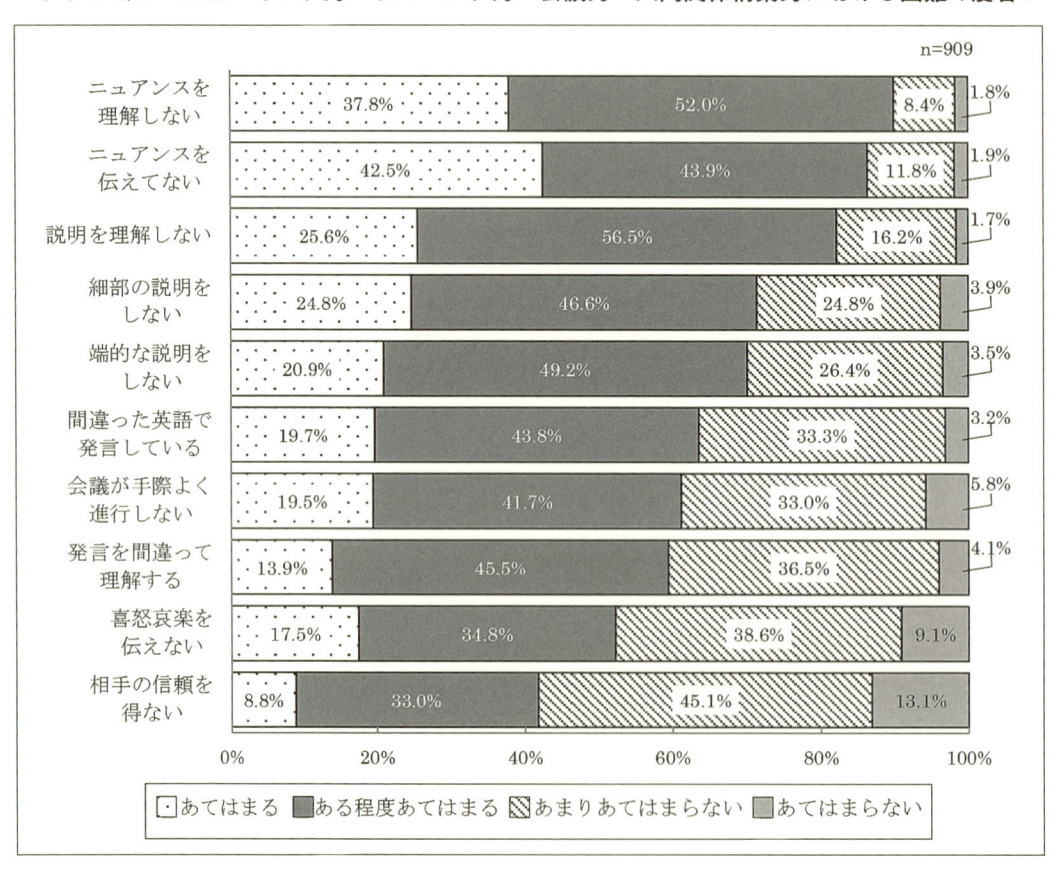

▼グラフQ17　スピーキング力・リスニング力・会議力・人間関係構築力における困難の度合い

n=909

項目	あてはまる	ある程度あてはまる	あまりあてはまらない	あてはまらない
ニュアンスを理解しない	37.8%	52.0%	8.4%	1.8%
ニュアンスを伝えてない	42.5%	43.9%	11.8%	1.9%
説明を理解しない	25.6%	56.5%	16.2%	1.7%
細部の説明をしない	24.8%	46.6%	24.8%	3.9%
端的な説明をしない	20.9%	49.2%	26.4%	3.5%
間違った英語で発言している	19.7%	43.8%	33.3%	3.2%
会議が手際よく進行しない	19.5%	41.7%	33.0%	5.8%
発言を間違って理解する	13.9%	45.5%	36.5%	4.1%
喜怒哀楽を伝えない	17.5%	34.8%	38.6%	9.1%
相手の信頼を得ない	8.8%	33.0%	45.1%	13.1%

（項目の並び順：「あてはまる」と「ある程度あてはまる」の割合の合計が多い順）

▼表Q17　スピーキング力・リスニング力・会議力・人間関係構築力における困難の度合い

		合計	あてはまる	ある程度あてはまる	あまりあてはまらない	あてはまらない
微妙なニュアンスを理解していない	度数	909	344	473	76	16
	%	100.0	37.8	52.0	8.4	1.8
微妙なニュアンスを伝えていない	度数	909	386	399	107	17
	%	100.0	42.5	43.9	11.8	1.9
細部の説明を理解していない	度数	909	233	514	147	15
	%	100.0	25.6	56.5	16.2	1.7
細部の説明をしない	度数	909	225	424	225	35
	%	100.0	24.8	46.6	24.8	3.9
端的な説明をしていない	度数	909	190	447	240	32
	%	100.0	20.9	49.2	26.4	3.5
間違った英語で発言している	度数	909	179	398	303	29
	%	100.0	19.7	43.8	33.3	3.2
会議を手際よく進行させていない	度数	909	177	379	300	53
	%	100.0	19.5	41.7	33.0	5.8
発言を間違って理解している	度数	909	126	414	332	37
	%	100.0	13.9	45.5	36.5	4.1
喜怒哀楽を伝えていない	度数	909	159	316	351	83
	%	100.0	17.5	34.8	38.6	9.1
相手の信頼を得られていない	度数	909	80	300	410	119
	%	100.0	8.8	33.0	45.1	13.1

（項目の並び順：「あてはまる」と「ある程度あてはまる」の割合の合計が多い順）

Q18 ミーティング参加者の英語力そのものについてうかがいます。会議がスムーズに運営，展開されない場面で，その原因としてどのような英語力の不足があてはまりますか。

（各項目に関して，それぞれ回答は1つ，✓をお願いします）

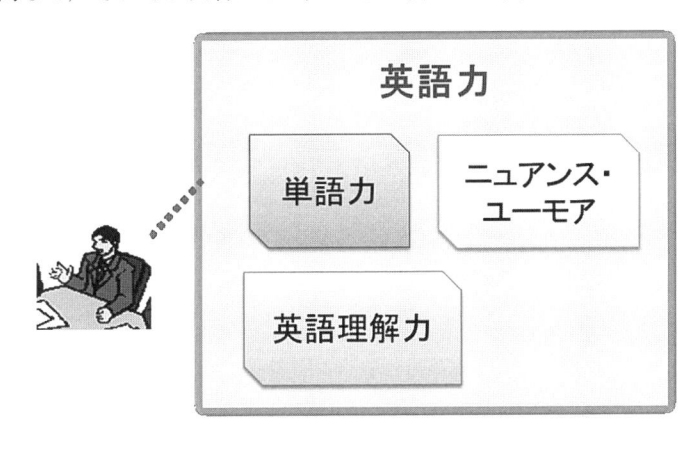

英語力
- 単語力
- ニュアンス・ユーモア
- 英語理解力

1. 専門語彙を含めた単語力

あてはまる	ある程度あてはまる	あまりあてはまらない	あてはまらない
☐	☐	☐	☐

2. 会議や仕事内容に特別な言い回しや表現

あてはまる	ある程度あてはまる	あまりあてはまらない	あてはまらない
☐	☐	☐	☐

3. 依頼したり敬意を示す際の丁寧な表現

あてはまる	ある程度あてはまる	あまりあてはまらない	あてはまらない
☐	☐	☐	☐

4. 気軽に言葉を取り交わすインフォーマルな表現

あてはまる	ある程度あてはまる	あまりあてはまらない	あてはまらない
☐	☐	☐	☐

5. 雰囲気作りに役立つユーモアのある表現

あてはまる	ある程度あてはまる	あまりあてはまらない	あてはまらない
☐	☐	☐	☐

6. 速いスピードの英語を次々理解するリスニング力

あてはまる	ある程度あてはまる	あまりあてはまらない	あてはまらない
☐	☐	☐	☐

7. 様々な発音の英語を聞き取る力

あてはまる	ある程度あてはまる	あまりあてはまらない	あてはまらない
☐	☐	☐	☐

※日本語によるビジネスミーティングでは起きないが，英語によるビジネスミーティングのみに起きる状況についてお答えください。
※管理者の立場から見た，部署の日本人参加者の様子について回答してください。

付録A
本調査項目と回答結果

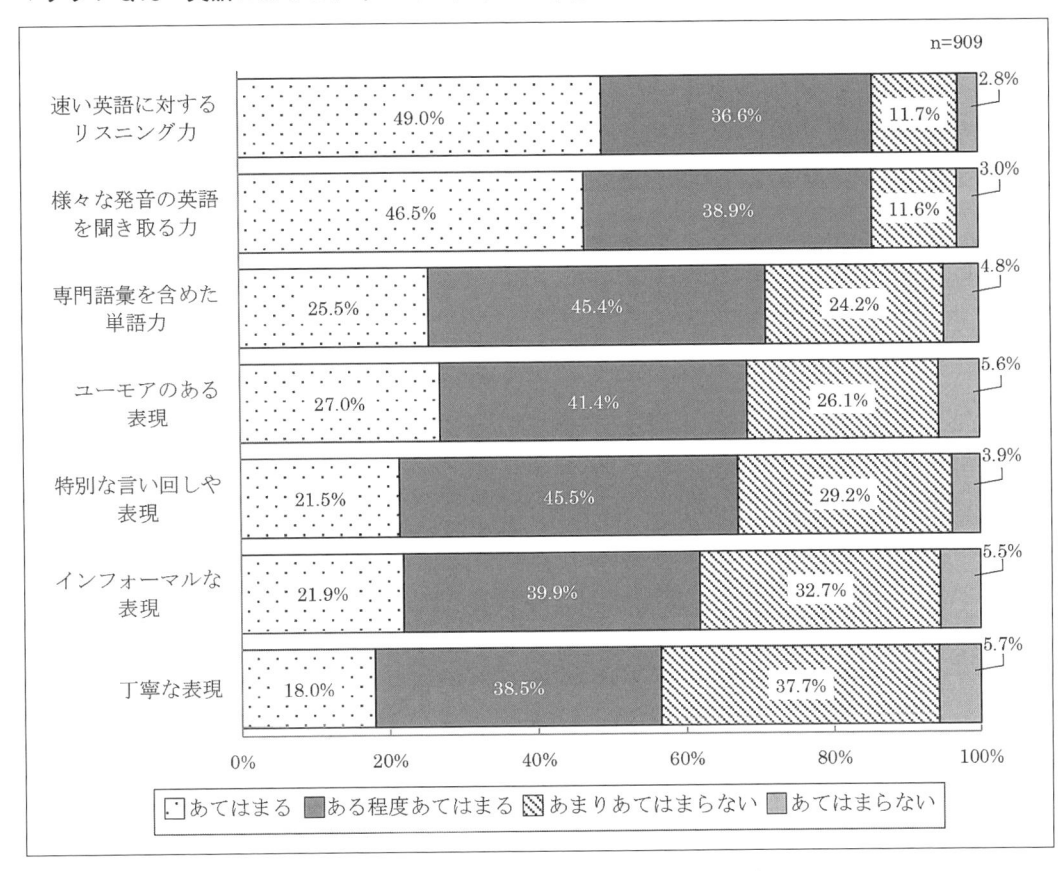

▼グラフQ18　英語によるビジネスミーティング 英語スキル別困難の度合い

n=909

項目	あてはまる	ある程度あてはまる	あまりあてはまらない	あてはまらない
速い英語に対するリスニング力	49.0%	36.6%	11.7%	2.8%
様々な発音の英語を聞き取る力	46.5%	38.9%	11.6%	3.0%
専門語彙を含めた単語力	25.5%	45.4%	24.2%	4.8%
ユーモアのある表現	27.0%	41.4%	26.1%	5.6%
特別な言い回しや表現	21.5%	45.5%	29.2%	3.9%
インフォーマルな表現	21.9%	39.9%	32.7%	5.5%
丁寧な表現	18.0%	38.5%	37.7%	5.7%

（項目の並び順：「あてはまる」と「ある程度あてはまる」の割合の合計が多い順）

▼表Q18　英語によるビジネスミーティング 英語スキル別困難の度合い

		合計	あてはまる	ある程度あてはまる	あまりあてはまらない	あてはまらない
速いスピードの英語を次々理解するリスニング力	度数	909	445	333	106	25
	%	100.0	49.0	36.6	11.7	2.8
様々な発音の英語を聞き取る力	度数	909	423	354	105	27
	%	100.0	46.5	38.9	11.6	3.0
専門語彙を含めた単語力	度数	909	232	413	220	44
	%	100.0	25.5	45.4	24.2	4.8
雰囲気作りに役立つユーモアのある表現	度数	909	245	376	237	51
	%	100.0	27.0	41.4	26.1	5.6
会議や仕事内容に特別な言い回しや表現	度数	909	195	414	265	35
	%	100.0	21.5	45.5	29.2	3.9
気軽に言葉を取り交わすインフォーマルな表現	度数	909	199	363	297	50
	%	100.0	21.9	39.9	32.7	5.5
依頼したり敬意を示す際の丁寧な表現	度数	909	164	350	343	52
	%	100.0	18.0	38.5	37.7	5.7

(項目の並び順：「あてはまる」と「ある程度あてはまる」の割合の合計が多い順)

Q19 ミーティングの運営・展開がスムーズでない時，ミーティング参加者の**どのような精神的・心理的要因**が観察されますか。会議の相手ごとに**各項目**が当てはまるかどうかお答えください。
（各項目に関して，それぞれ回答は1つ，✓をお願いします）

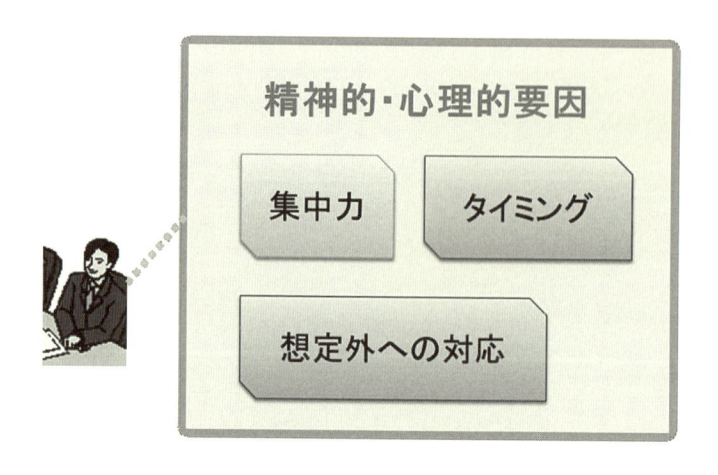

精神的・心理的要因
- 集中力
- タイミング
- 想定外への対応

	あてはまる	ある程度あてはまる	あまりあてはまらない	あてはまらない
1. 気後れして，積極的に発言する姿勢がない				
社内（Internal）	☐	☐	☐	☐
提携（Contracted partners）	☐	☐	☐	☐
顧客（External）	☐	☐	☐	☐
2. 集中力が持続しない				
社内（Internal）	☐	☐	☐	☐
提携（Contracted partners）	☐	☐	☐	☐
顧客（External）	☐	☐	☐	☐
3. 割り込むなど，発言するタイミングがつかめない				
社内（Internal）	☐	☐	☐	☐
提携（Contracted partners）	☐	☐	☐	☐
顧客（External）	☐	☐	☐	☐
4. 英語力に自信が持てずに発言に躊躇する				
社内（Internal）	☐	☐	☐	☐
提携（Contracted partners）	☐	☐	☐	☐
顧客（External）	☐	☐	☐	☐
5. 想定外の展開に慌てる				
社内（Internal）	☐	☐	☐	☐
提携（Contracted partners）	☐	☐	☐	☐
顧客（External）	☐	☐	☐	☐

■会議の相手：社内

▼グラフQ19.1　相手別の英語によるビジネスミーティング 精神的・心理的要因別困難の度合い（社内）

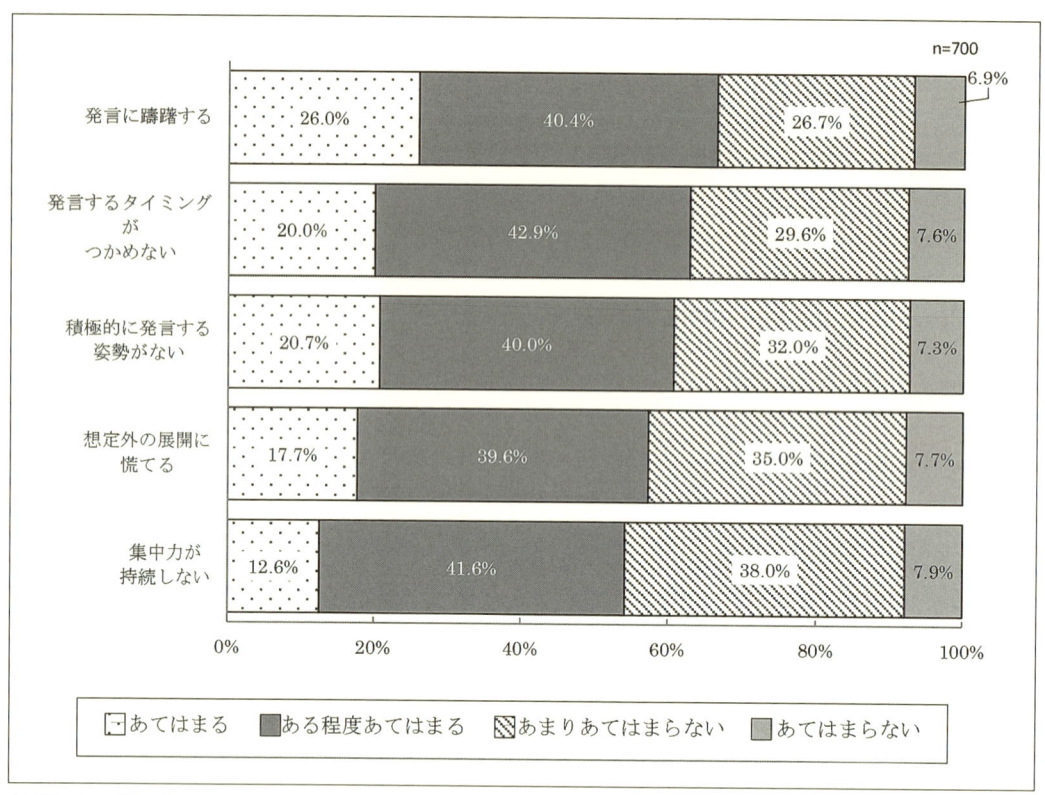

n=700

項目	あてはまる	ある程度あてはまる	あまりあてはまらない	あてはまらない
発言に躊躇する	26.0%	40.4%	26.7%	6.9%
発言するタイミングがつかめない	20.0%	42.9%	29.6%	7.6%
積極的に発言する姿勢がない	20.7%	40.0%	32.0%	7.3%
想定外の展開に慌てる	17.7%	39.6%	35.0%	7.7%
集中力が持続しない	12.6%	41.6%	38.0%	7.9%

（項目の並び順：「あてはまる」と「ある程度あてはまる」の割合の合計が多い順）

▼表Q19.1　相手別の英語によるビジネスミーティング 精神的・心理的要因別困難の度合い（社内）

		合計	あてはまる	ある程度あてはまる	あまりあてはまらない	あてはまらない
英語力に自身が持てずに発言に躊躇する	度数	700	182	283	187	48
	%	100.0	26.0	40.4	26.7	6.9
割り込むなど発言するタイミングがつかめない	度数	700	140	300	207	53
	%	100.0	20.0	42.9	29.6	7.6
気後れして積極的に発言する姿勢がない	度数	700	145	280	224	51
	%	100.0	20.7	40.0	32.0	7.3
会議の想定外の展開に慌てる	度数	700	124	277	245	54
	%	100.0	17.7	39.6	35.0	7.7
集中力が持続しない	度数	700	88	291	266	55
	%	100.0	12.6	41.6	38.0	7.9

（項目の並び順：「あてはまる」と「ある程度あてはまる」の割合の合計が多い順）

■**会議の相手：提携**

▼グラフQ19.2　相手別の英語によるビジネスミーティング 精神的・心理的要因別困難の度合い（提携）

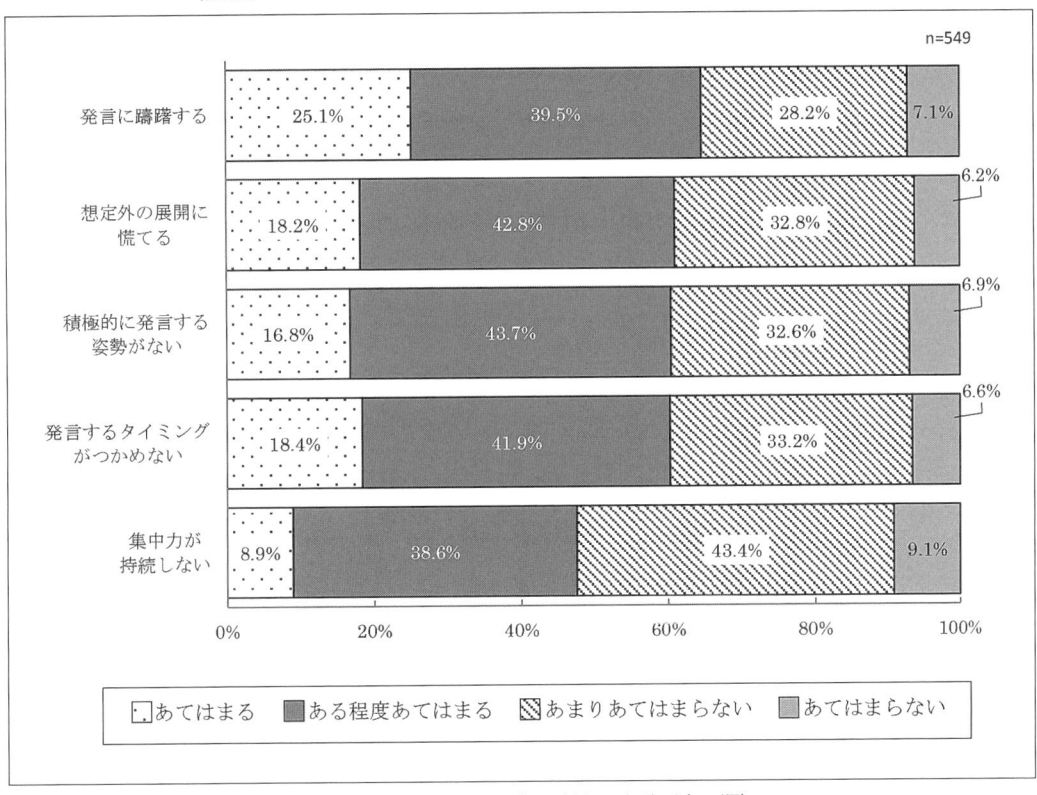

	あてはまる	ある程度あてはまる	あまりあてはまらない	あてはまらない
発言に躊躇する	25.1%	39.5%	28.2%	7.1%
想定外の展開に慌てる	18.2%	42.8%	32.8%	6.2%
積極的に発言する姿勢がない	16.8%	43.7%	32.6%	6.9%
発言するタイミングがつかめない	18.4%	41.9%	33.2%	6.6%
集中力が持続しない	8.9%	38.6%	43.4%	9.1%

n=549

（項目の並び順：「あてはまる」と「ある程度あてはまる」の割合の合計が多い順）

▼表Q19.2　相手別の英語によるビジネスミーティング 精神的・心理的要因別困難の度合い（提携）

		合計	あてはまる	ある程度あてはまる	あまりあてはまらない	あてはまらない
英語力に自身が持てずに発言に躊躇する	度数	549	138	217	155	39
	%	100.0	25.1	39.5	28.2	7.1
会議の想定外の展開に慌てる	度数	549	100	235	180	34
	%	100.0	18.2	42.8	32.8	6.2
気後れして積極的に発言する姿勢がない	度数	549	92	240	179	38
	%	100.0	16.8	43.7	32.6	6.9
割り込むなど発言するタイミングがつかめない	度数	549	101	230	182	36
	%	100.0	18.4	41.9	33.2	6.6
集中力が持続しない	度数	549	49	212	238	50
	%	100.0	8.9	38.6	43.4	9.1

（項目の並び順：「あてはまる」と「ある程度あてはまる」の割合の合計が多い順）

■会議の相手：顧客

▼グラフQ19.3　相手別の英語によるビジネスミーティング 精神的・心理的要因別困難の度合い（顧客）

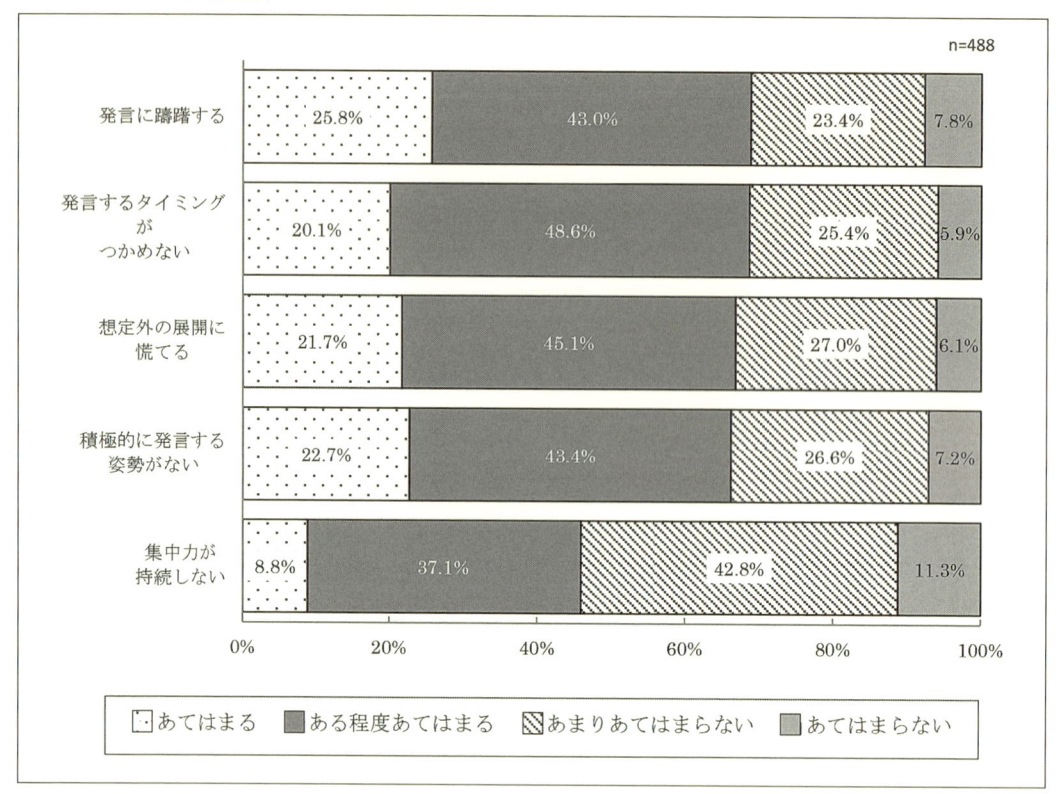

n=488

項目	あてはまる	ある程度あてはまる	あまりあてはまらない	あてはまらない
発言に躊躇する	25.8%	43.0%	23.4%	7.8%
発言するタイミングがつかめない	20.1%	48.6%	25.4%	5.9%
想定外の展開に慌てる	21.7%	45.1%	27.0%	6.1%
積極的に発言する姿勢がない	22.7%	43.4%	26.6%	7.2%
集中力が持続しない	8.8%	37.1%	42.8%	11.3%

（項目の並び順：「あてはまる」と「ある程度あてはまる」の割合の合計が多い順）

▼表Q19.3　相手別の英語によるビジネスミーティング 精神的・心理的要因別困難の度合い（顧客）

		合計	あてはまる	ある程度あてはまる	あまりあてはまらない	あてはまらない
英語力に自身が持てずに発言に躊躇する	度数	488	126	210	114	38
	%	100.0	25.8	43.0	23.4	7.8
割り込むなど発言するタイミングがつかめない	度数	488	98	237	124	29
	%	100.0	20.1	48.6	25.4	5.9
会議の想定外の展開に慌てる	度数	488	106	220	132	30
	%	100.0	21.7	45.1	27.0	6.1
気後れして積極的に発言する姿勢がない	度数	488	111	212	130	35
	%	100.0	22.7	43.4	26.6	7.2
集中力が持続しない	度数	488	43	181	209	55
	%	100.0	8.8	37.1	42.8	11.3

（項目の並び順：「あてはまる」と「ある程度あてはまる」の割合の合計が多い順）

A.2 本アンケート調査質問票のF1～F9における単純集計結果

F1 企業（または組織）
- ☐ 上場企業
- ☐ 非上場企業
- ☐ 政府機関・公益法人等
- ☐ その他（　　　　　　　　）

▼グラフF1　上場・非上場　他

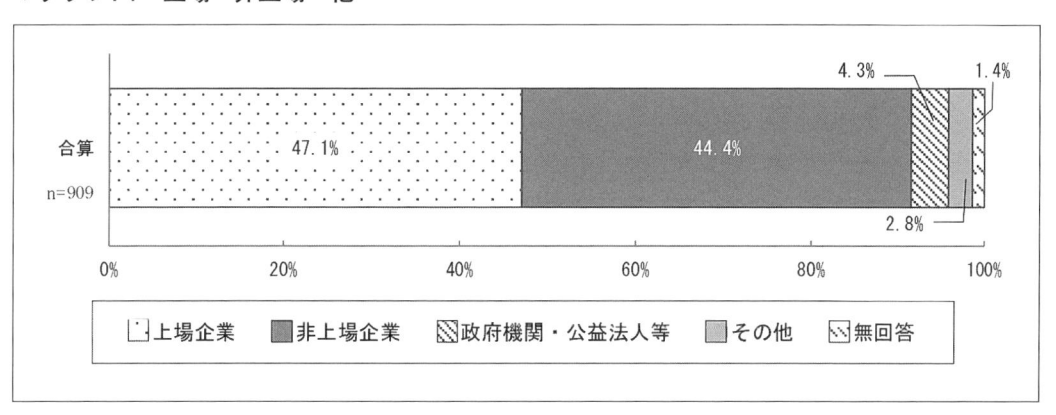

▼表F1　上場・非上場　他

	合計	上場企業	非上場企業	政府機関・公益法人等	その他	無回答
度数	909	428	404	39	25	13
%	100.0	47.1	44.4	4.3	2.8	1.4

F2 資本系列
- ☐ 日系民間
- ☐ 日系公的機関
- ☐ 外資系民間
- ☐ 外資系公的機関
- ☐ その他（　　　　）

▼グラフF2　資本系列

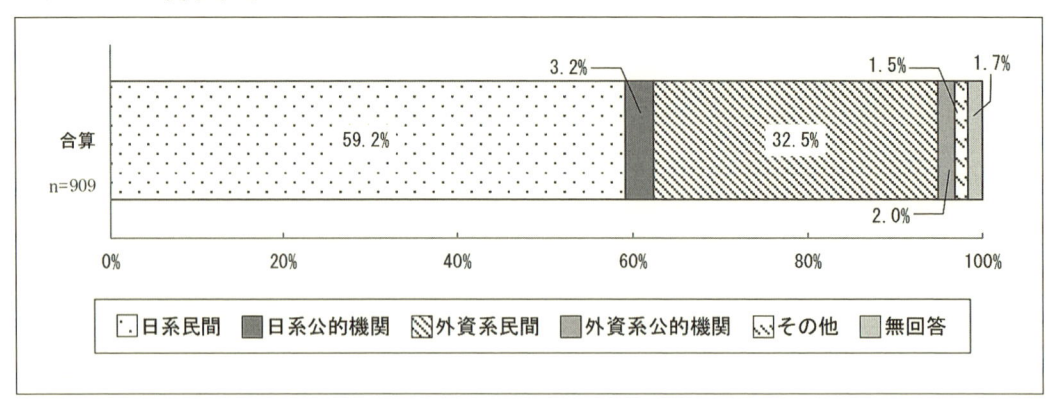

合算 n=909 : 日系民間 59.2%, 日系公的機関 3.2%, 外資系民間 32.5%, 外資系公的機関 2.0%, その他 1.5%, 無回答 1.7%

▼表F2　資本系列

	合計	日系民間	日系公的機関	外資系民間	外資系公的機関	その他	無回答
度数	909	538	29	295	18	14	15
%	100.0	59.2	3.2	32.5	2.0	1.5	1.7

F3

従業員数　　　　約　_____　人

海外売上高比率　約　_____　%

＊上記項目は本調査における重要な指標となりますので，ご回答にご協力ください。

■従業員数

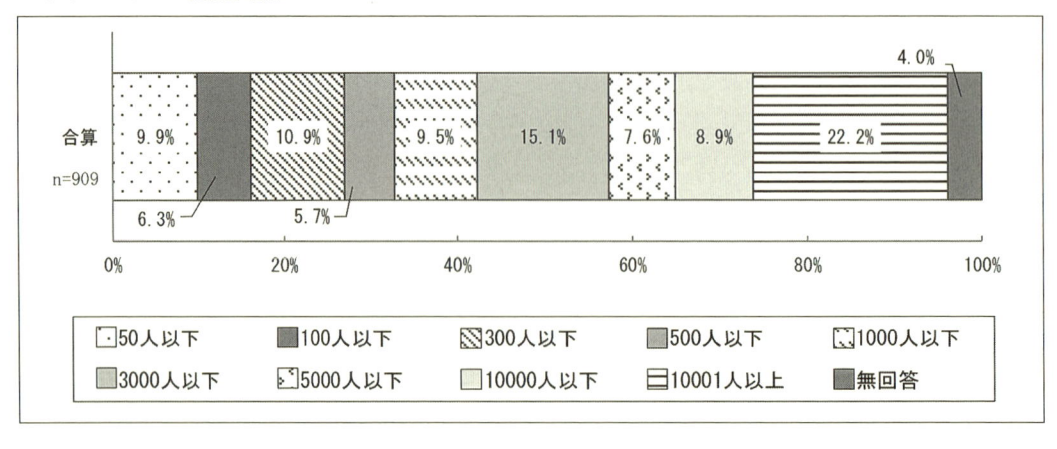

▼グラフF3.1　従業員数

合算 n=909 : 50人以下 9.9%, 100人以下 6.3%, 300人以下 10.9%, 500人以下 5.7%, 1000人以下 9.5%, 3000人以下 15.1%, 5000人以下 7.6%, 10000人以下 8.9%, 10001人以上 22.2%, 無回答 4.0%

▼表F3.1　従業員数

	合計	50人以下	100人以下	300人以下	500人以下	1,000人以下	3,000人以下	5,000人以下	10,000人以下	10,001人以上	無回答
度数	909	90	57	99	52	86	137	69	81	202	36
%	100.0	9.9	6.3	10.9	5.7	9.5	15.1	7.6	8.9	22.2	4.0

■海外売上高比率

▼グラフF3.2　海外売上高比率

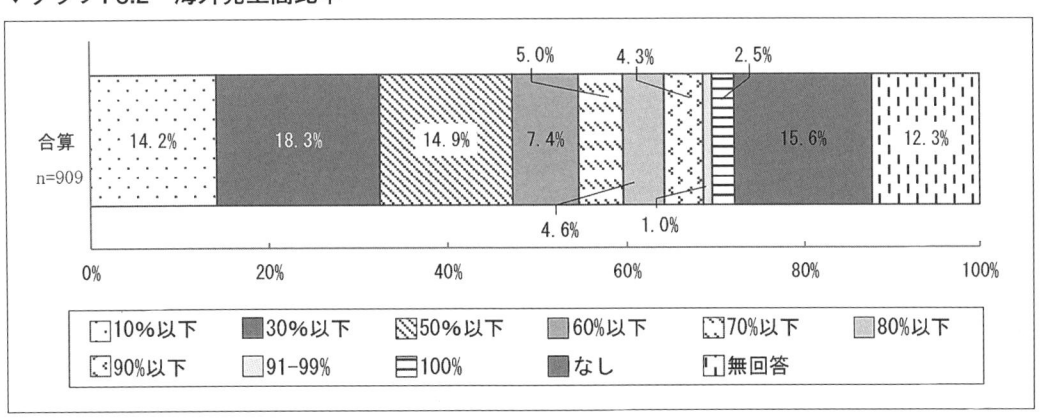

合算 n=909: 10%以下 14.2%｜30%以下 18.3%｜50%以下 14.9%｜60%以下 7.4%｜70%以下 5.0%｜80%以下 4.6%｜90%以下 4.3%｜91-99% 1.0%｜100% 2.5%｜なし 15.6%｜無回答 12.3%

▼表F3.2　海外売上高比率

	合計	10%以下	30%以下	50%以下	60%以下	70%以下	80%以下	90%以下	91-99%	100%	なし	無回答
度数	909	129	166	135	67	45	42	39	9	23	142	112
%	100.0	14.2	18.3	14.9	7.4	5.0	4.6	4.3	1.0	2.5	15.6	12.3

F4

従業員における外国人の割合　　約 _____ %
役員における外国人の割合　　　約 _____ %
資本金（非公開の場合は入力不要）　_____ 円
売上高　　　　　　　　　　　　　_____ 円

■従業員における外国人の割合

▼グラフF4.1　従業員における外国人の割合

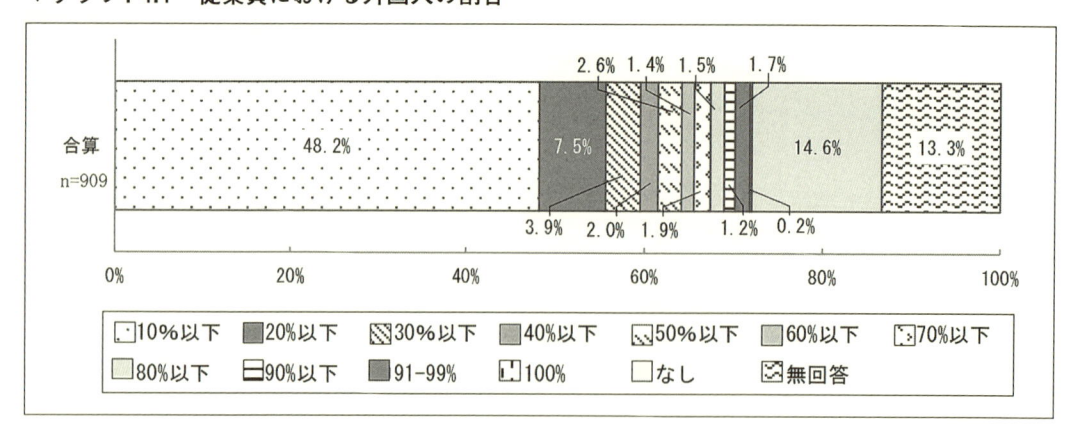

合算 n=909: 10%以下 48.2%, 20%以下 7.5%, 30%以下 3.9%, 40%以下 2.0%, 50%以下 2.6%, 60%以下 1.4%, 70%以下 1.9%, 80%以下 1.5%, 90%以下 1.2%, 91-99% 1.7%, 100% 0.2%, なし 14.6%, 無回答 13.3%

▼表F4.1　従業員における外国人の割合

	合計	10%以下	20%以下	30%以下	40%以下	50%以下	60%以下	70%以下	80%以下	90%以下	91-99%	100%	なし	無回答
度数	909	438	68	35	18	24	13	17	14	11	15	2	133	121
%	100.0	48.2	7.5	3.9	2.0	2.6	1.4	1.9	1.5	1.2	1.7	0.2	14.6	13.3

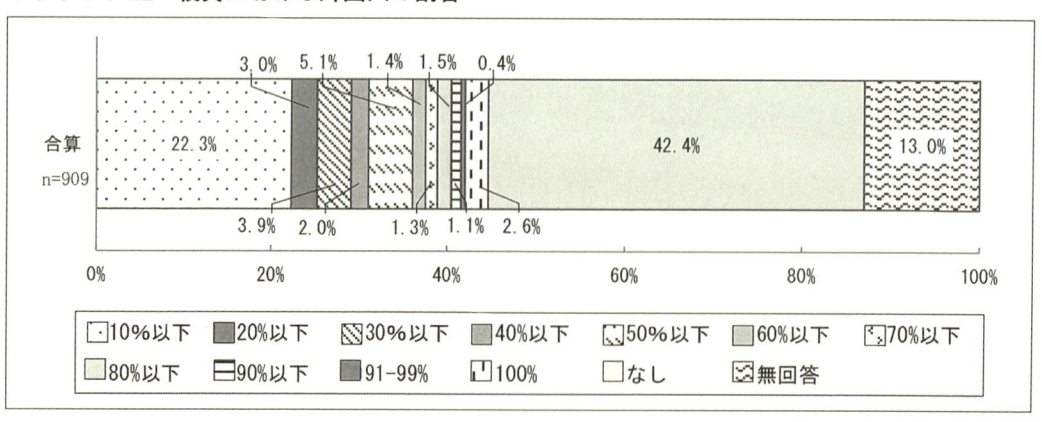

■役員における外国人の割合

▼グラフF4.2　役員における外国人の割合

合算 n=909: 10%以下 22.3%, 20%以下 3.0%, 30%以下 3.9%, 40%以下 2.0%, 50%以下 5.1%, 60%以下 1.4%, 70%以下 1.3%, 80%以下 1.5%, 90%以下 1.1%, 91-99% 0.4%, 100% 2.6%, なし 42.4%, 無回答 13.0%

▼表F4.2　役員における外国人の割合

	合計	10%以下	20%以下	30%以下	40%以下	50%以下	60%以下	70%以下	80%以下	90%以下	91-99%	100%	なし	無回答
度数	909	203	27	35	18	46	13	12	14	10	4	24	385	118
%	100.0	22.3	3.0	3.9	2.0	5.1	1.4	1.3	1.5	1.1	0.4	2.6	42.4	13.0

■資本金

▼グラフ F4.3　資本金

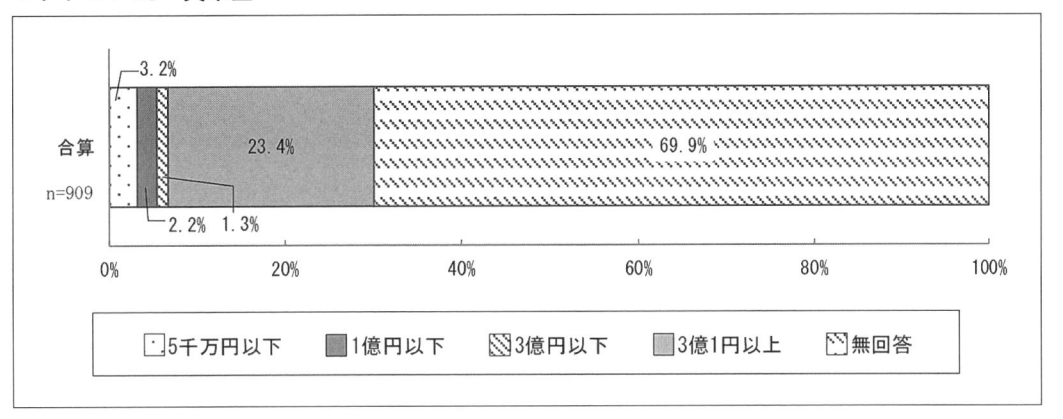

▼表 F4.3　資本金

	合計	5千万円以下	1億円以下	3億円以下	3億1円以上	無回答
度数	909	29	20	12	213	635
%	100.0	3.2	2.2	1.3	23.4	69.9

■売上高

▼グラフ F4.4　売上高

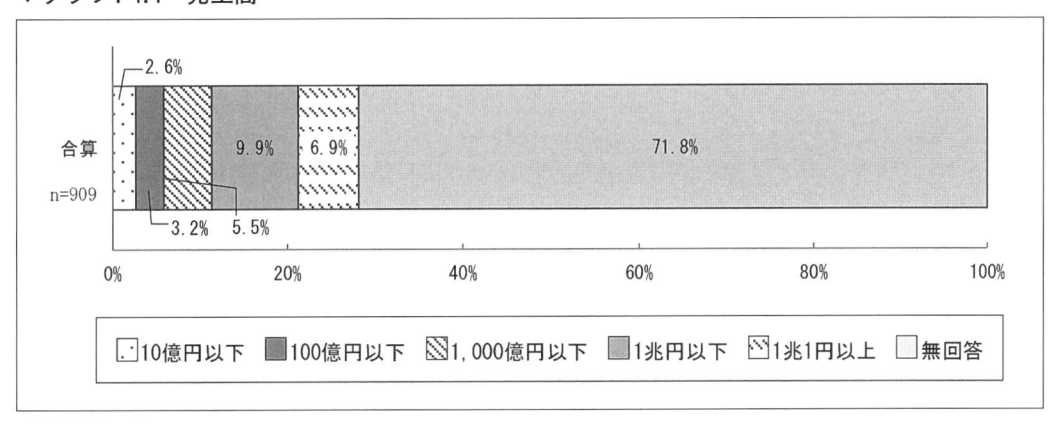

▼表 F4.4　売上高

	合計	10億円以下	100億円以下	1000億円以下	1兆円以下	1兆1円以上	無回答
度数	909	24	29	50	90	63	653
%	100.0	2.6	3.2	5.5	9.9	6.9	71.8

F5　社内公式文書の言語

☐　日本語
☐　英語
☐　日英併記

▼グラフF5　社内公式文書

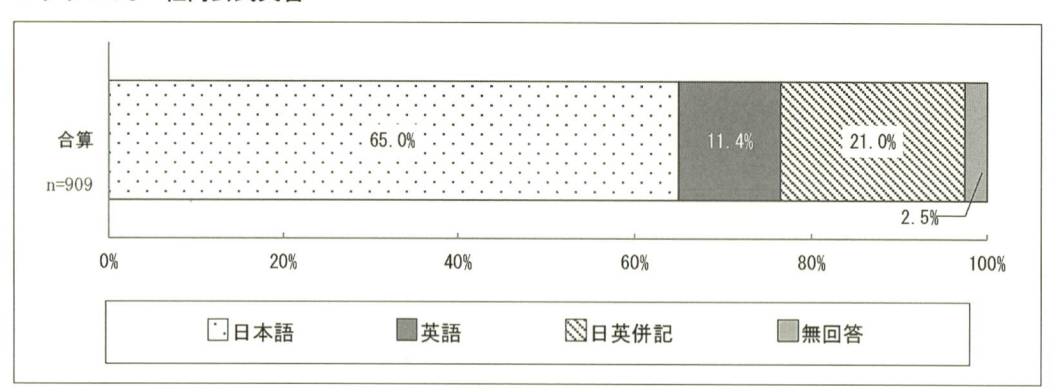

合算 n=909： 日本語 65.0%　英語 11.4%　日英併記 21.0%　無回答 2.5%

▼表F5　社内公式文書

	合計	日本語	英語	日英併記	無回答
度数	909	591	104	191	23
%	100.0	65.0	11.4	21.0	2.5

F6　業種（複数に該当する場合は，総売上に占めるウエイトが大きいものを1つお選びください）

☐　水産・農林　　☐　鉱業　　　　　☐　建設　　　　　☐　食品
☐　繊維・紙　　　☐　化学　　　　　☐　薬品（製薬）　☐　石油
☐　窯業　　　　　☐　鉄鋼　　　　　☐　非鉄金属　　　☐　機械
☐　電機　　　　　☐　造船　　　　　☐　車両（自動車）☐　精密機器
☐　その他製造　　☐　商社　　　　　☐　小売業　　　　☐　金融（銀行）
☐　証券・保険　　☐　不動産　　　　☐　運輸　　　　　☐　電気・ガス（エネルギー）
☐　マスメディア　☐　サービス（通信・IT）　　　　　　☐　政府機関
☐　都道府県　　　☐　市町村　　　　☐　公共団体　　　☐　民間団体
☐　その他の業種

▼グラフF6　業種

合算 n=909

凡例:
- 建設
- 化学
- 薬品（製薬）
- 機械
- 電機
- 車両（自動車）
- 精密機器
- その他製造
- 商社
- 小売業
- 金融（銀行）
- 証券・保険
- 運輸
- サービス（通信・IT）
- その他の業種
- 左記以外の業種
- 無回答

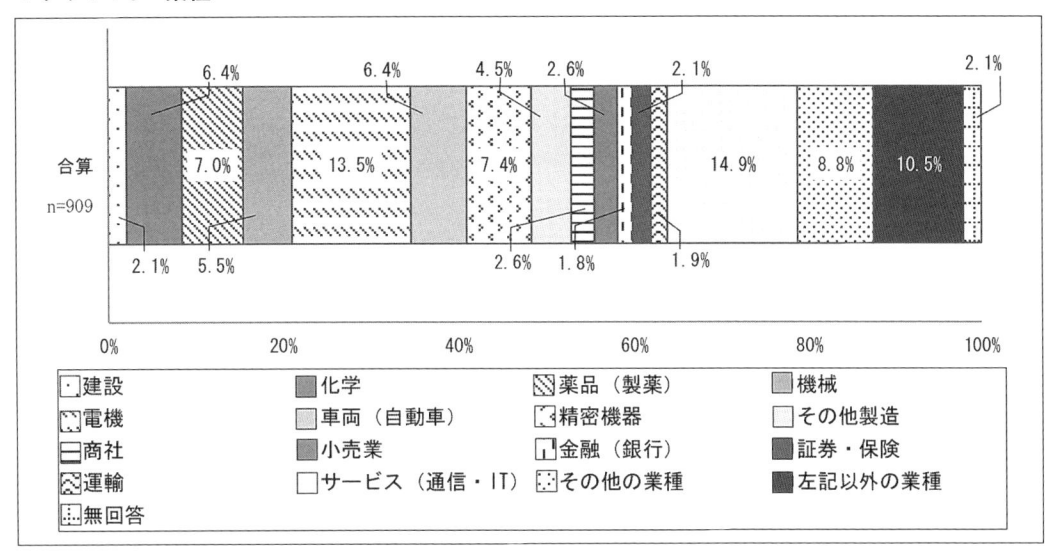

▼表F6　業種

	合計	建設	化学	薬品（製薬）	機械	電機	車両（自動車）	精密機器	その他製造	商社	小売業	金融（銀行）	証券・保険	運輸	サービス（通信・IT）	その他の業種	左記以外	無回答
度数	909	19	58	64	50	123	58	67	41	24	24	16	19	17	135	80	95	19
%	100.0	2.1	6.4	7.0	5.5	13.5	6.4	7.4	4.5	2.6	2.6	1.8	2.1	1.9	14.9	8.8	10.5	2.1

ご回答下さっているあなたご自身についてお答えください。

F7　性別

☐　男性　　☐　女性

▼グラフF7　性別

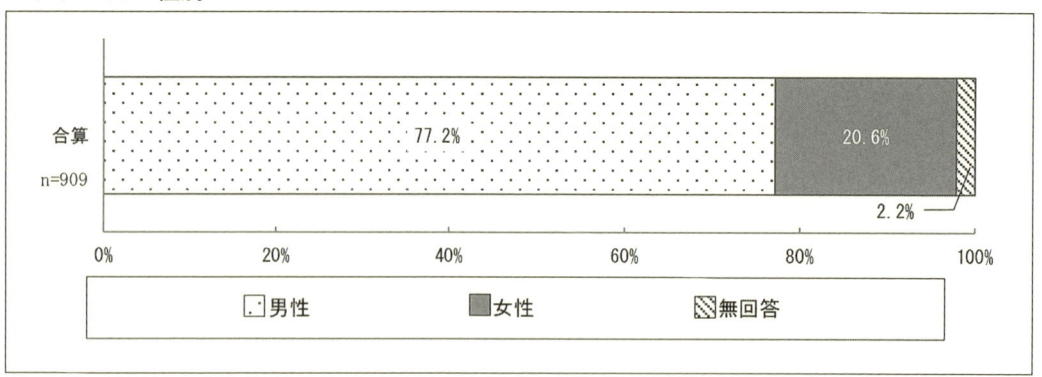

▼表F7　性別

	合計	男性	女性	無回答
度数	909	702	187	20
％	100.0	77.2	20.6	2.2

F8　年齢

- ☐ 20-24才
- ☐ 25-29才
- ☐ 30-34才
- ☐ 35-39才
- ☐ 40-44才
- ☐ 45-49才
- ☐ 50-54才
- ☐ 55-59才
- ☐ 60-64才
- ☐ 65-69才
- ☐ 70才以上

▼グラフF8　年齢

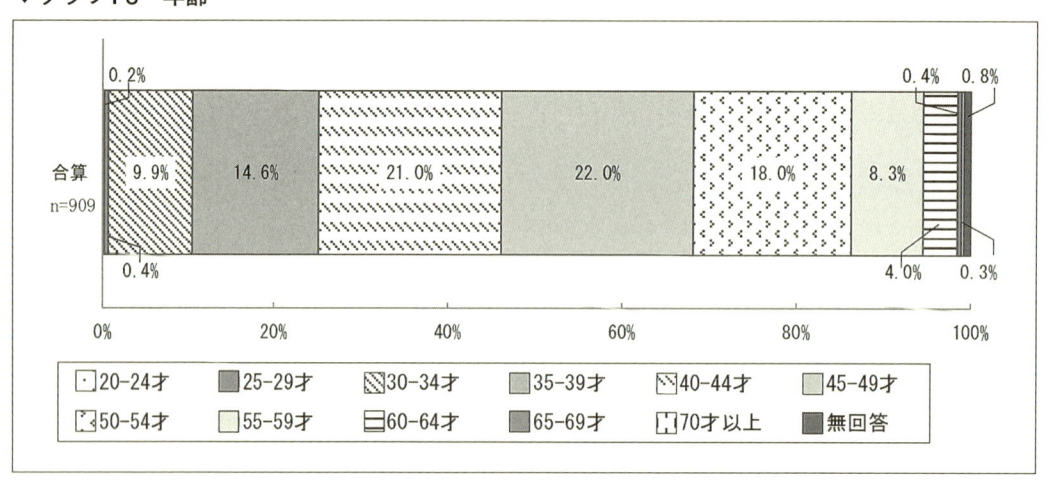

▼表F8　年齢

	合計	20-24才	25-29才	30-34才	35-39才	40-44才	45-49才	50-54才	55-59才	60-64才	65-69才	70才以上	無回答
度数	909	2	4	90	133	191	200	164	75	36	4	3	7
%	100.0	0.2	0.4	9.9	14.6	21.0	22.0	18.0	8.3	4.0	0.4	0.3	0.8

F9　役職

- ☐　役員
- ☐　部長
- ☐　課長
- ☐　係長
- ☐　一般社員
- ☐　その他（　　　　）

▼グラフF9　役職

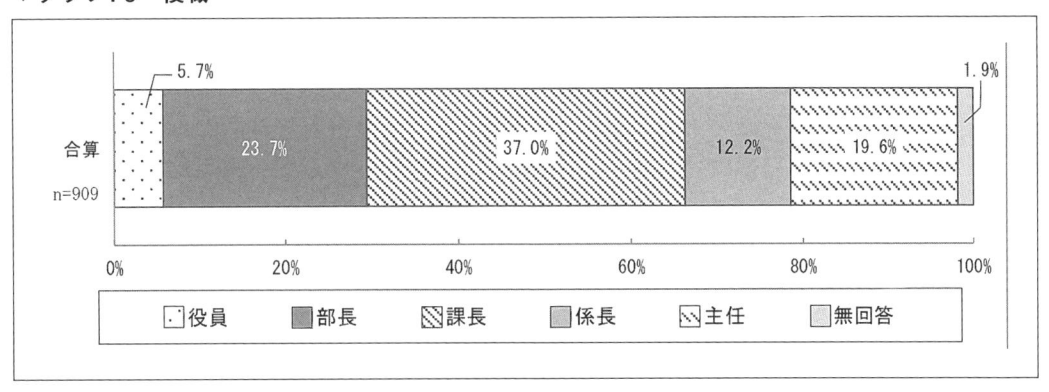

合算 n=909: 役員 5.7% / 部長 23.7% / 課長 37.0% / 係長 12.2% / 主任 19.6% / 無回答 1.9%

▼表F9　役職

	合計	役員	部長	課長	係長	主任	無回答
度数	909	52	215	336	111	178	17
%	100.0	5.7	23.7	37.0	12.2	19.6	1.9

付録 B 第2章関連データ

B.1 IIBC「人材育成における英語に関する調査 2014」質問と回答結果

※第2章に関連するデータのみ掲載

> **調査概要**
> 実施期間：2014年11月～2015年2月
> 調査方法：郵送，およびオンラインアンケート
> 調査対象：国内の上場・未上場企業　全7,539社の人事部門
> 回収合計：604社

Q 貴社の経営について，海外拠点の有無や現地人材の登用などの観点から，【現在】と【3年後の見通し】をお知らせください。

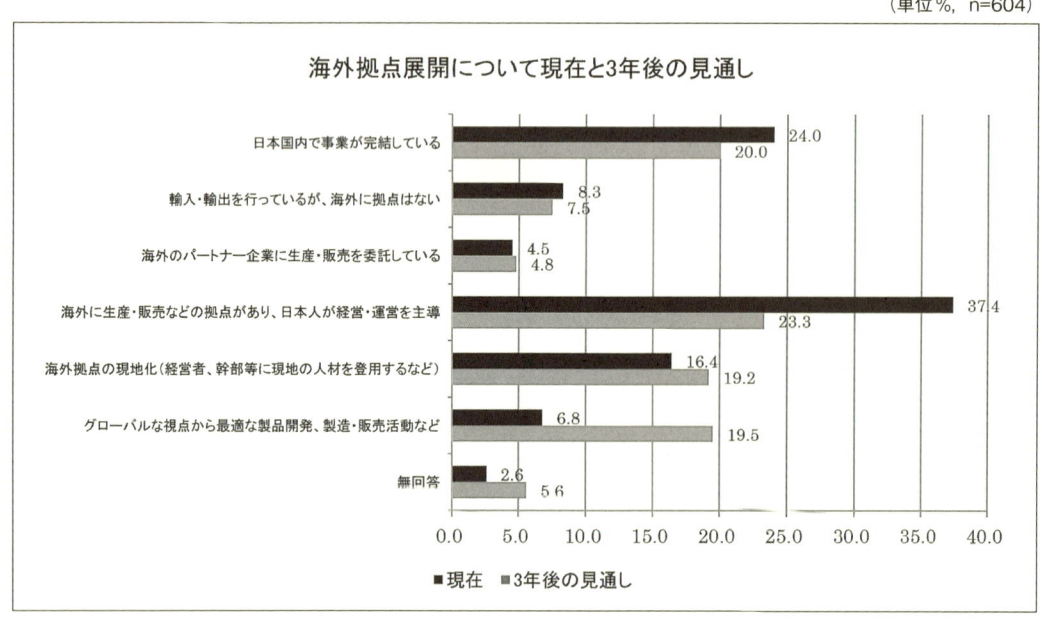

(単位%, n=604)

海外拠点展開について現在と3年後の見通し

項目	現在	3年後の見通し
日本国内で事業が完結している	24.0	20.0
輸入・輸出を行っているが，海外に拠点はない	8.3	7.5
海外のパートナー企業に生産・販売を委託している	4.5	4.8
海外に生産・販売などの拠点があり，日本人が経営・運営を主導	37.4	23.3
海外拠点の現地化（経営者，幹部等に現地の人材を登用するなど）	16.4	19.2
グローバルな視点から最適な製品開発，製造・販売活動など	6.8	19.5
無回答	2.6	5.6

付録B

第2章関連データ

Q 貴社において，海外拠点の現地化や，外国人への権限移譲はどの程度進んでいますか。

(単位%, n=366)

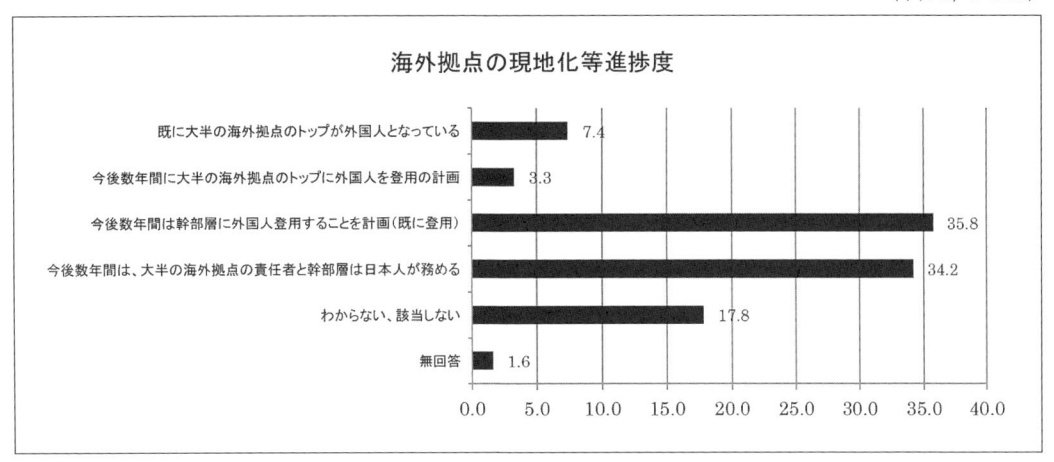

海外拠点の現地化等進捗度

項目	%
既に大半の海外拠点のトップが外国人となっている	7.4
今後数年間に大半の海外拠点のトップに外国人を登用する計画	3.3
今後数年間は幹部層に外国人登用することを計画(既に登用)	35.8
今後数年間は、大半の海外拠点の責任者と幹部層は日本人が務める	34.2
わからない、該当しない	17.8
無回答	1.6

Q 貴社では，従業員が世界で活躍することができるグローバル人材となるために，どのような取り組みを実施していますか。(複数回答可)

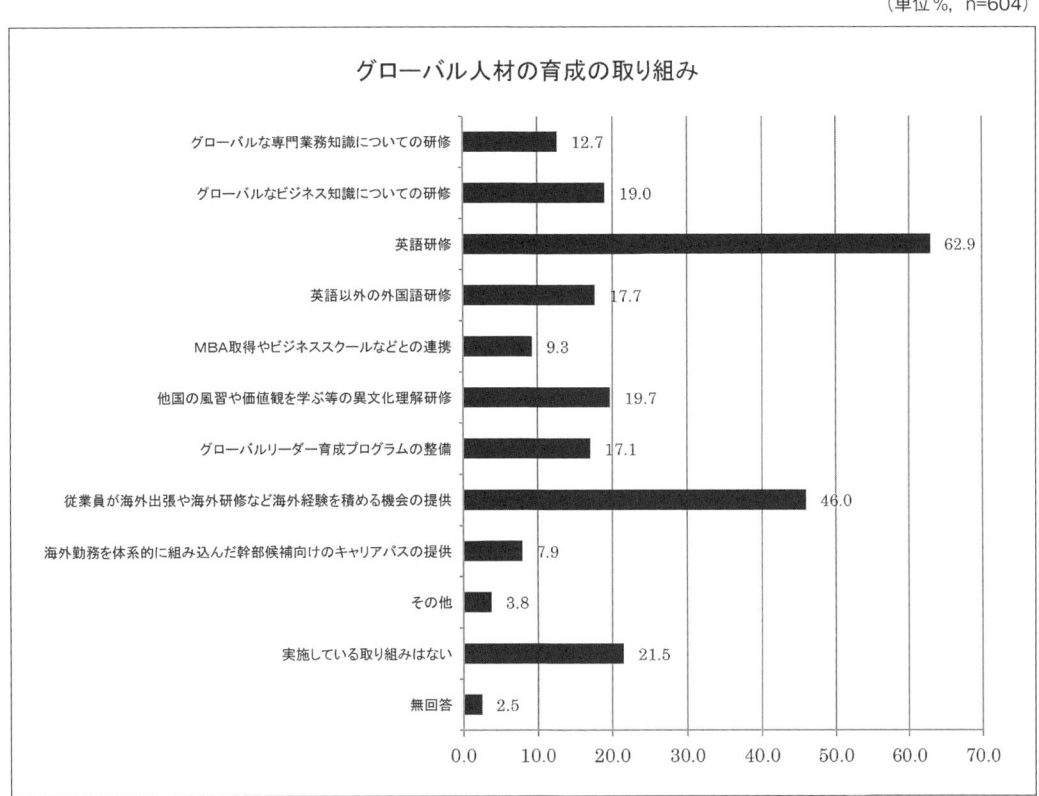

(単位%, n=604)

グローバル人材の育成の取り組み

項目	%
グローバルな専門業務知識についての研修	12.7
グローバルなビジネス知識についての研修	19.0
英語研修	62.9
英語以外の外国語研修	17.7
MBA取得やビジネススクールなどとの連携	9.3
他国の風習や価値観を学ぶ等の異文化理解研修	19.7
グローバルリーダー育成プログラムの整備	17.1
従業員が海外出張や海外研修など海外経験を積める機会の提供	46.0
海外勤務を体系的に組み込んだ幹部候補向けのキャリアパスの提供	7.9
その他	3.8
実施している取り組みはない	21.5
無回答	2.5

Q 貴社の業務では，2〜3年前と比べて従業員に求める英語力のレベルは変化しましたか。

(単位%，n=604)

従業員に求める英語力の変化

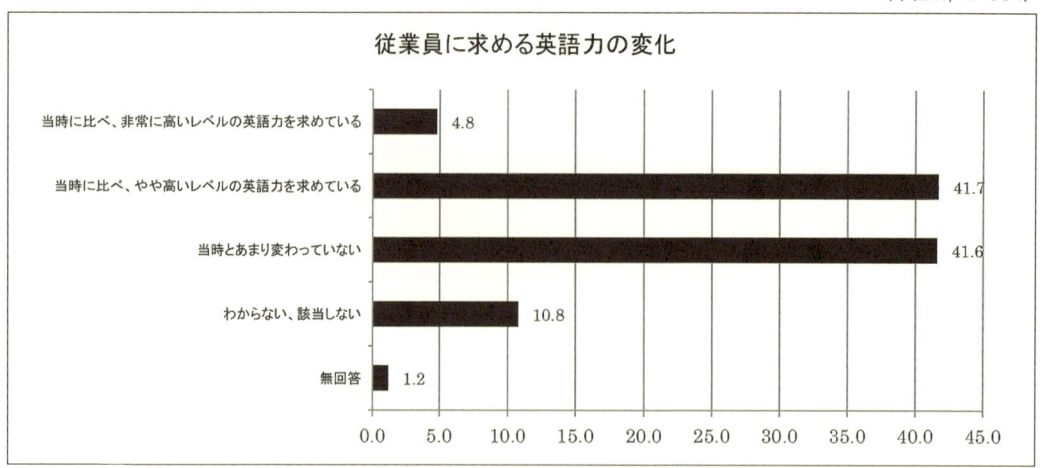

- 当時に比べ，非常に高いレベルの英語力を求めている: 4.8
- 当時に比べ，やや高いレベルの英語力を求めている: 41.7
- 当時とあまり変わっていない: 41.6
- わからない、該当しない: 10.8
- 無回答: 1.2

Q 貴社における1年間の【教育費の年間予算】【英語力向上に費やす年間予算】を今後，増減する予定はありますか。

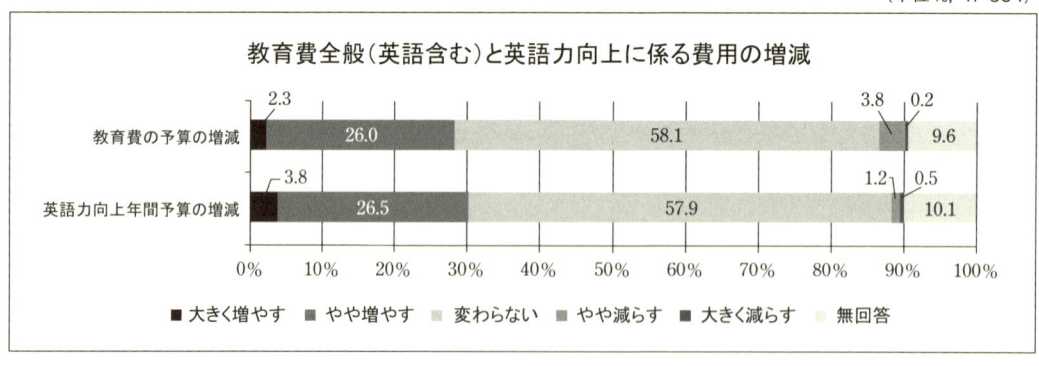

(単位%，n=604)

教育費全般（英語含む）と英語力向上に係る費用の増減

	大きく増やす	やや増やす	変わらない	やや減らす	大きく減らす	無回答
教育費の予算の増減	2.3	26.0	58.1	3.8	0.2	9.6
英語力向上年間予算の増減	3.8	26.5	57.9	1.2	0.5	10.1

Q 貴社は，従業員の英語力を高めるために，どのような施策をとっていますか。対象別に，最も重視している【施策の目的】をご記入ください（記述式）。またその【施策の内容】をお知らせください（複数選択式）。

【施策の目的】回答結果

(単位％，N回答人数)

目的＼対象者	若手社員	中堅社員	技術系社員	海外選抜（候補）社員	管理職	役員
基礎力向上	65.0	48.2	53.4	30.3	47.4	34.9
スピーキング力向上	10.7	17.8	13.5	26.3	17.3	18.6
ビジネス英語力向上	2.3	4.1	6.1	10.5	6.0	9.3
英語による業務遂行力向上	1.9	5.1	5.4	7.2	6.8	9.3
会話力向上	3.7	5.6	5.4	6.6	3.8	4.7
資格取得	3.3	3.6	2.7	2.0	4.5	2.3
コミュニケーション能力向上	1.9	3.0	3.4	2.6	4.5	7.0
英語力全般の向上	2.3	3.0	3.4	2.6	3.0	9.3
学習の動機付け	3.7	2.0	2.7	1.3	2.3	2.3
異文化対応力向上	1.9	3.0	0.7	5.9	0.8	0.0
4技能向上	1.9	2.5	2.7	1.3	3.8	2.3
海外派遣・駐在事前育成	1.4	2.0	0.7	3.3	0.0	0.0
計	100.0	100.0	100.0	100.0	100.0	100.0
N	214	197	148	152	133	43

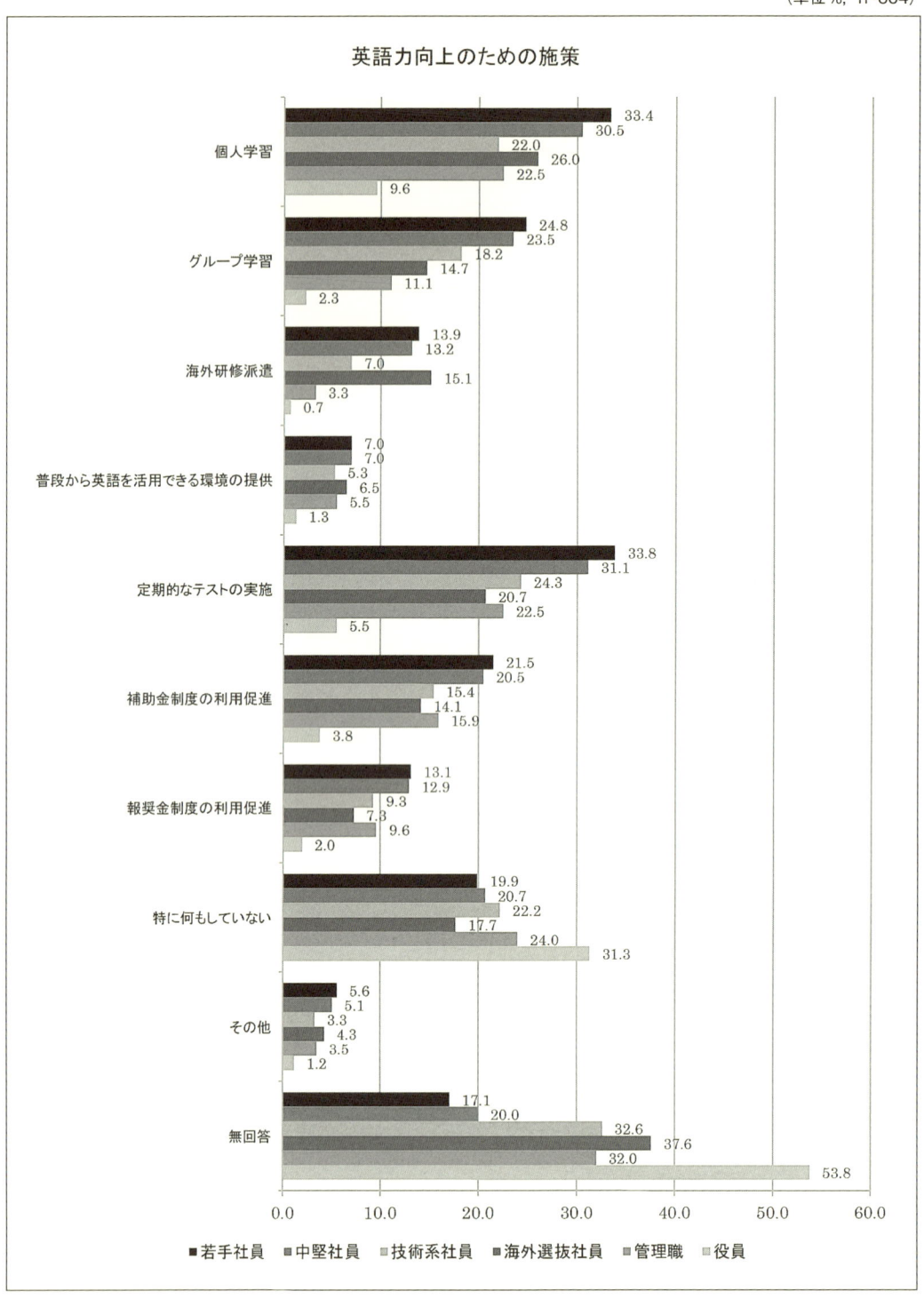

【施策の内容】回答結果

(単位%, n=604)

英語力向上のための施策

施策	若手社員	中堅社員	技術系社員	海外選抜社員	管理職	役員
個人学習	33.4	30.5	22.0	26.0	22.5	9.6
グループ学習	24.8	23.5	18.2	14.7	11.1	2.3
海外研修派遣	13.9	13.2	7.0	15.1	3.3	0.7
普段から英語を活用できる環境の提供	7.0	7.0	5.3	6.5	5.5	1.3
定期的なテストの実施	33.8	31.1	24.3	20.7	22.5	5.5
補助金制度の利用促進	21.5	20.5	15.4	14.1	15.9	3.8
報奨金制度の利用促進	13.1	12.9	9.3	7.3	9.6	2.0
特に何もしていない	19.9	20.7	22.2	17.7	24.0	31.3
その他	5.6	5.1	3.3	4.3	3.5	1.2
無回答	17.1	20.0	32.6	37.6	32.0	53.8

付録B

第2章関連データ

Q 前問でお伺いした従業員の英語力を高めるための施策について、その効果を感じていますか。

(単位%)

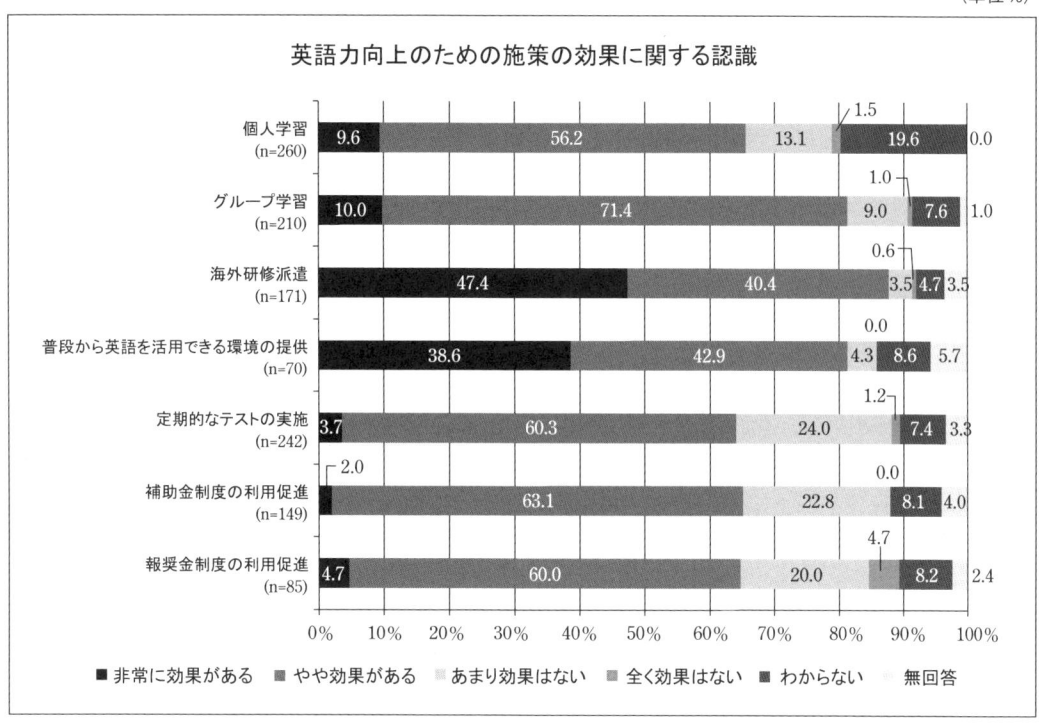

英語力向上のための施策の効果に関する認識

施策	非常に効果がある	やや効果がある	あまり効果はない	全く効果はない	わからない	無回答
個人学習 (n=260)	9.6	56.2	13.1	1.5	19.6	0.0
グループ学習 (n=210)	10.0	71.4	9.0	1.0	7.6	1.0
海外研修派遣 (n=171)	47.4	40.4	3.5	0.6	4.7	3.5
普段から英語を活用できる環境の提供 (n=70)	38.6	42.9	4.3	0.0	8.6	5.7
定期的なテストの実施 (n=242)	3.7	60.3	24.0	1.2	7.4	3.3
補助金制度の利用促進 (n=149)	2.0	63.1	22.8	0.0	8.1	4.0
報奨金制度の利用促進 (n=85)	4.7	60.0	20.0	4.7	8.2	2.4

Q 貴社では、TOEICスコア800点以上の英語力を有する社員に対して、さらにどのような能力向上が必要だと考えますか。

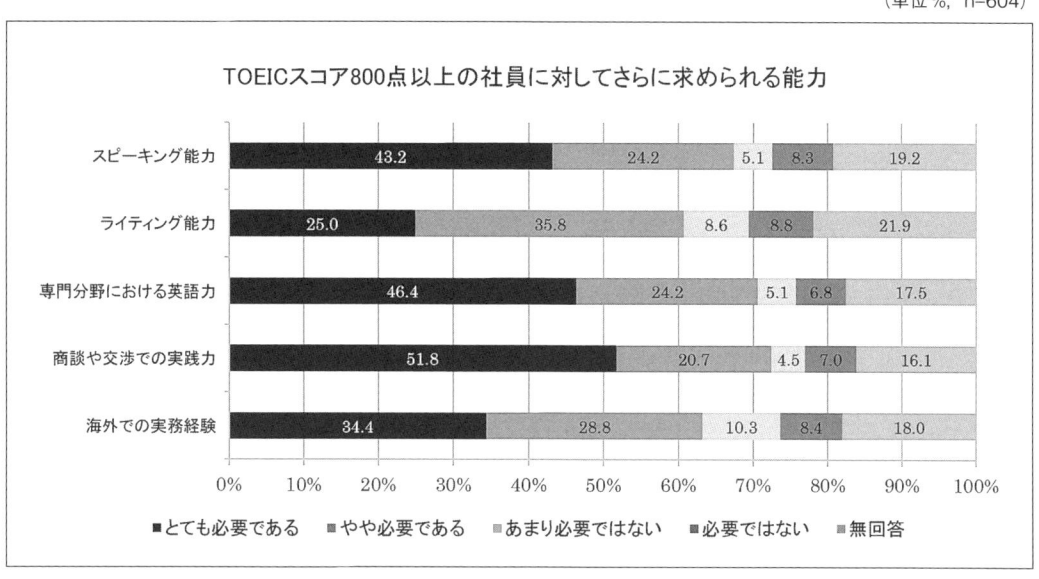

(単位%, n=604)

TOEICスコア800点以上の社員に対してさらに求められる能力

能力	とても必要である	やや必要である	あまり必要ではない	必要ではない	無回答
スピーキング能力	43.2	24.2	5.1	8.3	19.2
ライティング能力	25.0	35.8	8.6	8.8	21.9
専門分野における英語力	46.4	24.2	5.1	6.8	17.5
商談や交渉での実践力	51.8	20.7	4.5	7.0	16.1
海外での実務経験	34.4	28.8	10.3	8.4	18.0

Q 貴社で，従業員の英語力を高めるにあたり，どのような課題がありますか。対象別に，お知らせください。（複数回答可）

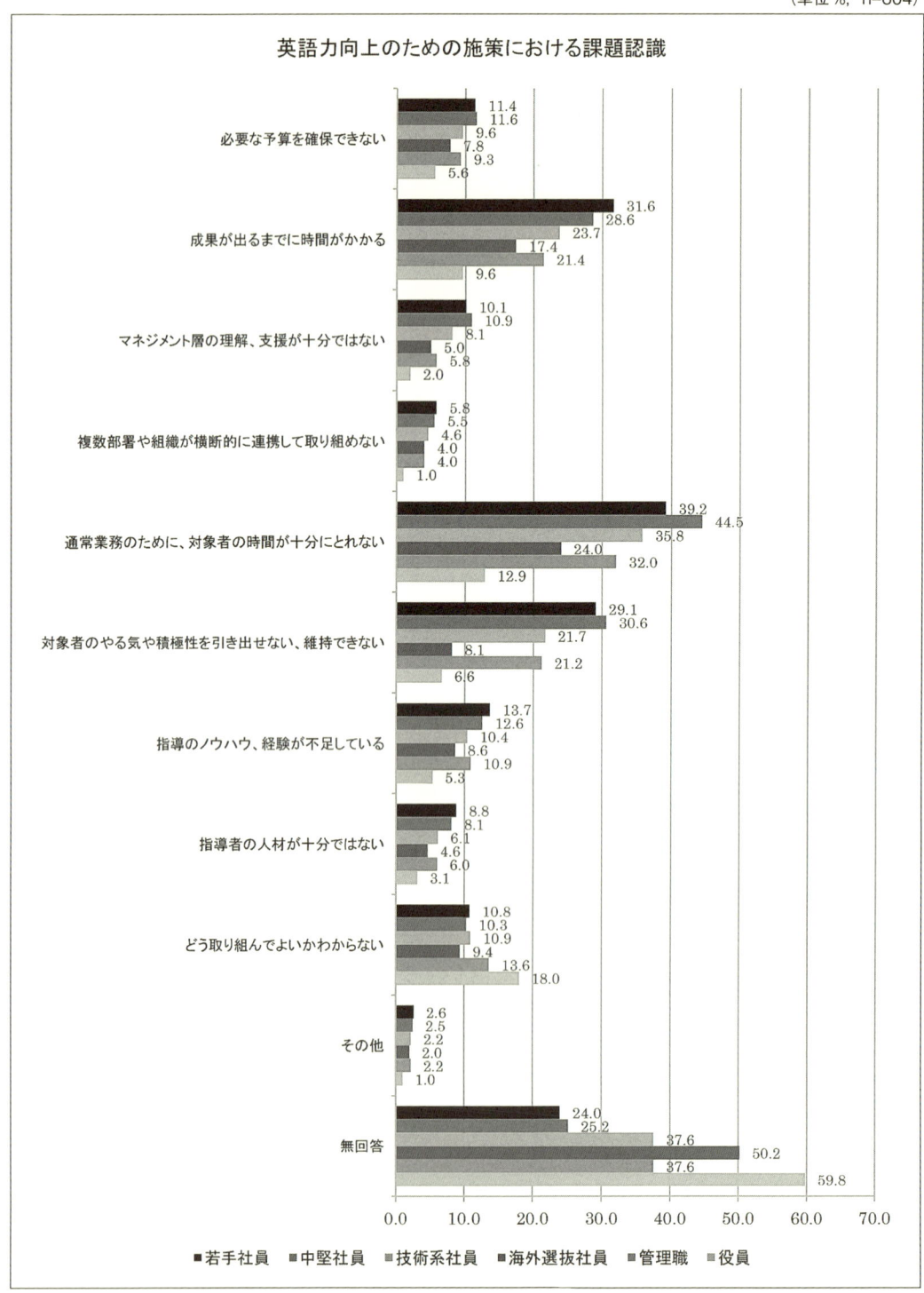

(単位%, n=604)

英語力向上のための施策における課題認識

課題	若手社員	中堅社員	技術系社員	海外選抜社員	管理職	役員
必要な予算を確保できない	11.4	11.6	9.6	7.8	9.3	5.6
成果が出るまでに時間がかかる	31.6	28.6	23.7	17.4	21.4	9.6
マネジメント層の理解、支援が十分ではない	10.1	10.9	8.1	5.0	5.8	2.0
複数部署や組織が横断的に連携して取り組めない	5.8	5.5	4.6	4.0	4.0	1.0
通常業務のために、対象者の時間が十分にとれない	39.2	44.5	35.8	24.0	32.0	12.9
対象者のやる気や積極性を引き出せない、維持できない	29.1	30.6	21.7	8.1	21.2	6.6
指導のノウハウ、経験が不足している	13.7	12.6	10.4	8.6	10.9	5.3
指導者の人材が十分ではない	8.8	8.1	6.1	4.6	6.0	3.1
どう取り組んでよいかわからない	10.8	10.3	10.9	9.4	13.6	18.0
その他	2.6	2.5	2.2	2.0	2.2	1.0
無回答	24.0	25.2	37.6	50.2	37.6	59.8

付録B

第2章関連データ

B.2 株式会社矢野経済研究所「企業向け研修サービス市場の実態と展望2014」質問と回答結果

※第2章に関連するデータのみ抜粋・掲載

Q あなたが所属する会社・団体・組織は、以下のことを行うことに対して、どのような認識でいると思いますか？（あなたの主観で構いませんが、なるべく、会社・団体・組織側の立場でお答えください。実際に実施しているかどうかは別として、仮に実施したとしてどのような判断になるか、で回答してください。）

【設問内容】※各設問に対して単数回答
■会社が全額を負担して、選抜した社員を英会話スクールに通学させる
■会社が全額を負担して、選抜した社員に「通常業務から離れて」海外に半年程度滞在させる（長期出張、語学留学等の形で）
■会社が全額を負担して、会社・組織に英会話講師を呼び、社内で英語レッスンを開催する（希望する社員は全員参加可能）

【選択肢】
1. 非常に有意義な投資である
2. どちらかといえば有意義な投資である
3. どちらかといえば無意味（無駄）な投資である
4. 無意味・無駄な投資である

(n=1,000)

項目	非常に有意義な投資	どちらかといえば有意義な投資	どちらかといえば無意味（無駄）な投資	無意味・無駄な投資
英会話スクールへの通学	6.6%	40.4%	33.8%	19.2%
海外での半年間程度の滞在	7.1%	35.7%	34.1%	23.1%
社内での英語レッスン開催	7.9%	39.6%	33.3%	19.2%

出典：(株)矢野経済研究所「企業向け研修サービス市場の実態と展望2014」

付録 C 研究成果物

報告書

寺内一（編）内藤永・荒木瑞夫・藤田玲子・照井雅子・一般財団法人 国際ビジネスコミュニケーション協会 (2014)『企業が求めるビジネスミーティング英語力』東京：セキ株式会社.

著書

寺内一（2015）「ビジネスミーティングで求められる英語力―調査結果と今後の課題―」井村誠・拝田清（編）『森住衛教授退職記念論集　日本の言語教育を問い直す―8つの異論をめぐって―』東京：三省堂. 93–102.

Terauchi, H. & Araki, T. (2015). English language skills that companies need: Responses from a large-scale survey. Murata, K. (Ed.) *Exploring ELF in Japanese Academic and Business Contexts: Conceptualisation research and pedagogic implications*, Routledge. forthcoming.

論文

寺内一（2013）「企業が求める英語力―大規模アンケート調査から」『産研フォーラム』No. 38,「あらためて問う英語と企業のグローバル化」東京：早稲田大学産業研究所. 31–56.

寺内一・森田彰・阿部俊光・葛城崇・後藤将史・篠田義明・神保尚武 (2013)「シンポジウム」『産研フォーラム』No. 38,「あらためて問う英語と企業のグローバル化」東京：早稲田大学産業研究所. 77–101.

寺内一（2013）「企業が求める英語力とは何か―ESPとELFの観点から―」『一般社団法人大学英語教育学会関東支部学会誌』第9巻, 23–25.

Araki. T., Terui, M., Fujita, R., Ando, M., Miki. K., & Naito. H. (2014). Questionnaire survey on business meetings: English proficiency and difficulty. *JACET Selected Papers*, Volume 1, 56–77.

Terui, M., Fujita, R., Araki, T., Miki, K., Ando, M., Naito, H., & Terauchi, H. (2014). Questionnaire survey on difficulties encountered in English business meetings at Japanese companies. *Proceedings of the 19th European Symposium on Languages for Special Purposes*, 126–134.

寺内一（2015）「企業が求める英語力－2006年と2013年の2つの調査から得られた結果」4月号別冊　多聴多読マガジン『英語スピーキングに強くなる』36–47.

雑誌・新聞など

安藤益代（2014）日経電子版カンファレンス―グローバルビジネスに求められるコミュニケーショ

ン能力と人材育成―（東京：日本橋三井ホール）「グローバルビジネスにおける英語発信力とは」2014年6月16日.

寺内一・内藤永・藤田玲子・荒木瑞夫・照井雅子・安藤益代・三木耕介（2014）「ビジネスの現場で求められる英語力とは」『英語教育』2014年9月号，35–39.

安藤益代（2015）「企業が求めるビジネスミーティング英語力―調査報告からみる課題と解決法」『グローバル経営』No.385, 28–31.

キーワード解説と略語一覧

キーワード解説（ABC順）

　本書は，英語教育，応用言語学の専門家だけでなく，人材教育に携わる人事の方や英語学習に向き合うビジネスパーソンも手にしてくださると考えている。専門用語は厳密な定義があるが，概して，分かりづらい。ここでは，本書のキーワードを平易な言葉で解説し，用語の概念をご理解いただくことを狙いとした。詳しい説明については，参考書を掲載しているので，ご参照いただきたい。

CEFR (Common European Framework of Reference for Languages):

　欧州評議会 (Council of Europe) が示した言語共通参照枠。A（初級）「基礎的段階の言語使用者」，B（中級）「自立した言語使用者」，C（上級）「熟達した言語使用者」の3つの段階で構成され，「リーディング」「リスニング」「スピーキング（インタラクション）」「スピーキング（プレゼンテーション）」「ライティング」の5技能において，それぞれ何ができるかを「Can-Do Statement」で表すことで，コミュニケーション能力のレベルを示す。教育の文脈では，到達目標，として使用されることが多い。近年，このCEFRレベルを表示した教材や英語学習プログラムが多数出版，開発されている。

参考書：『外国語教育Ⅱ―外国語の学習，教授，評価のためのヨーロッパ共通参照枠』吉島茂・大橋理枝ほか（訳・編集）2004年 朝日出版社

CEFR-J:

　CEFR-JはCEFRの言語共通参照枠をベースに，日本の英語教育での利用を目的に構築された新しい英語能力の到達度指標のこと。日本人の多くの学習者にとって明確な到達目標を示すことを狙いとしてPre-Aレベルを設けるなどの工夫がされている。

参考書：『CAN-DOリスト作成・活用 英語到達度指標 CEFR-J ガイドブック』投野由紀夫（編集）2013年 大修館書店

EFL (English as a Foreign Language):

　シンガポールやインドのように英語が公用語，第二言語として使用されている場合のEnglish as a Second Language: ESLと区別される。日本や中国，韓国では，英語は公用語ではなく，外国語として学ぶため，EFL（イー・エフ・エル）学習者ということになる。EFLは「外国語としての英語」と訳される。

参考書：『応用言語学事典』小池生夫（編集主幹）2003年 研究社

ELF (English as a Lingua Franca):

　グローバル化が進む現代では，英語の母語話者よりも，非母語話者のほうが多くなっており，母語の影響を受けた癖のある発音，文法で英語が取り交わされることが多くなった。ELFは，母語話者，非母語話者を問わず，共通のコミュニケーション手段として使われる英語を指す。ELFは，「共通語としての英語」と訳され，「エルフ」と発音される。

参考書：*English as a lingua franca: Attitudes and identity.* Jenkins, J. 著 2007年 Oxford University Press

ESP (English for Specific Purposes):

　人は様々なコミュニティを形成し社会生活を送っている。このコミュニティの中では，効率よくやり取りをするために，特定の目的，内容，形式を持つコミュニケーションを取り交わしている。ESPはこのコミュニケーションの手段として実際に使用されている英語を指している。日常的なものとしては，天気予報，料理のレシピ，昔話，専門的なものとしては，ビジネスレター，IR情報，学術論文などで使用される英語がある。ESPと略語のまま表記され，「イー・エス・ピー」と発音される。「特定の目的のための英語」「専門英語」「特定の目的のための英語学習教育」など様々な訳があるが定訳はない。ESPはしばしばコミュニティで使用されている英語の教育・研究を指すこともある。

参考書：『21世紀のESP―新しいESP理論の構築と実践』（英語教育学体系第4巻）寺内一ほか（編集）2010年 大修館書店
　　　　『言語科学の百科事典』鈴木良次（編集）2006年 丸善
　　　　『応用言語学事典』小池生夫（編集主幹）2003年 研究社

ジャンル (Genre):

　社会で形成されるコミュニティでは，学術論文，スピーチ，講演，会議，メールなどによってコミュニケーションが取り交わされている。この特定の目的，内容，形式（言語特徴）を合わせ持つコミュニケーションの手段がジャンルである。たとえば，iPS細胞を学術論文で扱う場合には，専門用語と論文独特の形式を用いつつ研究成果が再現できるような形で執筆される。一方，新聞では，専門用語も平易な言葉と解説で提示され，研究成果の大事な部分に焦点を絞ってニュースとして伝えられる。このように，同じ話題でも，ジャンルが異なると，目的，内容，形式が変わることになる。

参考書：*Genre analysis: English in academic and research settings.* Swales, J. 著 1990年 Cambridge University Press.
　　　　『言語科学の百科事典』鈴木良次（編集）2006年 丸善

PAIL (Purpose, Audience, Information, Language feature):

　ESPを実際に使用する際に留意すべきチェックポイントのこと。何を目的としているか（Purpose），誰を情報の受け手としているか（Audience），どのような内容か（Information），どのような言語形式か（Language feature）の4つのポイントを満たしていることが，ESPでは欠かせない。「ペイル」と発音される。

　参考書：『言語科学の百科事典』鈴木良次（編集）2006年 丸善
　　　　　『21世紀のESP－新しいESP理論の構築と実践』（英語教育学体系第4巻）寺内一ほか（編集）2010年 大修館書店

（プロフェッショナル）ディスコース・コミュニティ ((Professional) Discourse Community):

　ある共通の目的のために集まる集団のことで，その目的達成のためのコミュニケーションには，特定のルールやパタンが見られる。たとえば（プロフェッショナル）ディスコース・コミュニティには，セリを行う市場のような目に見えるコミュニティがある。また，地域や国境を越えた研究者集団のように，コミュニティには参加するものの，直接会わないものもある。

　参考書：『言語科学の百科事典』鈴木良次（編集）2006年 丸善

略語一覧

BELF（ベルフ）**:** Business English as a Lingua Franca/ English as a Business Lingua Franca
EFL: English as a Foreign Language
ELF（エルフ）**:** English as a Lingua Franca
ESL: English as a Second Language
EBP: English for Business Purposes
ESP: English for Specific Purposes
NS: Native Speaker
NNS: Non-Native Speaker

索　引

主要なページのみを表示

欧文

BELF（Business English as a Lingua Franca, 共通語としてのビジネス英語）…… 26, 27
Bhatia …………………………………………… 7, 8
Can-Do Statement（リスト）………………… 9, 43
CEFR (Common European Framework of Reference for Languages)…… 8, 9, 43, 73, 82, 126, 127, 134, 138, 139
CEFR-J ………………………………………………… 9
EBP (English for Business Purposes, ビジネスのための英語)………… 23, 24, 26, 32
EFL（English as a Foreign Language, 外国語としての英語）………… 26, 66, 95
ELF (English as a Lingua Franca, 共通語としての英語）………… 3, 11, 14, 26, 65, 70, 80, 90, 96, 133, 142, 143
ESL (English as a Second Language, 第二言語としての英語）………… 66, 95
ESP (English for Specific Purposes, 特定の目的のための英語）………… 3, 5, 6, 7, 10, 11, 23, 25, 26, 33, 117, 130, 142
Expanding Circle（外国語として英語を使用している地域）………… 26, 65, 136
genre awareness ………………………… 10, 118
Handford ……………………………… 25, 48, 71
Inner Circle（英語圏）………………… 26, 65, 136
Kachru ………………………………… 26, 65, 136
language awareness ……………………………… 10
OJT (On the Job Training) ……………… 106, 114
Outer Circle（英語公用語圏）………… 26, 65, 136
PAIL …………………………………………………… 6
TOEIC ………… 4, 16, 17, 18, 115, 135, 137, 138, 139

あ

アクセント ………………………………… 96, 122, 128
アジア ……………………… 14, 24, 65, 96, 108, 128
アジェンダ ………………………………… 89, 111, 120
アンケート調査 ………………… 10, 16, 31, 32, 33, 34
異文化（間）………… 17, 20, 80, 82, 90, 97, 102, 107
異文化（間）コミュニケーション …… 25, 82, 130, 142
異文化理解 …………………………………… 17, 130
インタビュー調査 ……………………… 32, 34, 93
英語到達度 ……… 43, 44, 73, 74, 75, 77, 97, 121, 131

か

海外売上高比率 …………………………………… 40
海外業務（駐在・短期滞在・出張など）
　………………………………………… 19, 38, 136
会議資料 ………………………………… 97, 112, 125
会議の目的 ………………………… 33, 54, 71, 112
確認 ………………………… 35, 100, 111, 112, 129
管理職 …………………………… 20, 32, 33, 37, 101
議事録 …………………………………………… 97, 129
基礎的段階の言語使用者 ………… 122, 123, 126
キャリアパス ………………………………… 121, 131
グローバルスタンダード ………………………… 96, 97
経済産業省 ……………………………… 14, 15, 18
言語共通参照枠 ……………………………… 9, 10, 43
研修 ………………………… 13, 19, 20, 21, 104
小池 ………………… 3, 13, 16, 24, 31, 44, 133, 135
交渉 ……………… 18, 19, 21, 24, 31, 54, 73, 82, 90, 124, 136, 139, 142, 143
コーパス ……………………………………… 25, 86

さ

事前準備 ………………… 88, 90, 100, 101, 111
質疑応答 …………………………………………… 59
シニア（層）……………… 113, 121, 123, 126, 131
社会的慣習 ……………………………………………… 7
ジャンル ………… 5, 6, 7, 8, 9, 10, 11, 69, 86, 117, 118
ジャンルシステム …………………………………… 7
ジャンル分析 ……………………………… 5, 6, 23
熟達した言語使用者 ……………………………… 125
ジュニア（層）………………………… 121, 126, 131

状況的文脈 ················· 7, 118
商習慣 ················· 34, 81, 88, 90, 96
シラバス ················· 8, 9, 120
自立した言語使用者 ················· 124, 125, 126
人材育成 ················· 14, 15, 27, 31, 130
信頼 ················· 34, 97, 113, 120, 126, 141, 142
ストラテジー ················· 109, 112, 119
スピーキング（話す） ······ 16, 18, 20, 61, 75, 82, 103, 109, 121, 136, 140
精神的要因（心理的要因） ········ 76, 80, 84, 90, 99, 105, 131
専門語彙・用語 ················· 68, 85, 90, 100
専門的慣習 ················· 119
相関（係数） ················· 73, 74, 75, 76
属性（プロフィール） ················· 37, 94

た

態度 ················· 101, 110
タスク ················· 10
ディスコース ················· 5, 7, 8, 23, 25, 27, 65, 70
ディスコース・コミュニティ ················· 5, 6, 7, 8, 9, 10, 11, 70, 118, 119, 124
テキスト ················· 5, 7, 8, 10, 11
テキストマイニング ················· 79, 80
寺内 ················· 3, 5, 6, 24, 32, 34, 44, 135
テレビ会議 ················· 52, 96, 142
電話会議 ················· 13, 52, 86, 90, 96, 97
同心円モデル ················· 65
投野 ················· 9
トライアンギュレーション ················· 34, 93

な

ニーズ（分析） ················· 5, 24, 26
ネイティブスピーカー（ネイティブ，母語話者） ················· 87, 95, 126
ネット会議 ················· 52
野口 ················· 6, 117
ノンネイティブスピーカー（ノンネイティブ，非母語話者） ················· 10, 26, 87, 89, 95, 115, 128

は

発音 ················· 68, 88, 95
ファシリテーション ····· 35, 62, 88, 97, 110, 120, 123
ファシリテーター ················· 89, 91, 110
複言語主義 ················· 9, 10
複文化主義 ················· 9, 10
プレゼンテーション（プレゼン） ················· 4, 24, 82, 90, 105, 142
プロフェッショナル ················· 5
文化 ················· 34, 79, 80, 119
文化の違い ················· 81, 90, 96, 107, 113, 115
文化理解 ················· 101
法律 ················· 34, 121

ま

マネージメント（層） ····· 113, 115, 121, 125, 126, 131
ムーブ ················· 23, 25
メール（電子メール・Eメール） ········ 23, 104, 112, 136
文部科学省 ················· 15, 16, 135

や

役員 ················· 19, 20, 37, 40, 94

ら

ライティング（書く） ··· 16, 18, 82, 103, 136, 140, 141
リーディング（読む） ········ 10, 82, 103, 136, 140, 141
リスニング（聞く） ······ 33, 62, 68, 75, 82, 86, 90, 95, 102, 109, 115, 121, 136, 140, 141
レジスター ················· 5, 7

執筆者の紹介と分担

寺内　一（てらうち はじめ）　高千穂大学商学部教授
一般社団法人大学英語教育学会副会長・研究促進委員会担当理事

最終学歴　英国ウォーリック大学大学院英語教育学研究科博士課程修了（PhD）
業績　　　『CAN-DOリスト作成・活用　英語到達度指標CEFR-Jガイドブック（CD-ROM付）』．〔共著〕（大修館書店，2013年）．『21世紀のESP―新しいESPの理論と実践―』．〔編集・共著〕（大修館書店，2011年）．『ビジネス・キャッツ』．〔編集・共著〕（南雲堂，2010年）．『企業が求める英語力』．〔編集・共著〕（朝日出版社，2010年）．
担当　　　〔監修〕・第1章・第4章・付章

内藤　永（ないとう ひさし）　北海学園大学経営学部教授
一般社団法人大学英語教育学会EBP調査研究特別委員会委員長

最終学歴　東北大学大学院文学研究科博士課程修了（博士（文学））
業績　　　『医療系学生のための総合英語 ―― GETTING TO KNOW MEDICAL GENRES』〔共著〕（三修社，2012年）．『21世紀のESP―新しいESPの理論と実践―』〔部分執筆〕（大修館書店，2011年）．『ESP的バイリンガルを目指して‐大学英語教育の再定義―』〔共著〕（大阪大学出版会，2009年）．『言語研究の現在―形式と意味のインターフェイス―』〔共著〕（大修館書店，2008年）．
担当　　　〔編集〕・第11章・第12章

藤田　玲子（ふじた れいこ）　東海大学外国語教育センター准教授
一般社団法人大学英語教育学会EBP調査研究特別委員会委員

最終学歴　米国コロンビア大学教育大学院国際開発教育修士課程修了
業績　　　「観光学英語のESPカリキュラム構築の試み」，『東海大学外国語教育センター紀要』第33号（2012年）．Toward creating a specialized vocabulary list for tourism majors: Analysis of its profile and receptive knowledge among university students.〔共著〕*JACET Journal No.51*（2010年）『Travel English for Tourism Industry Professionals』（マクミランランゲージハウス，2008年）．
担当　　　〔編集〕・第6章・第10章

荒木　瑞夫（あらき たまお）　宮崎大学語学教育センター准教授
一般社団法人大学英語教育学会EBP調査研究特別委員会委員

最終学歴　慶應義塾大学大学院文学研究科修士課程修了
業績　　　『21世紀のESP―新しいESPの理論と実践―』．〔部分執筆〕（大修館書店，2011年）．On the effectiveness of web-based content and language integrated learning projects for nursing students. In Huang, L. M. and Li L-T. (Eds.) *English Education and English for Specific Purposes* (pp. 105-118)（Crane Publishing, 2008年）．
担当　　　第3章・第8章・第9章

照井　雅子（てるい　まさこ）　近畿大学理工学部講師
一般社団法人大学英語教育学会EBP調査研究特別委員会委員

最終学歴　　大阪大学大学院言語文化研究科博士後期課程修了（博士（言語文化学））
業績　　　『Judy先生の成功する理系英語プレゼンテーション』〔共著〕（講談社, 2014年）.『Essential Genres in SciTech English』〔共著〕（金星堂, 2010年）.「ESPのジャンルアプローチがWritingに及ぼす効果の検証の試み」『近畿大学教養・外国語センター紀要』第4巻1号 (2014年).『EOPを志向する大学ESP教育 ―ジャンルの認識を育てる専門英語教育―』2011年度大阪大学大学院言語文化研究科博士論文 (2012年).
担当　　　第5章・第7章

三木　耕介（みき　こうすけ）
一般財団法人 国際ビジネスコミュニケーション協会
R&D（Researth and Development）アシスタントチームリーダー

最終学歴　　慶應義塾大学法学部法律学科卒業
業績　　　"Questionnaire Survey on Difficulties Encountered in English Business Meetings at Japanese Companies"〔共同発表〕(The 19th European Symposium on Languages for Special Purposes, オーストリア・ウィーン：ウィーン大学, 2013年). "English as a Lingua Franca in Japanese Business Meetings: A Survey of Japanese Business Executives"〔共同発表〕(The 7th International Conference of English as a Lingua Franca, ギリシャ・アテネ：DEREE–The American College of Greece, 2014年).
担当　　　第2章

あとがき

　2011年の11月，寺内副会長の指名のもとにJACETのEnglish for Business Purposes調査研究特別委員会の候補メンバーが，赤坂のIIBCのオフィスで最初の顔合わせをしました。北海道，関東，関西，九州の各支部のESP研究会から5人，まだお互いに面識のないメンバーもいました。「ビジネス英語についての研究をするから集合」としか伝えられておらず，まさか，その後3年半経過した今，その研究がこのような形になって出版されることになろうとは，当時の私は夢にも思いませんでした。「3年半」は数字に表記すると長い期間のようでもありますが，実際はとても濃厚で凝縮された瞬く間の歳月だったように感じられます。

　まずは，「小池科研」をはじめとした先行研究を踏まえ何をテーマとするかの話し合いから始まり，調査のためのアンケート票デザイン，数回に及んだ予備調査，本調査データ分析，インタビュー調査の準備と実施，その分析と報告書の執筆と，その作業は膨大なものでした。その過程で，チームでやり取りしたメールの数は3千通以上，また必要に応じて北海道，関東，関西，九州など各地に集まったり，またスカイプを通して話し合いや作業を続けました。当初は面識のなかったメンバー同士も，よきリーダーのもとに理想的なチームワークを構築し，それぞれのメンバーが個性を発揮し，お互いを補い合えるチームに成長していったと思います。また，このJACETのメンバーに加えてIIBCからも有能な個性あるメンバーが強力なバックアップ体制を敷いてくださり，私たちのチームに足りないところをしっかりと支えてくれました。このような形で，本研究は作業としては大変ではありましたが，とても良い人間関係に恵まれ，実際参加して楽しいプロジェクトとなりました。

　研究成果は段階を追って発表していきましたが，JACETの京都，広島での年次国際大会はもちろん，ウィーンで開催されたLSP国際シンポジウム，マニラで開催されたAsia TEFLの国際会議，アテネで開催されたELFの国際会議などに出かけて行って発信をしてきました。それらを文書としてまとめた成果物も一覧として巻末に載せておきましたので興味のある方はご一読ください。会議参加の準備はデータのまとめや資料作りで大わらわでしたが，海外でのネットワークを広げる機会にもなり，何よりも現地のおいしい料理を囲み，メンバーと日頃の労苦をねぎらいながら楽しいひと時を過ごしたことは良い思い出となりました。

　このような中で本書がようやく完成したわけですが，本書冒頭の「刊行によせて」にも言及されているとおり，この過程で本当にたくさんのビジネスパーソンや研究者，関係者の方々に助けていただきました。そのような意味では，本書はこれに関わったすべての方の叡智の結集とでもいえるかと思います。改めて感謝の意を表し，本書をここで締めくくらせていただきます。

2015年4月
編集・著者を代表して
藤田　玲子

ビジネスミーティング英語力
Essential English for Business Meetings

2015年5月1日　初版第1刷発行

監　修	寺内　一
編　集	藤田玲子・内藤　永
著　者	一般社団法人大学英語教育学会EBP調査研究特別委員会
	一般財団法人 国際ビジネスコミュニケーション協会
発行者	原　雅久
発行所	株式会社朝日出版社
	〒101-0065 東京都千代田区西神田3-3-5
	TEL (03)3263-3321（代表）
	FAX (03)5226-9599
印刷所	図書印刷株式会社

乱丁，落丁本はお取り替えいたします
©THE JAPAN ASSOCIATION OF COLLEGE ENGLISH TEACHERS
©THE INSTITUTE FOR INTERNATIONAL BUSINESS COMMUNICATION
ISBN978-4-255-00836-3 C0087 2015, Printed in Japan